U0585721

广东华侨史文库

加拿大粤籍印支华人口述历史

张应龙　主编

口述采访

梁辉荣　刘　进　石坚平

吴金平　袁　丁　张应龙

南方出版传媒　广东人民出版社

·广州·

图书在版编目（CIP）数据

加拿大粤籍印支华人口述历史 / 张应龙主编. —广州：
广东人民出版社，2021.11
　　ISBN 978-7-218-15277-6

　　Ⅰ.①加⋯　Ⅱ.①张⋯　Ⅲ.①华人—历史—加拿大
Ⅳ.①D634.371.1

中国版本图书馆 CIP 数据核字（2021）第 191890 号

JIANADA YUEJI YINZHI HUAREN KOUSHU LISHI
加拿大粤籍印支华人口述历史

张应龙　主编

出 版 人：肖风华

策划编辑：王俊辉
责任编辑：李展鹏
装帧设计：奔流文化
责任技编：吴彦斌

出版发行 广东人民出版社
地　　址 广东省广州市海珠区新港西路204号2号楼
电　　话 （020）85716809（总编室）
传　　真 （020）85716872
网　　址 http：//www.gdpph.com
印　　刷 广州市人杰彩印厂
开　　本 787毫米×1092毫米　1/16
印　　张 15.75　　**字　数**：315千
版　　次 2021年11月第1版
印　　次 2021年11月第1次印刷
定　　价 78.00元

如发现印装质量问题，影响阅读，请与出版社（020-85716808）联系调换。

《广东华侨史文库》总序

广东是我国第一大侨乡，广东人移民海外历史久远、人数众多、分布广泛，目前海外粤籍华侨华人有3000多万，约占全国的2/3，遍及五大洲160多个国家和地区。

长期以来，粤籍华侨华人紧密追随世界发展潮流，积极融入住在国的建设发展。他们吃苦耐劳、勇于开拓，无论是东南亚地区的产业发展，还是横跨北美大陆的铁路修建，抑或古巴民族独立解放战争以及世界反法西斯战争，都凝聚着粤籍侨胞的辛勤努力、智慧汗水甚至流血牺牲。时至今日，越来越多的粤籍华侨华人政治上有地位、社会上有影响、经济上有实力、学术上有成就，成为住在国发展进步的重要力量。

长期以来，粤籍华侨华人无论身处何方，都始终情系祖国兴衰、民族复兴、家乡建设。他们献计献策、出资出力，无论是辛亥革命之时，还是革命战争年代，特别是改革开放时期，都不遗余力地支持、投身于中国革命和家乡的建设与发展。全省实际利用外资中近七成是侨、港、澳资金，外资企业中六成是侨资企业，华侨华人在广东兴办慈善公益项目超过3.3万宗、捐赠资金总额超过470亿元，为家乡的建设发挥了独特而巨大的作用。

长期以来，粤籍华侨华人充分发挥桥梁纽带作用，致力于促进中外友好交流。他们在自身的奋斗发展中，既将优秀的中华文化、岭南文化传播到五大洲，又将海外的先进经验、文化艺术带回家乡，促进广东成为中外交流最频繁、多元文化融合发展的先行地，推动中外友好交流不断深入、互利合作不断拓展，成为世界和平与发展的友好使者。

可以说，粤籍华侨华人的移民和发展史，既是中国历史的重要组成部分，更是世界历史不可缺少的亮丽篇章。

站在中华民族更深入地融入世界、加快实现伟大复兴中国梦的历史关口，面对广东全面深化改革开放、奋力实现"三个定位、两个率先"总目标的使命要求，中共广东省委、广东省人民政府决定编修《广东华侨史》，向全世界广东侨胞和光荣伟大的华侨历史致敬，向世界真实展示中国和平崛起的历史元素，也希望通过修史，全面、系统地总结梳理广东人走向世界、融入世界、贡献世界的历史过程和规律，更好地以史为鉴、古为今用，为广东在新形势下深化改革开放、加快转型升级、进一步当好排头兵提供宝贵的历史经验，形成强大的现实助力和合力。

编修一部高质量的《广东华侨史》，使之成为"资料翔实、观点全面、定性准确、结论权威"的世界侨史学界权威的、标志性的成果，是一项艰巨的使命，任重而道远。这既需要有世界视野的客观立场，有正确把握历史规律的态度和方法，有把握全方位全过程的顶层设计，更需要抓紧抢救、深入发掘整理各种资料，对涉及广东华侨史的各方面重大课题进行研究，并加强与海内外侨史学界的交流，虚心吸收国内外的研究成果。作为《广东华侨史》编修工程的重要组成部分，编辑出版《广东华侨史文库》无疑十分必要。我希望并相信，《广东华侨史文库》的出版，能够为广东华侨华人研究队伍的培育壮大，为广东华侨华人研究的可持续发展，为《广东华侨史》撰著提供坚实的学术理论和基础资料支撑，为推进中国和世界的华侨华人研究做出独特贡献，并成为中国华侨华人研究的重要品牌。

是为序。

广东省省长 朱小丹

2014年8月

前　言

　　口述历史（Oral History）是历史研究的重要手段。在海外华侨华人研究中，口述历史资料更是学术研究的重要资料来源之一。自2012年启动《广东华侨史》编修工程以来，我们一直十分重视口述历史工作。在每一次赴海外的资料收集和侨情调研活动中，我们都将口述历史访问当做重要的工作内容，在各国华侨华人的有力配合下，我们的口述历史工作取得了丰硕的成果。

　　几年来，我们的调研足迹遍布世界五大洲，受访的华侨华人遍及各行各业，既有老移民也有新移民，既有上层人物也有普通人，总人数几百人。如此大规模、广地域、多阶层开展海外华侨华人口述历史工作，恐怕无出其右。我们认为，将这些华侨华人口述历史访问成果整理出来并予以出版，不但可以生动地展示粤籍华侨华人的风采，而且可以大大丰富华侨华人历史活动的内容细节，填补文献资料的空缺，纠正一些感知错误，这对促进华侨华人研究事业必有所裨益。

　　口述历史是受访者将其所历所见所闻所思用语言向我们叙述的记忆。他们的所见所闻是真实的，但不一定是准确的。个人的回忆难免存在错漏的可能性，这需要读者甄别和判断。口述历史的质量受诸多因素的影响，如采访者的学识和技巧、受访者的经历与语言表达能力、采访者与受访者的现场互动、采访的场景和时间段等等，所以，书中呈现出来的口述历史质量难免参差不齐。

在整理这些口述历史资料的时候，首先由学生做初步的录音整理，转录成文字，然后由采访者作必要的信息完善和简单的改正，最后由主编对全书每一篇口述历史的文稿作修改和编辑。在编辑文稿的过程中，坚持体现受访者的口述原意和保持受访者叙述的连贯性，适当删节一些重复的文字，对所讲述的内容予以适当的分类和前后次序的调整，以便使阅读更加顺畅。

编辑粤籍华侨华人口述历史资料的原则主要是根据我们组团出访情况来编排。这些年我们到海外调研，有的时候是一次访问几个国家，有的时候是一次访问一个国家，例如美国，我们先后访问了三次，印尼我们也两次前往，因此，在编辑时或者将几个国家编成一本，或者一个国家分成几本，这都要视具体情况而定。在排列每一本书的受访者先后次序时，是以受访者姓名的汉语拼音为序，不是以什么地位名望为序。

尽管我们到海外的调研时间不算短，但具体到每个地方、每个人，采访的时间还是不够，本来可以做到更加深入，因时间关系却做不到。华侨华人的工作都很忙，我们在海外的资料收集工作和侨情调研工作也是任务繁重，许多访问只能安排在夜里进行，而且往往是做完访问立刻赶赴下一站。行程总是那么匆忙，虽然很困很累，但想到采访的收获，心情还是愉快的，我们衷心地感谢华侨华人对我们工作的信任理解和大力支持！

阅读这些口述历史，我们为粤籍华侨华人的成就感到自豪骄傲，也为他们所受到的磨难感到痛心难过。通过这些口述历史，尽管他们的语言简朴，但我们还是真切地感触到粤籍华侨华人敢为人先的精神，有容乃大的胸怀，勤劳刻苦的毅力和念祖爱乡的实践。解读这些口述历史，我们从中可以获得新的认知，产生新的想法，触发新的研究。我们相信，粤籍华侨华人口述历史资料将会在海外华侨华人研究上放出异彩。

张应龙

2020年5月4日

目 录

陈 福　　　　　　　　　　　　　　　　　　　/ 001

陈桂松　　　　　　　　　　　　　　　　　　/ 017

陈志远　　　　　　　　　　　　　　　　　　/ 025

黄明亮　　　　　　　　　　　　　　　　　　/ 035

何元华　　　　　　　　　　　　　　　　　　/ 051

李鸿基　　　　　　　　　　　　　　　　　　/ 056

李勋荣　　　　　　　　　　　　　　　　　　/ 061

梁仲云　　　　　　　　　　　　　　　　　　/ 076

林灿钟　　　　　　　　　　　　　　　　　　/ 082

林大松　　　　　　　　　　　　　　　　　　/ 089

林 典　　　　　　　　　　　　　　　　　　/ 109

林恭财　　　　　　　　　　　　　　　　　　/ 129

马桂安　　　　　　　　　　　　　　　　　　/ 144

王速飞　　　　　　　　　　　　　　　　　　/ 155

许长坤　　　　　　　　　　　　　／162

杨丁香　　　　　　　　　　　　　／169

张茂川　　　　　　　　　　　　　／186

张盛典　　　　　　　　　　　　　／198

张闻山　　　　　　　　　　　　　／210

张惟容　　　　　　　　　　　　　／216

张伟文　　　　　　　　　　　　　／228

陈 福

口述历史

陈 福

时　　间：2013 年 10 月 22 日

地　　点：加拿大多伦多戴斯酒店

受 访 者：陈福，加拿大安省越棉寮华人协会执行会长

采 访 者：张应龙

录音整理：乔志华

出生越南

　　我是出生在越南的第三代移民，祖籍广东中山三乡，我祖父那一代就移民到越南了，他当时住在越南中部岘港，我爸爸是在那里出生的。祖父过世之后，爸爸就带着祖母移居到越南南部西贡。西贡以前还有一个城市叫做堤岸，就是我们现在所说的唐人街的意思。堤岸当时居住有很多华侨华人，他们都是从广东、福建这些沿海的地方移民过来的，都是坐船过来的。当时越南还是法国的殖民地，来到之后要办入境手续，叫做"身份证"，有照片，办身份证要缴税，一般叫申税纸，在美国和加拿大就叫做人头税，实际上在越南早就有这个制度了。申税纸保留了中国人的身份，但那时候到越南的中国人都是穷人，给人家一个不好的印象，因为是坐船逃难来的。越南话"巴岛"的意思就是坐船来的那帮人，这成为越南人对

中国人带有歧视性的称呼。

我父亲来到堤岸之后，就在那边定居生活，在一家叫做胜佳衣车的公司做事，是从国外进口缝衣车、做代理的公司，我父亲在里面做的工作相当于买办。我父亲在岘港出生之后读过越南文、法文，祖父在家里也教他中文，尽管他没有去过中文学校读书，但中文非常好，因为我祖父教给他的是古文，所以他基础非常好。我小时候也是我父亲教导我学中文的。

我1942年7月在堤岸出生，那时刚好是第二次世界大战，日本发动侵略中国和东南亚的战争。当时我父亲参加了地下反日组织，我母亲也是华侨妇女救国会里面的副主席和财政，日本人就把我父亲给抓了。当时我母亲正好怀着我妹妹，就挺着大肚子逃到金边去。我父亲参加的那个组织里面有17个人，他们在一个专门做出口贸易的公司的天台上装一个无线电报，跟中国国民党军队那边联系，后来都被日本人捉去害死了，所以越南堤岸那边有一个十七烈士墓，是蒋介石题名的，他们都是被活埋的。我父亲却被放出来了，因为那个组织里面一个非常好的朋友，日本抓人时他逃跑了，没有被捉，他常常来问候我祖母，我祖母一见他就哭，说我的儿子怎么样了，后来那个人就说好，我担保你儿子出来。他是里面的领导分子，福建人，跟谢冰莹是族亲，叫谢静生。他进去担保我的父亲出来，我父亲当时已经受伤了，很重，就要被活埋了。日本人被打败之后，我们全西贡堤岸的华人都非常高兴，舞龙舞狮，连续庆祝了两天，我记忆非常深。后来谈起过去的事情我都会把这个事情拿出来说一说，荣耀一番，觉得我父母都是爱国分子。当年我们不懂得什么共产党和国民党，但是中国人不能够给日本人羞辱，所以到现在我的心里对日本人都非常憎恨。

我在堤岸从小学一直读上来，从小学一直读到高中毕业。高中的学校叫知用中学，是湖南人办的，校长叫唐富言。这位老先生跟毛泽东是同乡，也是一同从湖南师范学校出来的。他办这个学校一开始也没有多少人注意，到后来法国的公安机构才常常留意他，一般中学生都有一些进步的思想，于是政府就来监督。知用中学算是有名的学校，有两千多人。当时堤岸有名的华侨学校有知用、岭南、穗城、福建四家，师资非常好，都是逃难来越南的。

我高中毕业后，本来拿到了奖学金要到台湾继续读书，但是后来没办法去了，就留下来。大概是1964年的时候，我就到当地的越南大学读书，当时越南大学歧视我们这些华侨子弟，只给我旁听生的资格，就这样大概读了一年，后来就没有继续读了。我是大儿子，我有十个兄弟姐妹，六男四女。父亲自己办了一个出入口商行，专门进口布料，一些洋杂，包括皮带什么的，父亲不在后，我就接手了生意。

吴庭艳上台后，越南的政局也改变了。他很歧视中国人，可能他是受了美国的指使，也要准备选举，他强迫以前所有拿申税纸的华人入籍，规定有七十二项生意受限制，不归化为越南人就不能做。所以每一个华人为了做生意，为了讨生活就入了籍。我祖父那一代是拿申税纸，到了我父亲也没有拿护照，但我和二弟就拿了台湾那边的旅行证件，所以除了我们兄弟两个之外，我父亲和八个弟妹都加入越南籍。我们保留有中国的国籍，但是每年都要给居留证的费用，一年给几千块钱，那个时候的几千块钱不算少，但是有一个好处就是不用当兵。当时越南南部要跟北部作战，所有满十八岁的越南国民都要去当兵，不是针对我们华人的。我们两个不用去，下面的弟弟年龄还不够，但是有当兵的恐惧在。我就处理父亲留下来的事业，一边处理事业，一边还要抚养这帮兄弟姐妹。我有两个母亲，亲生母亲生完第六个弟弟不到一年，好像患上了肝炎，救不了，她死的时候我才九岁。后来父亲就又娶了一个继室，生了四个孩子，所以家里就有十个孩子。我父亲去世是因为交通意外，才四十六七岁，还很年轻，当时我二十多岁。

在电缆厂工作

当时因为做进出口生意，就受到越南政府的歧视，生意做得不大好，能够维持生活已经很不错了，所以我就自己在报纸上面找工作。后来就找到一份在电缆厂的工作，是考进去的。里面的总经理也是知用中学毕业的，算是比较早的一批，比我大十几届。看到我也是知用中学的，就对我特别欣赏。那个时候我们在那边读书需要读法文，越文我那个时候就没有读了。那时候我们华人也是歧视越南人，不想读越南文，吴庭艳强迫华人入籍之后就规定，所有学校没有越文课程就不能成立，所以以后的人都要读越文。以前是读法文，没有读越文，后来法国撤退之后美军进来，就读英文和越文。我那个时候刚好交接的时候，中文、法文、英文都还可以，越文懂一点点，可以和当地人沟通。正好这个公司是开办的时期，还没有成型，我就给他处理了所有组织方面的事情。进去一年之后就开始定机器了，定的是台湾那边的机器。因为我有中国国籍可以出去，他年纪大了，不在当兵的年纪范围内，也可以出去。后来我们订台湾的机器，聘请台湾的技术工人和工程师，开设了新雅电线电缆有限公司。当时处理这个得有三个人，一个董事长，姓陆，是鹤山人，总经理姓陈，是广东花县人，我们三个人就把这个工厂办起来。后来招股东，我就成为了股东、董事兼副总经理。那个工厂办得非常好，产品不单在越南卖，还推销到泰国，出口到金边，还有香港。我们开始是把废铜熔掉，然后再提炼出纯铜，再拉线成铜线，之后才做成电线，变成电缆。炼铜之后都会有铜滓，出口到台湾，台湾有很多电线工厂，他们不会收我们的产品的，我们的电线产品都是在香港、泰国、金边，生意做得很好。

1975年越共进来了，两边统一了。姓陆的董事长先走，说把这个工厂留给我，让我管，看看情况再走。当时每一个人都不知道会变得那么快，认为可能是一场政变。他还说让我先把妻子和儿子安排好，送出去，然后我留下来。计划是这样：董事长他们两位先出去，我办好一家人出去，自己买双程机票，我太太跟四个儿女买单程先去台湾，然后我再一个人回来，继续看管这个工厂。董事长他们先走一个礼拜，我们家第八天要去的时候就来不及了，忽然间机场就被炮轰了，全家人就都留了下来，逃不掉了。

依照新规矩，所有华侨一定要立刻登记，把护照扣留起来，不让我们走，还让我们把机票拿出来，身上的美钞也要统统没收。因为我本来还打算回来，所以在越南还有越币的存款，不然的话就糟糕了。留下来之后，原来的工厂也被接收了，他们要我在那边继续做，不能够走，说我还是副经理，负责什么什么，一定让我在那边做。越南人还是给薪水，但是不像以前那么优厚了。工资是一个月越币六十块钱，而且是新币，原来的五百块换一百块。一个月的工资还不够我们的生活费，还要倒贴，如果不是特别优待我，每个月分派米、面包之类的，就更加不够了。当时太太没有工作，孩子还小，在家带孩子。我的太太和孩子都是越南籍。当时我也去过那个新经济区参加劳动，我两个兄弟都当过海军，被叫去劳动。第一个去了一个月就跑了，另一个待了一年。不过有个妹夫就很惨，他是野战警察，是少尉，成天被派去美国和菲律宾受训，他就被改造了十年，出来后不久我的妹妹得癌症死了。

逃离越南

到1978年，已经有很多人组织要坐船走了，当时的越南政府还没有收黄金，那个时候一定要偷偷走，走成功就成功了，不成功就被开枪开炮打死了。后来越南政府知道我们华侨都很富有，因为中国人都有保值的概念，有钱了就买黄金。他们就说你们那么多黄金，搜查你们家里都搜不到多少。所以他们就用另一种方式收我们的黄金，说你可以走，但是每个人头要十两黄金，开始是说二十两，后来又说十两或者八两都可以走，所以很多人都成功地走了出去。但是走到外面的大洋里，生死又是另外一回事了，他给你放走，他不追你，也不开炮打你，这个是1979年的时候，所以据统计最高潮是从1978年底和1979年整一年，有一百多万难民走出去，死在海上的有五十万。死亡的原因有的是颠簸翻船，因为那个木船是临时请人做的，不是从船厂买的；还有的是遇上海盗；而有的人是因为粮食不够而饿死了，所以很惨。

我那个时候就继续在那边服务，他们对我也有看重的地方，因为在当年的越北没有一家电线工厂，在越南南部有四家电线工厂，我们新雅是其中一家，并且排第二。他们留我在那边做技术指导和物资管理，因为他们不懂，他们把工人留下来，工人也要听那些有技术的人指导，所以就变成他们是监督者，我来做事。里面的主管对我也是很看重，跟我有一些友谊的关系，他觉得我这个人不错，常常在分配粮食的时候会给我一些优待。所以在生活方面比起过去是差很远，可是比起当时一般人的生活还是好很多，因为我有职位，也给了他们很多指导。

后来太多人走了，里面的领导就问我为什么不走，我说我想走但是没有办法，他说我应该去看看，如果我真的办好手续要走，他就立刻签给我让我离开。其实我已经暗中安排坐船了，找了两次船，第一次不成功，差一点那个黄金就给人拿走，后来那个人还算老实，我就告诉他我们两夫妇有四个孩子，年纪还小，后来他就把那个定金退还给我，我就再去找别的船，也还是没成功，但是那个人没有收我的定金。后来我在加拿大的亲戚告诉我说有专员过来，如果有资格过去的话，他们就会接见你们，那个亲戚愿意担保我们一家六口过去。

加拿大代表来了之后我就去跟他们谈话，因为我的英语水平是可以跟他们沟通的。他问为什么你是中国人不回中国？我说我的中国护照被他们没收了，我现在已经变成没有国籍的人了。跟他说得很婉转，他也很同情我。那个时候越南人之所以让我留在那里，是为了让我替他们工作，等我工作完了就没有出路了，我就把事情从头到尾跟他说得清清楚楚，接见我的这个代表很同情，就说：好，你把你的太太跟你的四个儿女都带过来看看。约好了时间改天带过去给他们看，看到之后他就相信了。然后就让我们拿相片拿通知，还有担保人的信件，我就给他看。他说：好，你这个可以考虑，先去检查身体，检查结果没有问题，我就把结果送去加拿大那边。后来就办妥当了，要接收我们过去。

我们一家十兄弟姐妹只有我最幸运，是最后一个离开，是坐飞机出来的，其他的人都是坐船逃难，分几批出去的，每一个人都有很悲惨的逃难经历。我其中一个弟弟，他当年是当海军的，跟北边是敌对的，所以就被扣留了，要让他改造一段时期才放回来，我弟弟当时不是高级军官，连少尉还没有当上，所以改造了一年就回来了。因为他当海军，对船了解比较多，人家都找他一起组织船，所以他是最先逃出去的，在海上漂了一段时间，后来遇到美国的货船把他救了起来，送到了日本，后来他从日本去了美国。其他兄弟姐妹坐船到泰国难民营的也有，去马来西亚难民营的也有，最后大部分去了美国，在洛杉矶也有，在纽约也有，另外一些去了澳大利亚。他们最信任我，我就留守在那边了，替他们安排，他们都安排好了，我才准备要去坐船。正好加拿大方面有人来，就坐飞机安全地去了加拿大。

我是我们家最后一批出去的，因为通常大家很难一起出去的，如果海难的话一家人都没有了。所以就分开走，各自都有安排，但是大家都拿着通讯资料，你有哪些朋友可以作为联络点，再从联络点慢慢联络上来，所以他们平安出去了我都知道。在香港我也都有亲戚，我姨母在那边，大家平安出去了就往姨母那边报个平安。他们也把他们在船上的遭遇说一下，告诉我们应该带一些什么干粮、什么药物，因为他们说很惨，有时候碰到海盗，被杀死、被强奸的都有。他们没有遭受这些，但是在难民营的生活非常困难，卫生条件不好，吃不好，虽然有红十字会来救济，但是一般不是红十字会的人直接送过去，而是经过当地人给送去，十分的就变成了八分，八分的再过一道就是五分，所以都吃不饱。有些在难民营住了两个月，有的住了三个月，但是我有些认识的亲戚朋友就住了六个月甚至一年，所以三四个月就能出来就非常幸运。我现在想到这些就觉得上天对我不薄，不然的话我四个孩子，最小的孩子才五六岁，他能受得了在海上漂的苦？而且他那个时候还有哮喘，我都非常担心，但是为了逃难也还是登记了，小孩和大人的黄金收的是一样的。1978年的时候比较贵，到1979年的时候人比较多，所以就比较便宜了。当时有的人走路，步行到金边，步行到泰国，走几个月到那个地方，很惨。我们这些难民，要说出来，每一个人的遭遇都不同。

到达加拿大

我是1980年1月底坐飞机到了加拿大蒙特利尔，因为飞机从那边过境停留两天，所以我就顺便去我的亲戚那边，之后就到了多伦多，我是多伦多的亲戚担保我过来的。亲戚那边地方不大，我们六个人只能住在地库，地库虽然简陋，但还是有热水炉等设备，住得还好。住了不到一个月，他们就帮我找到另外一个地方，要自己付租金。我们就搬出去，搬出去之后就真的什么都没有了，两手空空。当年越共政府对我也算是不错，因为我管理得好，离开的时候他们把以前没收的我要出国的美钞又给回我，给了两千多块，那个时候的币值是相当高的。我就靠着这两千多块美金，还了一部分的机票钱，当时的机票是四千多块，都是亲戚先帮我垫出来的，我就还了一部分，剩下的钱付了房子的租金。当时床也没有，什么都没有，就睡在地板上面。还好，当年多伦多那边有一个Welcome house，翻译出来就是安省迎宾馆，是省政府设立的，专门来指导和协助刚到的难民，里面一位马来西亚的华侨，客家人，叫张爱苏女士。这位张女士人很和善，她说可以介绍给我们一些机构，那里可以给我们提供一些日常生活用品。正因为她的介绍，我们才去到那里，才有了床，当时我们吃饭没有台子，连一双筷子也没有。那些机构里面的人是早一批、比我们先到了很多年的越南来的华人和越南本土人，他们见我们从越南来的就对我们很热情，提供给我们吃饭的碗、碟、筷子，凳子，还有床铺，忙了一两个礼拜拿回来这些东西，生活算是比较安定了。

我们刚到的时候是1980年1月底，那个时候非常冷，出外面都不敢。租给我们房子的屋主很热情，是个黑人，我就用英语跟他沟通，他对我们逃难出来的遭遇很有兴趣，常常来探望，问我这些事情。他有汽车，就载着我出去，买地图给我，说将来坐巴士要看这个地图，他指导我怎么坐车，告诉我日常要去的地方，小的杂货店，洗衣服的地方，当年我洗衣服是在楼下那个公共的洗衣机洗，他还告诉我怎么用，还说这里隔几条街有个小学，你的小孩子一定要读书，拖慢了你就不能报名了，他带我去给孩子报名。这个房东真的是非常热情。所以过了差不多两个月我们就完全安定下来了，家里的家具都有了，孩子也上学了，但是我们两夫妇还没有工作。当时的两千块钱付了一部分机票钱也没有剩下多少了。幸好我几个弟弟，他们先我离开越南，都安顿好了，最早那个已经到美国一年多了，他直接坐飞机过来探望我，给我钱，说这是当弟弟给的，不用客气。这个给我五百，那个给我两百，一下子就有一两千块了，就更加安定了。弟弟还说让我买部车，我说连工作都没有怎么买车呢？他说在美国和加拿大如果你没有车，每天坐巴士的话，你的时间都被浪费掉了，当时我还是不肯。

打　工

我一个亲戚替我找工作，他说我原来是做电线工厂，先给我介绍一家电线工厂，后来去工厂看了，人家叫我慢慢等，但等了还是没有回音。

我每天送孩子上学和放学，学校里面有一位老师，可能在我们住的那一区，碰到的像我们这样的难民不太多，所以就跟我很谈得来，就介绍我去另一家电线工厂。原来是她的丈夫跟里面的主管是好朋友，我一进去就立刻接收我了，他说：我们这里没有经理或者副总经理这些职位给你了，如果你不介意的话呢就做普通工人，薪水是多少多少，如果可以的话下周你就来上班。我说好啊，我现在什么都可以做的。我们广东人说骑牛找马，有牛就先做啦，所以就做了三年。到他们生意不好要裁员，我就给裁了。那时候一个小时六块，一个星期240块，扣了税之后不到200块，那个时候是够用的。我记得当时寄信的邮票是一毛半，现在是六毛，当时坐公共汽车五毛钱，现在是两块半，涨了五倍，从这个小地方就可以知道它涨得很厉害。当年我看到那个汽油只有两毛多一升。那个时候我的房租是350块，水、管理费全包，有三个房间，算起来有900平方英尺，够住了。

我上班几个月之后我太太就找到工作了，所以两个人都赚钱，就够用了。一家的伙食费一周大概要100块。太太在这边的工作是电子厂的装配工人，一个小时四块钱，后来涨到六块钱，所以我们每个月也有一千多块钱的收入。工作一年后就买车，按揭贷款。四个孩子一起去读书，最大的孩子十一岁，小的只有六岁。

当时我被裁员之后，一时间找不到工作，政府有给失业金，是每个月工资的六成，少了很多，但是还可以，就利用那些钱再去找工作。那个时候就去找那些政府的辅导培训机构，跟他们谈，他们说你有这样的背景，你可以申请再培训。所以他们就给我资料，再培训还是做电子方面，我就进去读了电子仪器工程，读了两年，就在那个学院里面。他们不给读大学，我是希望读大学的，我说我原来是读大学的，但是旁听读了一年，因为家庭原因就没去了。原来三年的课程就读两年，没有寒暑假，一直要读，因为政府要赶着那个时间，让你读完立即去找工作，它也替你找，你自己也去找。读那个课程第一年很轻松，因为我过去在越南读了两年大学后到高中里面教书，我数理化基础很好，所以就教数学，后来在启智英文中学教高中的几何代数和微积分。那个学校的校长就是我过去在知用中学读书时候的数学老师，他欣赏我，知道我有这个基础，后来他知道我的英文水平不错，因为我爸爸还在世的时候供我在夜校学英语，所以我才在那个中学教了三年多将近四年，后来要接手爸爸的生意就没有教书了，不然我可能会一直教下去的。在里面学生对我很尊重，老一辈的老师数理化可能都比我好，因为都是从国内过来的，但是那里的课本都是英文的，所以我这个小伙子受到重用了，当时一个月工资有八千多块越币，我父亲请到商行做事的秘书一个月才三千五百块，我比他多一倍。因为当时英文学校的老师薪水比较高，算小时的，其他都是算月的。我是从第一班教到第五班，相当于从初一到高中。我把这个经历告诉他，他就安排我去读这个课程，读了两年，毕业出来，他就替我们找工作，但是还没有找成的时候，我一个朋友告诉我，我以前在新雅的老板在什么地方。我就去跟他见面，他说一个理事正好要开一个电脑工厂，那个理事也是个电子工程师，是香港人，不是越南人。他可能请人，你刚好读了这个专业他正好用。回去后他立刻跟那个理事说，他就聘用我，让我做产品经理。

当年最出名的电脑就是IBM，其他的都叫做兼容电脑，所以就依照IBM的设计来做，零件从中国的香港、内地（大陆）和台湾来，把那些零件装配成电脑，再用软件来调，做成跟IBM电脑一样。如果买原装IBM电脑的话，里面零件有问题你还要去买回原来IBM的零件。但是这些装配出来是兼容的，任何零件只要有这个功能都可以用，所以当时那个电脑非常地流行，我就在那边当上了经理，那时是1984年底。

那时候生意非常好，赚钱很多，所以就把公司上市，一上市就糟糕了，不能跟洋人竞争，上市两年就垮了。上市之后人家的钱，你懂得怎么发挥就好，但是如果你不懂就完了，因为上市之后是要你做成股票市场，如果你没有专门的人帮你管理股票市场炒卖的话，你就会被人打倒，他们当年就是这么失败的。那个时候赚了好多钱，他就跟我说，陈先生，我也留些股票给你，你可以买，外面市场的价格是多少，你可以便宜多少买，我就买了一点点，不然就很糟。后来他就垮掉了，我差点就没工作做了。但是因为我在那边做了一段时间，他们的生意做得很大，他们的电脑卖给多伦多大学，还有其他几家大学都跟他们买，还有政府气象局也跟他们买，上市之后名气更大了，但是垮掉了。我跟电脑界的人都认识，这里没工作之后，别人那里立刻就会有位置给我，虽然没有以前那么好，但是我还是一直做，在电脑界做了17年。之后电脑生意没那么好了，连IBM也卖了一半股份给中国企业，电脑生意竞争越来越大，而且竞争的情况是软件跟硬件，任何一个做电脑生意的不可能单单做硬件不做软件，你硬件可以用，但是软件一出来，你存货卖不掉就要压死你，存货不够客户又会流失，所以生意就变得很难做，我后来也失了业，没办法。

六十岁再做电脑工作已经没人要了，所以我就退休了。我还没被裁员的时候，就有人跟我说，教育局要找人做兼职，想找一个会说国语、广东话和越文的人，他要我去考试，我就去了，发了一个证书。不做了之后就在多伦多市的教育局做学校和家长之间的翻译，是兼职，一个礼拜做十多个钟头，学校里面的公告、关于学生方面的文件，给他们做笔译。

我太太也退休了，先是在一个做遥控器的电子厂做装配员，后来也是倒闭了，就转到福特汽车的电子厂，那个也是做了十多年，做到退休。

我五个孩子都是读到大学毕业，都在本地读的。我三个女儿都在多伦多大学，第二个孩子是男孩，他在蒙特利尔的麦吉尔大学。他一毕业香港那边找人，他回来跟我们说，我太太还不舍得他那么快走，就让他先去了一个月，被录取之后就一直在那边做，还在香港娶妻生子，变成香港人了。他是读工商管理的，对电脑也很感兴趣，他去那边十几年了，在公司那边，同事都说他是电脑神通，问什么都知道，有什么问题都可以解决。他现在是国外贸易部门的总经理，每一年到德国、法国、英国和美国。最小的男孩子是在加拿大出生的，读滑铁卢大学机械工程，已经毕业了，现在在进修硕士。四个大的孩子都结婚了，只有这个最小的没有。大女儿在省政府做一些关于福利方面的事情，二女儿在一个大保险公司做会计，三女儿在政府机关里面一个关于癌症的部门做采购主任。现在我跟小儿子住在一起。

越棉寮华人协会

我1980年来到了加拿大，1982年的时候在街上碰到一个老同学，很谈得来，他跟我说：这里有一个越棉寮华人协会，我介绍你进去，我是它的创办人之一。在里面除了与他是老同学之外，其他人都不认识。我朋友极力地推荐我，说陈福在我的老同学里面是成绩最好的，要我担任英文秘书。从那时候我就做这个工作。当时里面有一个创会会长叫潘复南，是福建人，从西贡来加拿大，比我们早十年，他以前在西贡做生意，赚到钱之后就让儿女来美国和加拿大读书，后来他也不知道为什么就没有做了，很早就来到了加拿大，所以他对我们在那边的遭遇很同情，尽管他都没有经历过。他很看重我，他是会长，因为肺癌，两年后就走了。协会也一直留我在那边工作。后来被选为副会长，2000年的时候当选为会长，原来应该是两年一任，可以连任两次，但是我一直连任到现在，退不了。他们说我现在已经退休了，时间多，就来这边帮忙，会里面的经济由大家负责，我从那个时候开始每年都要捐钱，但是比不上他们，如姜秀萍，越南的潮州人，我们的名誉会长，还有一位是福建人，他的公司叫新雅超级市场，有四家，姜秀萍有两家超市。他们说：陈福做会长我们都支持，就掏腰包，人家拿一百他就拿一千，极力来做，所以就变成我一直留在会里面。

1980—1983年那段时间，多伦多的华人不到十万人，越棉寮的华人就有三分之一。越棉寮华人的遭遇，我自己没有坐船，但是自己的弟妹或者亲戚坐船，我都了解了他们的遭遇，都非常辛酸。在1982年还是1983年的时候，《星岛日报》有一篇文章大力抨击我们越棉寮华人，原因是有一批越棉寮华人借用政府一个社区礼堂组织生日派对，不知道争吵还是什么，杀死了人，当年杀人是一个非常重大的事情，那个时候一年都听不到一个，现在一个月就有两三起。《星岛日报》就把这个事情大造新闻，说这帮越棉寮华人来到这里，得到加拿大政府的收容，不珍惜，伸手拿救济金，有空不去工作，搞什么聚会，把我们说得一文不值。我们越棉寮华人立刻予以反驳，跟他理论，要他们道歉，但那个笔者坚决不道歉，他是台湾政治大学新闻系的，已经退休很久了，我们也发动起来抵制他，在别的报纸上呼吁，那时候报纸是比较明显地对我们有看法。此外，当地的台山同胞，他们的国语说得不好，正宗的广东话也说不好，我们沟通方面也有问题，他们跟我们这一帮人相处也不太好。后来我们这一帮人也算是得到了老天的保佑，慢慢地很多生意都做起来了，他们台山人后来不做小洗衣店，我们就把它收购，改成餐馆卖越南菜，大一点就做超市，但是台山人的超市规模很小，我们也给买下来。

我们越棉寮人有个传统，喜欢拜神，拜佛也好、祖先也好、老子也好，我们要弄元宝，我们的超市就做这类生意，从香港、越南订货过来，一有的话别人就买了嘛，所以就把这个市场的生意带起来了。还有酒楼，当地华人比较节俭，我们越棉寮人省钱是省钱，但是要用钱的时候就会拿出来用，在社区里面的社团啊、家庭有收入的，摆寿酒、结婚酒、满月酒，一家子就有十几桌，不会摆两三桌，所以酒楼对我们另眼相看，说我们这帮人很懂得用钱。以前也有摆酒席的，我也有去过，很简单的，如果香港人的话，他们就会用西式的,不会用我们中式的,所以我们就变成了阔佬了。多伦多附近的超市都是我们越棉寮华人的,最近就不同了,从大陆来了很多福州人,他们来之后我们这帮人都已经赚到钱了,上岸了,孩子不愿意接手,就转向做房地产,所以就成为福州人的了。由于看到这个,我对越棉寮华人协会会务非常重视,我一定要把这个会务做得好一点,不然人家会看不起我们。

越棉寮华人协会到了1988年还不被人家看得起,90年代之后我做得好一点,什么社团活动我都主动参加,我跟别人谈话都很平易近人,他们请我,我便以越棉寮华人协会的身份去,跟他们沟通好,大家距离拉近,我们有什么事情都请他们,尊重他们,从那个时候他们就看得起我们了。最重要的一点就是,1986年华人总会成立的时候我们的协会就是其中的筹备委员之一,而且主管当时的财政。当年中国第一任总领事鼓励我们,我们跟领事馆开始有来往,而且也就是那个时候前一两年,廖晖做国务院侨办主任的时候来访问多伦多,特别组织一个座谈会,邀请我们越棉寮人去谈话,听取我们详细的逃难经过。那一次座谈会之后,中国政府就邀请我们越棉寮华人协会去中国看看,第一批人去的时候我没去,1989年第二批去的时候我才去了,让我们去北京、广州、杭州几个地方游览。从那之后,我们就不断跟中国领事馆有密切来往,当地的社团看到我们越棉寮华人协会有了一个定位,在社团里面有了一定的影响力,他们有什么组织活动都一定要邀请我们,大家来往好了，再也没有觉得越棉寮华人协会会被人看不起了。

这方面我自己觉得挺自豪的，因为从开始到现在，很明显看到，说很多人歧视我们，是语气重了一点，但说看不上眼没错，而且他们对越南、寮国（老挝）、高棉（柬埔寨）的认识不多。实际上当年的西贡应该比起很多地方的城市要好，当年有60万美军在那边，把西贡变成一个大后方，是个消费的市场，当时就有种说法是"前方吃紧，后方紧吃"。的确是这样的，那边很繁荣，许多新的物品那边都有，日本、台湾、香港很多来越南度假的人都来到西贡，都觉得是享受，什么都有。我们来到这里之后，他们觉得我们是乡巴佬，而且是从战败的地方过来的。我们来到之后不单是这个感觉，以文化方面来看，这里的《星岛日报》比起当年我们西贡的《远东日报》、《亚洲日报》、《奋斗日报》办得更差。我们那时候都是从大陆过来的精英办的，写的文章一流，办的正刊、副刊和资料都非常多，我们当年来到这里看的日报有《星岛日报》、《世界日报》，还有国民党办的《醒华日报》，看起来都很差。当年我们自己办的《越棉寮华报》是免费派出来的，登出我们内部人写的文章，他们看了之后就说你们怎么写得那么好，你们对中国历史那么清楚，你们的普通话说得那么好。我说我们在西贡读书使用普通话教授的，而且教我们的文史老师都是一流的，把事情都说得清清楚楚。有些人我们跟他们说省会什么的他们都不懂，朝代也搞不清楚，所以我们觉得很自豪，就是这一点，说明他们批评我们都非常搞笑，令人非常气愤。

我们这个会所是七年前买的，那个时候刚好降价，我们就赶紧买，谈好了是35万。那时候大家不做生意也没有那么多钱，我每年都有存点钱，就拿了两万出来作为首付。最后是后台老板一下子拿出了35万，他说，陈生没关系，你就敲槌定下来吧，这个钱我全拿出来了，你们慢慢还给我就好。我们三年以后才退回给他。整个多伦多没有一个社团有人肯那么豪爽，一下子拿35万出来的。

这个协会除了我们后台大老板来支持以外，这几年我们也得到了联邦、省和市三级政府的重视，因为在他们心目中，我们是三个国家的华人，比起一般的同乡会大很多，三个国家又代表三个地方的文化，所以在前一年政府特别拨给我们两万五千块，说你们要做一个研究也好、报告也好，你们三个国家在当地不同的生活习惯，做一份报告。你们当地的华人怎么样生活的？来到之后有没有跟当地有不同的地方？你们来到之后的奋斗历程是怎样的？你们的第二代是怎样来适应这里的生活的？我们就给他们做了，他们感到很满意。第二次再给两万五千块，说你们来到这里已经超过三十年，以当时的平均年龄二三十岁来算，现在也都六十多岁了，那么现在你们的退休生活是怎样的？在这三十年的工作中是怎样照顾第二代的年轻人？他们怎样跟你们沟通？有没有代沟？第三代是怎样的？有没有融入加拿大社会？希望我们有一个全面的研究报告。这个其他社团没有。现在这个报告已经写完了，我们在三十四周年的庆祝中，也有很多关于这个事情的文章。第一个已经完成了，第二个报告正在进行。我们现在尽量组织老人家去看大熊猫，从看熊猫发表一些关于中国文化的看法，我们中秋节也组织了坐船游湖。现在我们也买了乒乓球桌给老人家，因为政府也希望我们社团发挥一些作用，让老人家退休以后身体健康、精神安定，因为如果老人家的身体和精神状态不好的话政府要付钱给他们看病，我们这样就为政府节省了一部分开支，而且让老人跟小孩子多一点沟通，不要让年轻人走那么多弯路，所以说政府还是有自己的考虑的。现在政府有什么座谈都会邀请我们去，我们现在在社团群里面有了一定的位置，而且也有三级政府看重我们的地方。

这里的庙宇，有一家是越南出来的人办的，现在最大的就是台湾来的人办的，但是进香的很多都是越棉寮华人。以前来的那些老侨拜神的不多，规模也不大，老侨都是去教堂。越棉寮华人就把原来的全部搬来，哪月哪天是什么诞辰都记得很清楚，尤其是越棉寮华人一般除了拜佛、拜观音，还拜天后，就是福建的妈祖，在越南叫阿婆，就是拜婆庙。婆庙有一些传说是在海上保佑船民，所以他们很尊重，在一些社团里面也会特意供阿婆让香客来拜。

老侨印象

在加拿大的台山老侨比较保守一点，思想不够开放，眼光没那么远，我这样说不是批评啊。其实很多老侨都很有钱，以前唐人街是一个洋人不希望到的地方，觉得肮脏、不够卫生，所以老侨就勤奋打工赚钱买房子，唐人街附近的房子都是他们买的，现在的房价涨了几十倍，所以他们都是很有钱。他们就是比较吝啬、保守，而且不懂得培养第二代，希望第二代接他们的生意，所以他们的第二代比不上我们的第二代。我们的第二代多数是专业人士，他们一放假就去度假，买游船，怎么跟你一个礼拜做六七天相比啊。也因为加拿大太冷了，不是因为逃难的话也不会选择来这儿，会去法国或者美国，所以唐人街的发展就不好。

说起来，老侨也有一百多年的历史，应该发展得很厉害，我们越棉寮华人来到这里才三十多年，大陆福州来的也就十多年，都发展得很好，说起来还是他们太保守。他们的子女也有读书的，但是不像越棉寮华人推着子女去上学。而且我们从越南来的潮州人敢冲，有胆量，看得准就做，亏也不怕，一下子就赚了。敢冲你才会去找机会，才能看得更远。现在潮州会馆的人跟我们越棉寮华人协会都做得很好。老侨就是欠缺这一点，他们就知道在唐人街里面，不是说他们不聪明或者很糟糕，只是保守而已。体现在方方面面，我们办联欢晚会的时候都是五六十桌，潮州人有时候一百桌，老侨都是十多桌，三十桌都算比较多的了。本地广东人都不懂得做，只做小小的餐馆，不懂得进取，我们那帮人进取。

陈桂松

口 述 历 史

陈桂松

时　　间：2013 年 10 月 22 日

地　　点：加拿大多伦多戴斯酒店

受 访 者：陈桂松，加拿大安省越棉寮华人协会总务

采 访 者：刘　进

录音整理：耿　龙

南越解放前后

　　我叫陈桂松，祖籍广东宝安，客家人，1959年在西贡出生。我们几代人在越南了，祖父祖母在越南北方的广宁省出生，我父亲1930年也是在那边出生。祖父他们住的北方农村很穷，1952、1953年我父亲为了家计，当了法国兵，有打过仗，但是他比较好一点，命还在。当法国兵的时候，打奠边府那一仗最重要，但是他没有进去里面，还在后方。打完那场仗，越南跟法国签那个什么《巴黎协议》，分南北。1954年我父亲跟法国船逃来南方，父亲逃的时候不是全家人一起的。我祖父很年轻就死了，得了天花病，当时我父亲才八岁。我祖母死的时候，我爸爸20岁。我父亲还有一个哥哥、一个弟弟、一个妹妹。

　　我父亲跟着法国兵到了西贡，那时候他还没结婚，也不当兵了，怕打仗嘛。我父亲比较喜欢从商，到南方的时候，什么工作都做过了，做苦力嘛。差不多到1964年，十年时间他做工省下钱，就去做生意，卖猪肉。做到1972年，他有多一点钱，就买了土地来做农场，养猪。

我父亲是1956年结婚的，我母亲是越南出生的华侨。我是老大，兄弟5个，1个妹妹。父亲虽然几代是在越南出生，但他比较传统，重视子女的教育，觉得要学中文，是中国人。我在明远学校读书，是中文学校，是台湾过来办的，在越南来说也算是名校了。它要收学费啊，很贵的。读明远学校是有机会去台湾，去台湾念书就可避免去当兵，不用枉死。父亲自己也愿意读书，但他小时候穷，没书读。我下面的弟弟妹妹也读书了，我刚刚读到高一的时候南越就解放了，那是1975年。

南越解放后，读中文就比较少了，大部分读越语，一个礼拜好像有两节学中文。中文学校还在，没关门，但改名了，主要用越语来教。对这个事情很无奈，没办法，政治改变是这样的，反抗的话抓去坐牢，有人因为这样坐牢的。大部分坐牢的是做生意那些大老板，我父亲算是小资本家，不出名，所以不用坐牢。我父亲有两栋房子，一个是大农场跟房子，还有在另外一个地方有一栋房子。我们全家住在农场那里，我父亲为了做生意方便，两边跑。解放了，另外的房子没人住，就被政府拿走。那个时候他们叫做打资产，有财富的话他都去打，没收资本家的财产。

1975年最乱那段时间已经有船跑出来了，但是我父亲说，"全世界啊，你跑到别的新地方也是很难啊。"所以他不愿意跑。他以为越共来了，没有仗打了，慢慢就和平了。他以为做生意的没有什么，可是他们一进来，通通是国营的。养猪可以，但养的东西不能自己出售，要卖给国家，价格是他们定，不像以前能赚到那么多钱。但是，可以走私卖去外面，偷偷地卖出去，黑市可以赚多点钱。我父亲他有生意头脑，想办法赚钱。我们当时候养猪，还做米酒，然后走私，也是赚到钱的。但就是不懂去做什么大生意，不敢去干。我们做农场的时候，政府没有打压我们，我们养猪是卖给国营，差不多我们有100头猪，跟他们说只有80头猪，因为他们来也没有点，只要对他们好一点，他们有饭吃，有钱给，都不管你的。我们家在解放后头五年，生活不错，还可以，当时我们有房住，有书读，读越南学校，但是看不到前途。

逃出越南

1978年，准备出逃。我父亲出钱，条件就是我全家八个人出去，他付了40两黄金，那个时候是很值钱的。逃走的船是我父亲跟别人合做的，是在乡下一个叫美拖的地方，他们买通该地的公安，准备将船从西贡拖去那边，可是那个船搞来搞去，最终搞不出去，后来政策改变了又可以了。

我父母亲安排我、老二、老三、老四、老五先出去，剩下三个位置卖给别人，股东不管你谁去，总之就八个人。父母亲说，全家一起出去，万一死光了话就没有了后代，所以最小的弟弟留下跟他们在一起。对于我来说，我父亲让我走，我也愿意走，没有考虑那么多，没有想到可能会死，怎么样去走，有什么危险，当时根本就没有想到。

那个木船20米长，4米宽。在胡志明市是很难逃啊，就只有乡下比较容易逃，付钱给当地的公安，我们走一半路，再坐小船上大船。我们打算大船就载200多人，但是当地公安为赚多一点钱，就再给人上船。具体上多少人就不知道，但是船上面死了很多。

我们的船，应该在国际上有个编号SS0423。因为没有水，不够水，所以有些人死了。船上还很热，在舱底住一帮人，太热了，热到他们都神经错乱了，有的人就跳海死了，我看到有两个人说死了，就跳下去，船转头想救也见不到了，可能被大鱼吃掉了。船到马来西亚比东岛的时候，联合国有人来登记，船一进来，他要点人，有多少人在，然后再问："你跟谁来啊？"有的跟他说"我跟妹妹啊、弟弟啊、姐姐啊，谁，什么亲戚"。"现在他们呢？""已经死掉了。"所以他根据那个来统计数据。统计下来差不多有400人，但到马来西亚剩下二百三四十人，死了一百多二百人。他们有的是跳海的，也有的在船舱里面已经死了，病死的也有，有看到他们把尸体丢在海里。

我在船上还可以，我坐在船顶上面。船顶坐了差不多三十多个人。父亲是股东嘛，特意安排在上面，条件好一点，父亲有意把我们安排在舒服的地方。我们有水喝，但水也不够。船上不是有油桶吗？那个塑胶的桶，我们把油倒掉，放水进去，这样油就在上面，水在下面，他们不知道，所有的船员都不知道。我们就可以有水喝了。水不难喝，没办法，你没有那个经历的，那个时候有水喝就很好了。

船上的人通通是和船主关系比较好的，大部分认识的，通通是华人，没有越南人。大家觉得在越南没前途，都要走，去哪里不知道。开船的人也不知道走哪里，是骗子，不懂看罗盘，只知道大概方向，多少度就不懂了。没有走过那么远路，怎样走根本不懂，漂到哪里算哪里。

马来西亚难民营

我们5月31号出来，6月5日到那个马来西亚比东岛，Pulau Bidong，差不多一周时间，记得很清楚。我比较好运，在马来西亚住了三个月，9月5号就来到了加拿大。所以我最记得我6月5号到了马来西亚，刚刚三个月。

我们漂出去就是作为难民，就希望联合国来接手管理，然后把我们送到这些发达国家去。我们是这样。因为相比在越南，我们也开始获取信息了嘛，因为有看那个国际新闻，收音机我们听到，什么船什么船到，在海上。德国船就见到一批一批的难民在船上，船又破烂，就救他们，就送他们到德国，有的就去到什么岛、什么岛、去到美国、澳大利亚，我们在越南已经有那个信息。父亲1975年虽然说过在哪里都不好过，但是他相信那个BBC嘛，外国电台嘛。他在越南听到很多新闻，他相信国际的新闻，本地的不相信。好像以前打仗那段时间，他们通通是每天都报道打死多少越共啊，我父亲不相信这个嘛，所以我们下决心冒险出去。

在难民营是难民，生活刚来很好，有饭吃，有衣服穿，房子自己盖。一个房大概四个人住，我们自己煮饭，上山去拿个木头来做柴烧饭吃。他们每天发米、菜、罐头给我们，一个礼拜有一天送鸡来给我们吃。难民营的管理者是我们难民营的人，没有白人。马来西亚有警察管着我们，我们不可以出去，不能偷偷出去，偷出去的话抓到剃光头，马来西亚的法律是这样的，犯罪的人通通剃光头的。

我在比东岛住了两个月，直到加拿大收我，他们叫做离岛，离开难民营，送去吉隆坡，那边不用煮饭，他们饭堂煮好了就拿来给我们吃。

去加拿大需要亲属担保，我根本没有亲属在外国。1980年时候，难民营比较多人，所以美国欧洲也来收。我申请去美国，美国不收我。原因不知道，可能我家里没有人当兵，没有帮美国人做过事情。父亲给法国做过事，我不想去法国，我听到外国的消息，说法国表面好，但待遇不是很好，很难生活，东西比较贵，房子比较小。我们就知道美国房子大，澳大利亚地方好啦，加拿大，以前念书学地理的时候，就是只知道加拿大冷，但是不知道那么冷。

我选了美国，没收，然后选加拿大。有人通知我们，谁想去的话就申请那个表，填上去履历。他们没有什么都问，就看看履历的时候问，我英语不懂，只懂名字，再问到别的东西都不懂，他有翻译。来到加拿大，加拿大是一个很讲人性的国家，他见到我带着小弟弟，啊，那么大胆，那时候我21岁，小弟弟10岁。他发了怜悯心，就批准了我们。其他的弟弟因当地警察收了别人的钱，要送别人的人上去，不给我们家里的人出去。当时我们坐小船出来上大船，我和第五个弟弟在一条船上。其他的弟弟，是我后来担保他们出来，包括我父母亲跟小弟弟。我先跟弟弟到了马来西亚，然后来到加拿大。从越南出来的，都还是很顺利，可能是命运方面我比较平稳，能化险为夷的那种。

来到加拿大

三个月就来到加拿大。在马尼托巴省（Manitoba）西部，安省的隔壁（Ontarioc），乡下，只有2000人口，很小很小的镇。我们是政府担保的，不是教会担保，他们找房子租给我们，让我们学英语，学英语那段时间有钱给我们，一个礼拜几十块。我和弟弟住一套房子，有厨房什么的，差不多三间，不错，是平房。环境很美丽，住在那边一年半，到1982年。

我学了三个月英语，弟弟还小，就去读小学。住了三个月，然后有一家做窗门的工厂，请我去做工，做了几个月，就没有工作了。我感觉到在那个地方人口少，到冬天就没有工作了，靠那个失业金，没有前途，做半年就失业，失业金刚刚好够吃够喝，以前生活那个基数没有那么高，东西很便宜。小弟弟还小，还读书。政府有拨那个牛奶金，牛奶金不多，好像三十块一个月，一直到他18岁。那段时间我与弟弟相依为命，我做工养他。到加拿大后，我跟父母的联系就是靠经常写信，打电话那时候越南很贵的。

1988年，我妹妹过来，她先偷渡去马来西亚，然后来加拿大。1991年我担保父母过来加拿大，隔了11年。我父母、三个小弟弟都过来了，1991年全家就团聚了。

学做日本铁板烧

1982年，我来到多伦多，觉得多伦多比较多华人，机会多，但刚来的时候不懂英语，去日本餐馆学做铁板烧。弟弟在这里读书，学铁板烧不辛苦。做日本餐是最舒服的工作了，有客人来吃的时候才出来炒一下，它固定而且简单，不像中国的餐馆，各种花样，添茶倒水。日本餐馆的老板是日本人，对我不算好，啰啰嗦嗦，工资又是最低，他们请日本人工资比较高。那时候，我做一个礼拜好像200多块。

1986年，我有一个机会，有个酒店开了铁板烧，请我过去做阿头，人工也不错，一直做到1995年，十年。1986年开始做就3万多工资，一路做到1995年，5万块钱一年，很好了，一般现在打工的才两千多，这个日本餐馆的老板是西方人。老板人不错，但是对我个人来说，就没有前途，打工就永远是打工。那时候我赚差不多5万块钱一年，也没有钱剩下来，因为打税很多。一年扣了差不多1万1了，剩下3万多。然后我想打工永远是打工的嘛，我自己想出来创业。

创业的开始，头几年很多波折，什么东西都不懂嘛。我搞个养鸡场，卖鸡肉给超市、餐馆，做了十八年。我妹妹也过来，在我公司打工。大概2002年到2008年生意比较好，赚钱也多，2008年以后就掉下来了。金融危机对我影响不是很大，我们是小公司，我们华人的生意竞争主要是来自国内，国内很多资本来这儿开店，家家那么大又便宜，他们通通是大老板，做得比较多元化，什么东西都有，卖得又便宜，所以我们的生意就慢慢下来。今年我卖掉了生意，现在打算出来开餐馆，越南餐馆。

家庭情况

我1986年结婚，太太也是越南华侨，比我小五岁，祖籍哪里我不知道。她也是偷渡出来，先去菲律宾，1983年过来加拿大。她的表哥就跟我同一家店做工，交往的过程中，我对她产生好感，我追她。我们有四个男孩，1988年，第一个孩子Richard出生，今年25岁，在滑铁卢大学读化工专业，硕士，现在还没有找到工作。现在我打算开餐馆，让他跟我一起做。可能他不想找工作，我跟他说，长期待在家里不行，工作是人生的体验。现在加拿大的孩子都这样，太舒服了。他有女朋友很多年了，没有结婚，还没有孩子。儿子现在在我家里住，他女朋友还在上学读书，是香港人。第二个孩子1990年出生，没有读大学，现在做工，好像13块一个小时，人工不高。老三现在读大学4年级，在约克大学。老四今年18岁，刚刚9月份去读那个MBA。我们在家里说广东话，吃饭以广东菜居多。

1991年，父母过来，刚来的时候他们不喜欢这里，过了几年后就ok了，这里福利比较好，他们过来十年后已经有福利了，一个月差不多有2000多块钱老人金。我父亲今年7月去世，83岁。母亲79岁，还跟我一起住。

跟我一起来的小弟弟，上不了大学，上那个college。现在他在收那些铜铁来卖，他买了一块土地，16英亩，还不错。其他弟弟们各有地方住，自己有家庭，房子什么都有。

在越南的时候我和父母拜佛，在这里还有拜，孩子他们不拜了。我每年去那个佛光山，太太也去。儿子他们不信什么，我们也不会要求他们烧香拜佛。我们烧香拜佛就是传统嘛，偷渡的时候，在船上祈求佛爷保佑，但没有许愿。

与越南和中国的联系

从越南过来这个路程都没有什么感想了，因为很平淡。回想一看，人往往是由命运安排，比如说现在，如果我不走出来，现在我在越南，可能我很有钱，比我在加拿大更有钱。有很多隔壁亲戚朋友说，哎呀，你不出去的话，现在你知道你的房子值多少钱，500万美金，原来我住那个农场，卖了值500万美金。1991年我父亲来加拿大，临走的时候处理了，卖给亲戚，卖给朋友，6000块美金，那时候值那个价。

我的性格比较冒险，喜欢做生意。在越南的话，有那个机会我一定很快就赚到第一桶金。因为我很喜欢听新闻，看那个经济理论啊，怎么样去做生意啦，我书读不多，但是我喜欢看这个东西。1993年我回越南，跟我太太的哥哥说，不用种咖啡了，浪费时间，有那么多土地，养牛更赚钱。人们有一点钱，想吃好的，牛肉、牛排。他不相信我，他种咖啡，一年收一次，丰收时就不值钱了，钱都被商人赚了，农民是赚不到钱的。他们在越南没有出来，现在在越南做得不错，过得很开心，每个礼拜天去打网球，我们这儿没有那么多时间去打网球，他们在那儿过的生活质量还比较高，又有钱，又有经济地位、社会地位，人生的享受比较多。我们这里比较辛苦，除非你当大老板就好。加拿大是这样的，最有钱跟最穷的那两批人就最好，像我们中间的人就不好，很辛苦，赚到钱打税又高，自己当老板要亲力亲为。今年我刚回一次越南，在越南没有亲人，只是回去看看而已，只有朋友，也没有经济、贸易的往来。

中国今年我也去过，我回到深圳，我伯父在深圳光明新区。伯父在越南出生，1979年他从北越回中国，叫做难侨。他的命也算是好，被送到深圳光明农场，我姑母、我叔父、我伯父就被送到广西浪湾华侨农场。伯父在越南是中医师，回到中国也是当中医师，现在退休了，85岁了。他以前那个荔枝地被征收了，现在有钱，也有很多房子，现在很开心。伯父回到中国也是好，因为中国经济发展，人口多，前途好。我们这儿的话，老人家来就好，年轻人就不好。我的伯父、叔父、姑母、婶婶，现在最好的就是深圳那个伯父。现在我也没有给广西的姑母寄钱了，现在他们生活好了，不用寄钱。

我觉得中国那边比较好，做什么生意都比较大机会。我的梦想就是这段时间搞好一家餐馆，给我孩子搞一两年，我就回中国做生意。我看到了市场嘛，人口多，十几亿。

我去过深圳，南宁，北京，去年我有回去，我跟我叔父、堂哥清明那段时间回去祭祖。

陈志远

口述历史

陈志远

时　　间：2013 年 10 月 19 日

地　　点：加拿大多伦多安省潮州会馆

受 访 者：陈志远，加拿大安省越棉寮华人协会常务顾问

采 访 者：石坚平

录音整理：乔志华

投身革命

我祖籍是广东饶平，1928年出生于越南后江省滀臻市，1932年四岁时和六岁的姐姐一起回到中国，因为当时父母做小生意，要我回中国去接受中国文化。我们住在伯母家，从小就在中国读书，中学是在澄海中学读的，因为饶平和澄海离得很近。

日本占领汕头后，家乡的生活就很困难，我的父亲就通过水客带我回越南，那是1944年2月份的时候。开始从家乡行路经过韶关到衡阳、到柳州、到桂林、到东兴，两个月的时间，之后偷渡过去越南，当时没有什么合法手续。一路沿途，盟军的飞机轰炸越南。回到越南之后，父亲说那就让我再去读书，就到堤岸的南侨中学读，但那个时候我家已经搬到迪石省居住了。南侨中学因为飞机的轰炸就搬到了槟榔省，去那里是为了避免飞机的轰炸，同时也是避免日军的干扰，因为那时日本已经占领了西贡。南侨中学是华侨办的，我在这个学校读到初中而已。1945年3月9日，越南发生"三九政变"，日本夺取政权，当时我是住在乡下，交通不便，就没办法去读。

1945年，越南发生了"八月革命"。当时革命力量很薄弱，没有枪，都是拿着大刀，大刀又很钝。大家谈论，越南民族被唤醒，革命一定成功。越南革命采取焦土抗战，把四周的屋子都烧掉，让人民撤退，我的家乡也被烧掉了。越共领导的起义队伍采取"焦土抗战"，是想把人民散布到乡下去，敌人来到没有人民的地方，没有吃的。虽然这样，1946年法国人卷土重来，一住下去，人民就又回来了。

那个时候我就来到迪石的家乡教书了，校长郭绍正走掉了，去到大城市，学校找不到人教书，就请我来做校长，我才开始教书，我当时也只是个初中生而已。这个小学是在一个小市镇，有五条河连着，是个战略要地，叫做五角溪，五条河交叉的地方，人口集中，我就在那里当小学校长。我找了五个同学，那个学校有一百多个学生，就开学了。

当时越南革命在城市站不住脚，就退走，搞成地下了，到了晚上就来散发传单。当时他们什么都没有，就来联系我们学校给他们印刷，写钢板，他们连钢板和印油都没有，他们写了就叫我们暗地里帮他们印刷，他们来拿，晚上去分发。1946、1947年我们就开始做此事，我们同情支持他们。当时法国人很残酷的，抓到越南革命者就公开枪毙，但是对我们华侨倒是没有多少怀疑，因为我们这些华侨的商店就和法国的兵营打关系，他们和商店老板的关系很好，对我们这些教小学的他也都不理，他们甚至会找我们这些教书去打篮球。但是我们也避免和他们接触，因为越共有暗杀，丢手榴弹，我们也很害怕。我们当时和越南革命者接触，就是私下他们来学校都是找那些华侨后裔，他们来的也可以讲中国话，所以越南革命华侨对他们的贡献是很大的。1948年的时候因为交通被越共切断了，法国人在五角溪市镇就孤立了，一孤立就主动撤退。法国撤退之后，越共就进来了。

1948年的时候越共开始有武器了，是从泰国那里买来的，他们就用一个名称"海外部队"，因为湄公河在我们越南南方叫九龙江，有九个出海口，所以就说"海外九龙部队"回来了，简称是海外部队。海外部队就是去泰国买武器，然后让那些越侨背着武器从森林经过柬埔寨再下来。后来他们又来到这个市镇，又一次焦土抗战，有的已经建好新屋子了，现在又全部把它撤掉了。我的父母又走出城了。我就带着五个教师，问他们怎么办，他们就说那校长你的意愿呢，我说你们要跟我去革命，去乡下找越共，结果五个教师就跟我一起去了。

追随越共

我们在迪石的时候，当时中国一些进步的书来了，包括《民主之路》《解放之战场》《论联合政府》《整风文献》这些书都在学校。抗日战争胜利后，这些书都来到了越南，我就出去专门买这些书，我们看到《华商日报》，看到了新加坡的《风下》等进步刊物，胡愈之编的东西，我们学校的老师都有看这些进步的书刊，当时法国也没有办法去检查。当我们走的时候，就把这些书一起带走，带到了乡下。一到乡下，看到越共的哨站，他们马上都很警惕，生怕有特务潜入，搞不好要杀头的，所以就扣留我们。他们一看我们居然还带着些书来，就说我们来是不是进行反动宣传的，他们又不懂得这些，所以就拿我们几本书去，找一个地方暂时给我们住下，其实要说软禁也可以，招待也可以，说让我们在这里，暂时不要去别的地方，他们就报告给上级。然后大概是上级满意了，那么好，你们要去找华侨就去。我们就去到乡下，那里也是在迪石省。这个乡下在解放区，叫做永顺市，这里也有一个华侨学校。这个学校学生有四十多人，只有一个老师，我们突然来了一大批，全部都在欢迎我们。

我们既然来了就住在那里。那我们就和校长来谈，我们来谈夜学，就是夜校，开国语教学、国语会话班，乡下人很高兴，就赶紧来报名读书，男的、女的、老的都来。一个市镇也有千百家华侨，我们就开夜学，我们又有带钢板，又有印油，我们就自己编教材，几个人有的负责印，有的负责编，就自己来教。我们就是教中文，教潮州话这些。我们的生活就是吃饭没有问题，但是没有工资的。我们这里是越南南部的最南端，是南部的革命总指挥地。因为越南革命有1940年的南圻起义，它是有几次武装起义的，后来一些人就被抓到昆仑岛，昆仑岛那些人都是死刑的。1945年日本投降，八月革命开始就接收这些人来，那么从昆仑岛坐船来的就来到南方，来到我们这个地方，来到他们的基地，就是南部的指挥部。

越南将全国分成九个战区，一个战区就管七八个省，越南一个国家有六十多个省。我们的书就拿到第九战区，给他们的区委。这个区委书记是北方人，他懂得中文，他看了内容就知道怎么回事，他也是坐船从昆仑岛过来的，所以他对中国的印象也是很好。他负责民运，专门搞民政，所以很注意各个民族的活动，比如高棉族这些。他有个中文名叫做阮良友，1948年我们进去时，我二十二岁，他已经四十多岁了。他看到我这些书后，十二月份他就通知要我去他那儿和他见面，见面之后他就说，他可以写中文，但是不会讲普通话，所以有时候会找一个翻译。

我们来到解放区，应该有一个合法的组织，然后才能够号召群众，这个组织应该是群众化的。当时有两个组织，一个组织是省的，一个组织是第九战区的。阮良友是第九战区的民运书记，权力很大，他直接下令通知各省的省委。所以我们跟他联系之后，他就给了我们一个方便，给了我们特别的纸张，让我们可以穿行几个省，去到哪里都不会给人怀疑我们是特务；第二方面，他又派联络员为我们划船，因为他们懂得路，是条小河道。

在第九战区的组织叫做华侨解放协进会，这个华侨解放协进会的性质等于我们党的外围组织，倾向于革命，好像基督教爱国会之类的。另外一个组织叫做青年互助会，就是以团结青年为主，我就担任迪石省青年互助会的主席。解放区的华侨都是潮州人，我是在那里教书的，有这种公开合法的身份。那么在解放协进会里，我是负责宣传的组长，我们青年互助会的成员全部都是华侨。我们迪石省这个解放区的华侨有四万多人，当时的人口也都是潮州人，种田的、种菜的，越南人不懂得种菜，那么大片的地区也不是叫做解放区，后来叫做游击根据地，敌人要进来我们就走，敌人走了就是我们的。后来越南也设中越南方局，管三个区，第七、第八和第九战区。

入　党

1949年的时候在农村建立党支部，是越共领导的，那首先只有正式党员才可以介绍。1949年7月1号，在越南的第九战区就吸收了一批华侨青年入党，我就是在这一批里面，有二十多人，在第九战区阮良友的组织下，集体入党。这个时候中国还没有解放。但是组织关系没有搞好，而且我们这些人要入党起码要一年的候补期，现在我们两个月就成正式的了，所以我们正式入党就是1949年的9月1号。

我们二十多人成为正式党员之后，从第九战区到各省之间去建立支部，当时成立第一个支部，郑南做支部书记，有支部才能吸收党员。这个时候的组织可能也和中国差不多。第一，省有一个华运班，专门研究华侨情况，定华侨政策，替省委定出华侨工作政策，我就是华运的委员；第二，青年互助会后来就改变成也参加解放协进会，在解协里面又有一个党组，我也是党组的委员，越南不叫党组，叫党团。华运就是由省委指定的，各个团体都是在民运的领导下开展工作。

1949年我当一个新学校的校长。因为我们去过那个小市镇，后来我们扩大组织，各地都要请教师，那我就去做那个校长，也是一个市镇的校长，也做联络站，我们的干部、越南的干部来了之后有地方住，有课室这些，这个时候我既是校长又是主席。1949年中国一解放我们就庆祝国庆，越共动员群众几千人晚上开大会，还有麦克风，我们讲话就找一个人翻译成越南话，搞得规模很大，又把越南游击战争取胜战役的图片夹了布做展览，搞得工作也不错。

陈志远夫妇（后排右一、右二）与郑南（前排右一）等合照

1950年，成立一个南部华侨解放联合会，叫做解联，而以前的解协和青年互助会取消了。解放联合会是南部的，管二十多个省，各省的干部来到南部学习，当时叫做高干班。南部各省解联，形成了统一组织。我就是南部解联的委员，当时委员有四十多人，包括在西贡的地下工作者，都来了。这个时候法国人还没有走，我们是在游击区里面。游击区里面是犬牙交错，我们一出门就是飞机，白天就来，当时晚上没有飞机，我们就利用晚上活动，打光灯开会。

地下工作

1954年7月20号停战，法国就撤退了，吴庭艳接任了。那我们这个时候就分成两个部分，一些太暴露的、坐过牢的、有案底的不能再做地下工作了，这些人都到北方河内去，再带一些小孩子过去培养，当未来的工作者，去北方读书；一些靠得住的留下来做地下工作，我又回到迪石省做地下工作，不过是在城市里面做，当时我的职务是支部书记、党组书记。

1955年1月，我在城市开书店，这个时候很多越共人员叛变了。过去大家都是同志，现在出来，他变成官了，他要来我这里请我去吃饭，也要我去做官，还问我为什么人家都去了北方你不去，我说：我越南话不大好，人家不要，我没办法，所以我来这边开书店。他说：我现在做官了我也给你去做官，去管一些市镇，然后你帮我做生意大家赚钱。我就说不用。他又请吃，不去又不行，所以就去吃。过几天他又来告诉我：你是地下的党员啊，人家在跟踪你啊。我说没问题。当时公安局来查我的书店，我开书店的时候拿了很多香港的书，香港的书通过柬埔寨入口，再来到越南，我把那些革命的书，特别当时有一个进步的报纸来，我就交出一些，打通一些上层的关系。1956年底，他就跟我说：你最好还是走，人家要抓你啊，很多人被抓了。那我就说没有上级命令我们怎么能说走就走呢，要把情况报告啊。结果他们就来查我的家，我出门他们也查，但是查不到什么，我就马上坐车出去，跑到西贡市。当时，在西贡的南方华运委员会（华侨解放运动）负责人是郑南副书记，华运，用越南话说就是华运帮。我们有两个关系，一个直接的关系，就是华运的领导；一个是省委的关系，省委他们住在森林里，每个月我都要进去森林里向他们汇报，要去两三天才到森林里面去，在1955、1956年都是这样的，当时省委还要准备武装斗争，他们的武器用牛油包好藏在森林里面。

1956年底我出去之后，他们说这种情况不好再回去，确定我回来西堤，1957年就到了西堤。这个时候我负责的就是掌管整个西堤的妇女、教师、学生这三个组织，学生有学生的支部，教师有教师的支部，妇女也有支部。整个胡志明市有一百多个华侨学校，中学有十几家，小学有整百家，那么我们就又布置，发展进步学生，这些活动也还是秘密的。当时在华运的地下有三个部分，一个做统战的，专门联系大老板出钱出力，同时他们和那些官员的关系好，他们知道很多消息，通过这些消息来告诉越共，这是做统战的；一个是做工运的，就是团结很多工人开展运动；我这个是搞小资的，这个组织叫文教青学妇，这个文教青学妇是一个总的组织，是华运三大组织统战、工运和小资之一就是了。

1958年来一个通知，说现在要重新整理，把党员分开，谁懂得越南话的就交给越共，由越共直接指挥，和我们没有关系。我虽然说是在越南出生，我的越南话不好，我就划归中国，但我没有回中国。

转到柬埔寨

我在1958年的时候就去了柬埔寨，这个时候与越共没有关系了。我在端华中学当老师，做初中班主任。因为当时我也只是上过初中而已，但是我去报读厦门大学的函授，因为自己要提高嘛，又要教书，以教书来做掩护。我在端华从中一开始教，然后教中二、中三，一面教一面学。我读了半年，到1959年，这个学校在当时是人数最多的，三千多学生，一百多个教师。我在端华中学教书的同时也做革命工作。我去端

陈志远一家在柬埔寨

华的时候，名字改为陈明雄，这是我在柬埔寨的名字，陈志远是在越南革命解放区的名字。但是我的身份证叫苏坚，用别人的名，政府知道这个名。

1964年之后，调我到马德望国光中学，做学校委员兼训导主任，做到1970年。这个学校有两千多学生。我在马德望工作，负责几个省，暹粒、马德望、菩萨，又负责这个社团，后来大使馆派我到暹罗，因为那里潮州人多，把大批的泰文《毛主席语录》送到泰国，因为马德望那里是边界。

我1966年曾经回到中国，是中侨委请的。我在北京住了两个月。中侨委的人事司司长苏惠，就是方方的太太，把我留在那里写履历，还派一个处长帮我学习《论共产党员的修养》，那时是1966年4月。方方也是潮州人，他接见我之后跟我谈柬埔寨的情况，叫我写柬埔寨的上层情况。前面说了他太太要我填党的履历，又照相，还找一个处长来和我学习，说白天你就在家里写，晚上大家都下班了，你想去哪里玩就去哪里。所以我住在华侨互助社，现在叫做华侨大厦了。当时一个房一天都七块钱人民币了，我们吃住都是免费的，又可以出去玩，坐车去北京，然后又从北京到上海，一路上都是中侨委招待我们的。我在"文革"中没有受到冲击。后来我又回了柬埔寨。

1970年朗诺政变后，我就进到解放区，进去的时候红色高棉不承认我们，但是他们也知道我们这些人是爱中国的，允许我们活动。我们在那里就变成我们自己搞我们的组织，结果到后期的时候就被抓，柬共抓我们去坐牢，我是1973年被抓的，坐了两个月的牢，后来无罪释放。之后到1974年底，我就逃到越南解放区，这个时候我们在解放区的组织宣布解散，因为柬共不允许我们有组织，他们抓了我们的一大批人，有七八十人。

坐 牢

1975年初我就到了越南的解放区，逃难的过程还比较顺利，逃到了越南南部的禄宁。这个时候来到解放区就先解决生存问题，做起了小生意。1975年4月份越南南方的西贡也解放了。解放之后他们又给我工作，我就是到中学去，他们请我到华侨中学，这个中学叫做新会中学，在胡志明市。我暂时就做学校的工团书记。我们的教育工会，学校有一个工会书记，但是我又是县教育工会的委员，我在里面教政治，也上语文课。

　　1978年3月22号，越共抓我去坐牢，这个时候中越关系不大好，当时抓了一百多人，理由我是中共的情报人员，他们给我们这个案件起一个名，就是十月一号的案件，意思就是利用中国的国庆，说是中国案件。他们给我的罪名就是怀疑反对越南党和政府的主张和政策。这一次我坐了十年八个月的牢，三千九百多天。坐牢的时候就是进行社会隔离，我们起初进去的时候，他们说你们对越南革命有功，所以还给我们香蕉、煎蛋这些东西吃，吃了几个月后就取消了，之后就是普通的饭菜了。在里面也没有打我们，他们一个人看守一个房间，这样关了两三年。我们那批人死了11个，在牢里面一病就死掉了。他们把我当成是中高级干部，他们要了解柬埔寨的政策，还想了解中国怎么样，问我：你回去中国谁接待你，你是住在什么地方，你在柬埔寨又怎么样这些，要问几百次，我现在可以做公安了。那些审问我的人都是二十多岁，都是在海防公安大学毕业，他根本不清楚情况，他说：我爸爸革命，所以我也是继续革命，我想不到干革命是来抓你们这些干革命的。越共抓了一百六十多个人，结果他们就分三批放，第一批三年放，第二批五年放，最后剩下十四位，我就是其中之一，一个是柬埔寨《棉华日报》的社长，这几个都是柬埔寨和越南领导层次的人。

　　1988年的12月1号，中国的外长去访问莫斯科，中苏关系改善，我们马上就被放出来了。他们怎么敢抓我们？就是因为苏联的指挥棒，那么中苏关系一解冻我们就立即被放了出来。那天放我们的时候，早上他们通知家属来领人，怕我们出去外面突然给车撞死，说他们暗杀，他们要家属来开一个会，说放我们，拿这个释放令，我们究竟犯什么罪没有写，只写抓我的理由是"为了保卫国家的安宁"。释放令是胡志明市公安厅副厅长阮明朗1988年11月30日签发的。他们还说你们要留下来我们欢迎，你们要出国我们给你们出去，你们的孩子要参加工作我们会安排。我说我要出国，不想在那里了。

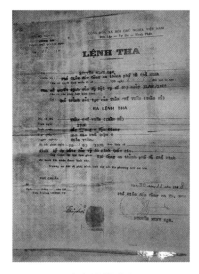

陈志远释放令

加拿大的晚年

1990年的时候碰到加拿大的代表团，当时我的孩子已经在加拿大，他1980年的时候偷渡过来了，所以由他担保我过去。但是申请之后，还要等代表团，还要经过身体检查，要办很多手续。1991年6月19号从越南来到加拿大，全家都来了。

到了这里之后，在超级市场打工打了七年，超市的老板是我的学生，所以我在里面美其名曰经理，其实就是管理那些员工，发工资之类的。来到这里之后就比较顺利了。我有两子一女，最早是一个儿子过来，之后又把七个人给担保过来了，有我、我太太、我女儿、我二儿子和他媳妇、两个孙子都过来了，在加拿大团圆了。现在我家庭很多人，十个孙子，好多都上大学了，我今年都八十六了。

回顾历史，我个人觉得，在动荡的社会，我曾遭遇到很多不公的待遇。我两次坐牢都是在死亡边缘，在柬共那里被绑手绑脚，我在越共那边是坐了十年八个月，禁在一个黑房，环境特别恶劣。我这个人还有一点乐观。1991年我来到加拿大后，先后在越棉寮协会当副会长，潮州会馆也负责，端华校友会我也负责，当多伦多华联会理事，还有全加越棉寮，做了很多工作。到今年我才退休。

黄明亮

口述历史

黄明亮

时　　间：2013 年 10 月 22 日

地　　点：加拿大多伦多戴斯酒店

受 访 者：黄明亮，加拿大安省潮州会馆会长

采 访 者：张应龙

录音整理：乔志华

无忧童年

我叫黄明亮，在柬埔寨出生，是第三代华侨，爷爷在中国是做生意的，因为当时国内有内战，他们就漂流过海到柬埔寨，还是做生意，做一些洋布料生意，当时也可以说做得很成功，爷爷在那边是一个很知名的企业家。我父亲是第二代，在柬埔寨出生，从小家境非常好，但是在我父亲八岁的时候，我爷爷就过世了，就跟我奶奶长大成人，因为家族是做生意的，到我爸爸这辈也还是做生意。我爸爸主要是做进出口贸易的，柬埔寨是一个很缺乏物质的小国家，所以在那边华人的地位也蛮高的，我算是出生在一个小康之家。

小时候，柬埔寨西哈努克亲王跟中国关系非常好，所以我们受的教育都是用中国大陆的教材，我们就这样度过一个可以说很快乐的童年。1970年发生政变，就没有中文读了。我从小有一个志愿，就是很想到国外去读书，但是妈妈不同意，本来想到台湾那边，因为那边有亲戚朋友，妈妈说：你年纪太小了，你都不会照顾你自己，谁来照顾你啊。当时她做这个决定，我也是没办法，我是1962年出生的，1970年的时候八岁，大概读了四五年中文，政变时期，当时全部的中文都不给读了。那么我就去补习一些英文，每天两个小时，同时也去补习一些法文，但是中文就没有得读。就这样又度过了几年。

乡下丛林

1975年，红色高棉解放了金边，之后把我们所有华人赶离城市，无论是华人也好，本地人也好。废除掉了学校，钱币也是没有用了，主要是把我们赶到乡下做劳工。当时我有个美满的家庭，爸爸妈妈、两个妹妹、两个弟弟，我们在逃难的时候，两个妹妹失散了，就没有消息了，她们当时是跟我的祖母一起的，这是我一生的遗憾，失去了两个妹妹。然后就把我们流放到一个地方，一个丛林里面，爸爸妈妈被赶去做劳工。当时我也就是十一二岁，把我送上山，过劳改的生活，非常的艰苦，吃不饱。

我是长子，比较懂事，很顾家，家里没有吃，我就会有一种冒险的精神，因为我们这些城市人跟那些老的本地的解放区的人民分割开的，他们解放区的人都有得吃，鸡鱼什么的都有，为了能抢到吃的，我就常常偷偷摸摸地去老解放区跟他们做一些活，他们给我一些食物啊，包括水果，还有米饭。家里有一些首饰啊，手表啊，就拿首饰跟他们换一些吃的东西。我们叫换，以货易货，因为没有钱币，买些芒果给我爸爸妈妈和弟弟。为什么我要去呢，因为我是小孩子，最多就是被他们打，如果是大人，那就是很大的事了。所以我的童年，跟一般的童年是不同的，但是大部分的柬埔寨华侨他们的遭遇都跟我一样。

我们一组有几十个家庭，住在茅屋里面，没有床，是用竹子做起来的简单的茅屋，上面用茅草盖，通风的。以我们当时那样的条件怎么能习惯那样的生活，但是没办法，我们大部分华侨华人都是这样，生活都很艰苦，所以我一直不想回忆这些东西，是不值得我回忆的。

下乡的地方离金边首都两三百公里，是一个大森林，没有路，别说公路，连土路都没有。做水堤，放牛，种水田，斩草啊，什么都做，这就是我度过的童年。在乡下，死亡率很高，多数都是饿死的、病死的。晚上你要是有收音机，收听了什么电台被抓住，他们就说上司要请你去开会。他们所有的制度就是，有什么事情就说组织让你去开会，但是他们叫你去就是你没有希望回家了，你身在何处也不知道，你永远不会回家了，所以就很小心。特别是当时我爸爸也是年轻人，所以有什么事情都不肯让他出面，都是我和我妈妈，因为我是小孩，还可以，不会有大事，顶多关起来打一顿，教训你。

变身越南难侨

我们大概在那边一年的时间，我爸爸差不多要不行了。当时柬埔寨内部也有斗争，有的亲越南，有的亲中国，他们两个帮派就在斗。亲越南的说要接在柬埔寨的越南难侨回去，当时我爸爸比较怕事，他说不可以，如果我们登记的话，我们全家都没命了。我当时年纪非常小，但很懂得分析，因为当时我和弟弟两个也不行了，弟弟病了，病得走路都没法走，就好像现在非洲饥民一模一样，连苍蝇停在你的眼睛上你都没力气把它们赶走，爸爸也是骨瘦如柴。所以我就跟我母亲说，我觉得如果我们这样再下去，我们整个家庭都没有命了。我赞成说一定要去登记，以越侨的身份登记。为什么以越侨呢，因为我爸爸那时做生意会讲一些越文，而且有一些客户在越南，我爸爸是做出入口贸易，所以当时还简单一些，他们问你有什么亲戚在越南，他们住在哪里，只要填了地方名字和亲戚姓名就可以了。当时是红色高棉让我们登记的，我们就说我们在越南有亲戚，我们想要去越南。

当时去登记很辛苦的，在我的印象中当时都没有力气走路了。登记完之后就集中在一个地方，由这个大森林里面要走路走几个小时到的地方，然后就开始跟他们一起走，一直走到越南去。因为越南和柬埔寨是搭界的，走一百多公里就是边境了，走到越南的一个边境地方叫做阵边，跟柬埔寨交界，因为爸爸有一些朋友在那边做生意，所以这样就跟着大队走。我们头一批人很幸运，后来他们两派斗争，另外一派发现有越侨撤了，听说就把这一派的人赶尽杀绝了，就包括村长、干部什么的。他们也不是立刻就把你处决，而是把你调去，就是干部把干部调去，这一派把那一派调去，调去你就没命了。听说调去之后又给登记，有的人看见第一批去到了，第二批就报名了，但是后来的第二批、第三批全部都没命了，他们登记后都被抓走了，就没有消息了，到现在都没有消息，所以说我们还算是比较幸运。

1976年到了越南边境。当时生活也很惨，靠我母亲卖掉那些首饰、金戒指，大概有几两吧。当时的越南政府给了我们一个暂居的身份，但是做生意什么都不给了。不过，怎么辛苦也比柬埔寨好得多，你有一点钱可以有饭吃，在柬埔寨的时候，我们是一牛奶罐的米要煮一大锅，一天只是给一罐，五个人吃三餐。因为没有肉，没有鱼，没有营养，天天都很饿，所以来到越南之后就觉得好像到了天堂。我妈妈是个很传统的女性，非常优秀，为了我们三个小孩子，她就很舍得把她自己那些首饰拿去变卖，跟我们说，你们想吃什么就吃，有饭有肉吃就是小时候最开心的事情，没有危险性，没有压迫，没有让你去做一些劳力的工作。

就这样在越南边界那边住了几个月的时间，但长期下去不是办法，当时我家人就决定到西贡去，因为爸爸跟别人联系，有一些朋友先到了，在堤岸那边做一些小买卖。我们觉得如果在乡下肯定没有出路，我们就这样坐车到堤岸，先暂居在朋友家里。虽然物资方面还可以，有得吃，但是唯一还是担心没有钱，只有那一些金，变卖完了怎么办呢？后来爸爸就带我出去，看看别人做小生意，有的就在卖香烟，当时卖香烟是违法的，那些本地华人不敢做，所以我跟爸爸两个人就在那边开始做点香烟买卖。

在西贡卖香烟

我来到越南之后十三四岁，是难民。我身为长子，来到越南之后就没有读书的机会，早出晚归，很辛苦地去卖香烟。我们有潮州人敢拼的精神，很努力，我的这种理念和信念就是这样培养起来的，我从来都不是很聪明，但是我有恒心，我会坚持，这是我们潮州人的精神。当时做小买卖，卖香烟，受到他们城管欺负，要抓我们，我也很懂事，每次都把爸爸推开，我来挡。我给他抓去公安厅坐牢，坐了几天，接受教训和洗脑。

我印象最深的就是，河内来的一个公安，说：你不知道吗，你是难民，越南政府收留你了，你为什么还要做非法的东西呢？我就说：公安叔叔，我很明白你所说的这些道理，但是你也要了解我的处境，我没饭吃，我是难民啊，如果你不给我做点小生意，我怎么生活呢，唯一的办法就是去偷去抢，那么你觉得我应该走哪一条路呢？你如果是在我的立场，你怎么想？这个公安听了就很感动。我说：你有儿子吗，他说有，我说那你儿子多少岁，他说跟你一样，我说你儿子现在在做什么，在读书吧，那我呢，我没有这个机会。我又告诉他我以前是怎么样的，我是很想读书，但是没有这个机会，我不想做这个小买卖，但没有能力改变这个事实，如果我不做我会饿死的，如果你同情我就放我一马，我只是暂时性的，越南政府收留我们这些柬埔寨人，我非常感谢，但是我们要生活，希望你给我一个机会。后来他就睁一只眼闭一只眼给我做。

我觉得很开心、很自豪的事是我可以把他说服、感化，把他拉到我们这边，对我们这些难民有同情感。我当时有很多法国亲戚，可以搞到一些药、饼干、朱古力糖，是越南根本都没有的，是外来货，我就去买，买了之后我就去送给他，说是我亲戚从法国寄给我们家庭的。他是一个共产党员，不收。出来的时候他特别教训我，说：你不要做这些东西。我说：没有什么，我只是懂得感恩，这些东西是我舅舅在法国寄给我的，我舍不得吃，送给你，是表示我对你的尊重。所以他就很感动，觉得我这个小伙子很懂事，也对我很宽容，对我说：以后你要小心点，不要做太大，越南政府是不允许做生意的，虽然你做这个不犯法，但是做生意就是犯法，你不可以做太大，可以养活你家人我就不理你，但是你做大我就抓你。

我在越南的少年时期，经历这么多东西，培养了我对人情世故的了解，懂得人与人之间怎么相处，怎样去适应这个环境。当时虽然没书读，但是我会晚上去补习一些法文和英文。因为当时有钱了，已经赚钱了。就我一个人做生意，我爸爸比较怕事，当时在越南以我这个年纪，在这个行业我已经是老大了，我可以控制烟的市场。我还有另外一个朋友，也是金边人，现在在法国。

货是怎么来的呢？这个香烟是由政府分配的，分配给老百姓，什么都分配，味精也分配的，这是制度嘛。那么分配的时候有一些人就在乡下把它收集，向这些人收购，然后他们就坐车来到了车站，当时我就在车站里面收货。当单子做大的时候我就不去收了，让别人去收，我就在后面控制市场，他们收了之后交给我，我手上有很多顾客。我学会了怎么样去适应，人跟人怎么样接触，怎么样做到人家愿意听什么话我就讲什么话，去配合人家，不想听的就不要讲，所以我的顾客越来越多了。1976到1978这三年，我当时十多岁，已经可以把本地烟的市场控制了，我是市场的操纵者，把这个香烟的价钱卖得高一点，或者低一点。这一段时间是我最开心的日子，很有成就感和满足感，手下有很多马仔，都很年轻，跟我一样，他们帮我去收，有时候他们没有钱，我就跟他们说：我给你这么多钱，你去收，交给我之后我再给你一些钱。其间他们有被警察抓过，然后我就出面。当时我懂了一些人际关系，我有办法让其他公安知道我认识他们的头头，但是不可以用这个来压他们。他们都知道，有事情的话我也会去应酬，去给他们一点好处。

当时什么都可以卖。美钞可以卖掉变成黄金，然后倒卖黄金换美钞，没有美钞有好的货也可以，当时做生意都是非法的，我是典型的投机倒把。当时我一天赚的钱足够我们一家人生活一个月，吃喝开销都没问题，可以说生活得非常好了。我有几架机动车，在同龄人当中是很有成就的。想吃什么都可以，鱼翅都可以天天吃。我当时每天花在应酬上的钱，别人可以买一个月的米菜，一天100块美金。有时候要请顾客吃饭，有时候要花钱收买人心，帮我做事，打好网络关系。我爸爸天天要跟朋友去酒楼，天天大吃大喝，我妈妈在越南这段时间过得很开心，她天天去看潮剧，整天都请朋友坐到第一排的，长期包四行。也会给那些演员钱，送礼物给他们，所以我妈妈很威风的，很受人尊重。两个弟弟就读书，请教师来家里教他们，教中文。当时的物质生活确实很好，但是在精神上就觉得还是外国好，都有这样的想法。到了以后就觉得事实不是这样的，就算来了加拿大也是这样，感觉像是两个世界一样。就这样，我的少年就这样过去了。

越南政府对我们这些柬埔寨难民来说，可以说是救命恩人，我对越南人无论怎么样都怀有一种感恩的心，所以现在越南政府要我捐什么要帮什么我都会帮。

落户加拿大

从越南到法国我花了大量的金钱来贿赂那些官员，才把那些手续弄好。因为我们是难民，什么都要用钱。虽然当时联合国难民总署也有收留难民计划，但是我们是用钱把所有手续搞好。当时法国领事馆那边的守门、翻译包括领馆里面的人我都给了钱。我们花了很多钱，大概有几万美金，当时是1979年的时候，这些钱都是我在越南做些小生意赚的。从1976年开始我就一直都在办越南出境证了，慢慢地疏通这些关系，很复杂的。

1979年夏天，全家人一起到了法国巴黎。到了法国之后，见到我的母舅，他也是进了难民营，后来到了法国。我觉得法国有一种民族主义，他们法兰西民族对华人始终有一点点的歧视。当然这是我个人的想法，不一定是真的，现在有些华人在那边也做得很好。在法国我们住了七个月，就决定到加拿大来。当时我住在法国的乡下，十三区也有住过。我是不允许住那边的，因为要有居留证，当时我是住在一个集中安置难民的地方，十三区给我的印象也是不好。当时我就知道加拿大是一个多元文化的国家，可以有很多不同种族共处，是多元文化的政策。我跟家人说，我想到加拿大去，因为那边说英文嘛。在越南期间有很多朋友，都是柬埔寨难民，我们都很向往美国，我们几个朋友就约好有一天如果我们可以逃出越南，我们一定要去旧金山见面，无论我们到时候身在何处，当时我们就对美国印象非常好。为什么到加拿大来，因为美国不给去啊，加拿大接近美国，小时候就懂得这些，到了加拿大就一定有机会去到美国，这是我最终的目的。

来到加拿大之后也很失望，因为来到的时候是冬天，一月份，非常寒冷，他们就把我们送到了萨省一个地方，那个地方是红番的一个根据地，是草原省份，根本没有什么工业，又没有中国人，全部的屋子矮矮的，都是用木头做的。当时那个地方收很多难民，之后就把我们安排住汽车旅馆，住在那边几个月。当时有个叔叔沃克，是跟我接触的第一个洋人，就是社会工作者吧，他来探访我们，人很好，鼓励我说：不如这样吧，你去读书，我帮你报名。我想了之后，说我不去了，因为如果我读书的话，我父母他们一定要养我，要供我，我想赚点钱。他说你想赚什么钱呢，我说什么钱都可以。

后来我就在一个欢迎之家做翻译，当时年轻，觉得做这个工作很威风，觉得是代表政府，难民来了之后，他们也觉得我高高在上，我就告诉他们应该怎么样做，怎么样安排这些，因为我是过来人。这是在一个移民厅的政府机构。那时候觉得很开心，因为天天都有人来讨好你，以为我是当官的，帮他们做翻译，安排住宿，分配东西给他们。

过了一段时间之后觉得这样下去不行，读书很少，没有机会。1980年。我跟我妈说想去多伦多。当时就写信给在多伦多的朋友，说想去投靠他们。我妈给我一个戒指，大概三钱。以前我们在越南赚了很多钱，就这些钱就汇到法国一个妈妈的亲戚，大概有十万美金，但是他们拿这笔钱去做生意，没有告诉我们，就亏了，当时我们到了法国之后只给了我们两千块美金，这十万美金是我辛辛苦苦赚来的，最后只剩下两千块了，问他要他也没有。我们就拿着两千美金到了加拿大，到了之后还要买其他的东西，政府给的那点钱哪里够。我把钱交给我母亲，她就买了三钱的戒指给我，我就用一百块美金买了机票，身上带了一百块美金，自己来多伦多了。

创业多伦多

到了多伦多之后，这个朋友也是蛮好的，给我天天看报纸，找工作，还说我们去看电影啊，我说我没有心情。然后我就天天看报纸，天天见工，什么工都做，包括地盘。做地盘我哪里有力气，我瘦瘦的，所以我就搬扶梯，爬上去，我就做这些，还做过屋顶这些工作。但是做的时候只是给你暂时来做，之后就把你裁掉了。没办法，那么我要做什么呢？有一个服务中心，你去登记，他说七点或者八点让你来，你就准时到，他说：有一个工厂需要人，你去两三天或者一个星期。我在汽水厂、果汁厂都做过。我以前只是做买卖，从来没有做过这种体力活，而且我也不是个很强壮的年轻人，很辛苦，经常失眠。当时我就觉得一定要坚持下去，有一段时间生活不是很好，感冒生病了一段时间，要去的时候老板就说已经请过人了，那么没办法，天天找工，赚到一点点钱就要交房租。后来没办法，就去把那三钱金给卖掉了。每天吃的只是一个面包加一杯水，尽量节省钱，一块钱在当时一般人家会去看电影，年轻人组织party、溜冰，我到现在还不懂溜冰，因为没有去玩过。

后来就很幸运，到了一家美国工厂，做玻璃的，后来才知道它是一个上市公司，把玻璃烧成器皿。在那边为了赚点钱就做夜班，就是在一个很热的工作环境里，把东西放进去窑里，经过高温再出来，之后登记，一个人负责几个，负责登记它的温度，负责把这个东西处理，负责把它移上去，就是往上做。当时很辛苦，一个人孤零零的，尤其是在冬天的时候，我大概做了两年，有时候做到天光，工厂里面除了我还有保安，没有其他人了。那不止是寂寞，等到天亮六点钟，才有个人来接我的班。那时候冬天，我要走二十分钟的路才能到吃饭的地方，因为我不舍得买架旧车，那个情景真的是要流泪，就是很冻，要走二十分钟，已经干了一个晚上了，还要走那么多路，路上也没有人，白雪飘飘，在路上走，很凄凉的感觉。但是我觉得我就有这种信念，我很坚持，我有我的理念，我很刻苦，把我的工作做好，把我的理想实现，我就是有这个信念，一直鼓励支撑着我。

房子是跟别人分租的，房租150块，大概10平方米，厨房和浴室都是共用的，还有一个电视，但是根本没时间看，有时候煮饭，有时候就买个快餐，一餐买多点饭就吃两顿，总之能节省就节省。虽然说是来到了一个很富裕的国家，但是我的生活跟越南就有天壤之别，我在越南很舒服，要用什么有什么，所以有时候觉得心里很不平衡，但是我知道什么叫做争气。我一定要出人头地，我要争气，我要把我的梦变成真，我要坚持我的信念和理念。所以我在潮州会馆经常鼓励一些年轻人，做什么事情要认真、要专注、要坚持，这是我的经验。朗诺时期，红色高棉，越南当难民做小买卖，然后到了法国几个月，然后到了加拿大萨省，然后到了多伦多，这是我的一个过程。从这个过程当中学到和体验到很多东西，觉得什么是珍贵的，为人处世以及在社会上的经验，给我有很多启示，就是在这个社会上要帮别人，做生意就给我一种磨炼。

在那个工厂做了两年就积蓄有几千块，大概有六千块加币。我就去做生意。当时天天都想着做生意，但是做什么呢？我又没有读过什么大学的管理，但是我觉得这不是问题，问题是你有没有这个决心去做，能不能吃苦。

当时也是因为比较年轻，就四处打听，看什么好做，星期六有时间就到处走走，反正我就是要做生意，我不管做什么。后来有一个朋友就告诉我，他有一个朋友是越南人，在美国有船，捉虾，他在美国最南边的阿拉巴马州。我就和他坐车去，去到之后了解到他是一个越南难民，在那边捕虾。当时很天真，要他的虾卖给我，我把它急冻之后卖去多伦多的餐馆。我要求他把虾拿去工厂加工，急冻后交给我，可是怎么运输呢？这是大难题。阿拉巴马州在密西西比河南部，我只有三千块，就先买一点点的货，然后我找到一家运输公司，让他们捎带一下，能到加拿大就行。从阿拉巴马一直到多伦多要两天两夜，我跟着冻柜车一起走，来到了多伦多。

来到之后发现事实不是我想的那么简单，有些餐馆已经有自己的供应商了，他们不相信我。我把货放在朋友家地下室冰柜，大概有二十箱。天天想着怎么卖掉。可是他们都不肯买，问我是什么公司。我就想感化他们，帮他们干活。他们觉得这个年轻人不错，就向我买一些，这样就慢慢建立了我的生意网。有一个姓麦的老侨，我今生都不会忘记。当时他是一个主管，在犹太人开的一个很大的餐馆做事，他根本不需要买我的，他们是一个上市的集团，我也去敲门，每一次都会被赶出来，说我是什么公司啊！我就是天天去，很有恒心毅力，去到他怕我。后来那个人就说你这个年轻人这么有恒心，天天来，我就帮你，但是我跟你讲，如果你的东西不好的话我就不会再买了。这是他给我的一个机会，后面就有了第二次、第三次。我送货的时候也很辛苦，很重。我们的虾一共是十盒，每盒两公斤，二十公斤，当时我很瘦弱，有时候要送到地下室，不小心就会跌倒。虽然我在体力方面不行，但是在精神上很坚强。

量做大了之后我就把钱汇到那个人账上，不用自己去了。可是他拿钱去赌，我汇去的钱都被他赌掉了，没有了。我就设法从朋友那里借几百块，再用赊账的形式去公司买一点点，慢慢跟那些批发商建立我的信用，之后我再去找银行贷款。就这样慢慢建立了供货商对我的信心，我付账又很准时，对顾客又很客气，很勤劳，他要占我便宜也没所谓，总之你给我生意就好，其中就有一家对我非常好。当时我就是靠那个传呼机，一架车，早上五点钟去东仓那边拿货。一路下来，我做生意除了诚信之外，做事还很认真，各方面都得到别人的认同。

大海和大洋

第一个公司叫大海，第二个叫大洋。我1983年先做，1984、1985年的时候跟别人合作，因为需要他的资金，合作了十年，但是因为理念不同，到1995年，他走的路也不是很正规，我怕影响我，我是主席，两三天时间我就解决掉，我做事很爽快，把公司给了他。很多人都说你不会觉得可惜吗？是你自己创办的，我说不可惜，我相信我可以重新来过，对我来说不是难事，我在逆境的时候，我在越南的时候、柬埔寨的时候我都能够生存，为什么我不能再做呢。所以我所有的顾客、所有的网络，如果我要是做的话肯定都会被我给抢过来。我们中国人崇尚一种商德，做生意要诚信，要认真，拼人品，所以我就自己出来搞。但是没有跟他竞争，因为我走的路线、策略、产品的销售不一样，他是供给餐馆的，我这个是给超市的，还批发给批发商，而且做的是大批量的，市场并不重叠。进口是从很多地方进的，世界各地，比如菲律宾、马来西亚、印尼、澳大利亚、中国、泰国、越南、缅甸，还有中东那边都有。不同的地方有不同的产品，这里是一个多元文化的地方，多族裔，吃的东西不同，同样是海产，从中国来的北方人跟南方人口味都不一样，菲律宾人、柬埔寨华侨和越南华侨吃的都不同，他们都有一种思乡的感情，想吃自己家乡的东西，印度人、孟加拉、非洲、南美洲人吃的我们都有进口。

为了做生意，我结婚就晚了。我是1998年结婚，我太太是越南华侨，祖籍是汕头普宁白石村，2001年有了一个小女孩。我两个弟弟现在公司里帮忙，我太太也在帮忙，可以说是家族生意。

来到加拿大后我也有回去过柬埔寨，是在越南做生意的时候。第一次是在1985年，因为我当时在越南有一点生意，所以就回去越南，顺便到金边去。给我一个印象是，这个地方是我一个伤心地，不值得我去留恋，因为在那个地方我失去了很多东西，包括我的亲人。我是在那边土生土长的华侨，他们如果有什么水灾，我都很出力，我在他们那边，政府部门都会找我，让我去动员，提供援助。副总理来的话我也会接待，因为是金边的华侨，我对老百姓还有点感情，对这个地方和这个政府我没有感情。我以前不会做这样的一个口述，不是我怕提起我的过去，只是这些东西给我很不好的印象，不值得我留恋，不值得我跟任何人说我的过去。

当时是越南刚开放的时候，这边的生意可以维持了，我就跑到越南去，越南开放的时候学中国市场经济。我在越南居住过，我就通过我的一些关系，跑去法国，当时只有通过法国和苏联才能够到越南，我当时去的时候，有很多想法。我除了做水产，还在唐人街搞了一个公司，我把中国的模式带到越南去，你在加拿大买单，去越南提货，我是一个创造者。我跑到法国，跟一些药厂做一些西药的代理，他寄到越南去，钱在这里收，我交给他，他就在越南发药给我，我把这个药变成钱。就是等于侨汇，我是第一个在多伦多做侨汇的，当时我就是用国内的概念，越做越好。越南一开放我就飞去法国，在法国坐飞机到越南，当时越南第一次给国外的人进来，包括记者，越南解放军拿着机关枪对着飞机。我没有告诉他们我以前在这里居住过，而我来到之后名字已经改了。我到了酒店之后他们派了一个翻译员，其实就是监视我的行动，我去哪里都是他们安排。当时我考察完了环境之后做了一个很大的生意，我和新加坡、泰国和中国香港的朋友四个人组织了一个很大的公司，新加坡合伙人有船，我们就组织了货船，三千吨，我就动员去内地拉货，我们是整船整船将货品，包括布、食品等必需品运到越南。刚开始的时候动用了大概是十几个人为我做事，我以前的好兄弟在那边帮我做事，帮我推货。但当时我的野心太大了，我的货是整船来的，当时越南的政治体制不好，他们不给我注册公司，我就通过一个国营公司当我的代理人，送到那边。但我还是用我少年时候在越南的那种方式做，不行了，因为生意大了我不好控制了。我们做的时候赚了很多钱，投资了两百万美金，每人五十万，我这五十万还有一个伙伴，所以我是二十五万。刚开始的时候就赚了很多钱，我们就垄断了。我利用我的交际，可以控制越南西贡的港口，里面管港口的长官，救援船，我都可以随时调动。因为我是租船，船在海上一天就要花费我1500块美金，所以我为了节省钱就让港口的人把停在里面的苏联船调出去，让我的船进去。当时因为太过年轻，做得很顺，就把手下的货卖给国营企业，但是国营企业没有钱给我，所以赚的钱都亏了，收不回来了，包括很多军队里面的下属也欠我很多钱。我很心痛，就跑到河内去，跟那里很多高官说，你如果不好好给我妥协，我就在香港搞个记者招待会，把这件事情搞大。后来就有很多人劝我，说你不要这样，不然的话就会有问题的。那我就说我不甘心，因为我是合法做生意的，他们全部都是国营的，军队、青年团管的企业，还有祖国阵线的，省委也是做生意，欠我很多钱，后来他们就罚一些人坐牢。有一段时间我对越南很失望，后期因为他们又好了，我就重新跟他们做生意。

现在我在越南那边有养殖场，有孵化育苗养殖加工一条龙的工厂，我大概有1500个工人在那边。产品主要是出口到世界各地，培养一种鱼种。其他就是用来买卖，是猫鱼片，我们卖到东欧、西欧，中国也有，我们一年养殖超过两万吨，我们的工厂大概占地有6万平方米，这个是2003年创办的，现在我只是控股，因为我还有其他事情要处理，跟越南当地人合资的。除了在越南有工厂，在智利也有办事处，这两年在越南也搞了个矿，开钛矿，但是一个长期的项目，还没启动，搞了很多年了，要批文、土地什么的。在智利已经要启动了，是一个铜铁矿。

有时候你太过信任别人，太感情用事是不行的。洋人的企业管理和性格就比较真、比较实际，不讲感情，我们华人有时候就感情用事，说试试看。洋人他就是你符合就行，不符合就不行，不管你是什么人。中国人有时候就说算了，都是自己人，所以有时候就会在这方面吃亏。

潮州会馆

我是1985年参加了潮州会馆。我做了六届潮州会馆的会长，12年了，我是打破纪录的。我对潮州乡亲的感情很浓厚，而且觉得我们潮州人要争气，特别在海外，要给别人一种认同感，比较优秀。所以在这方面做了很多事，包括组织。以前我们的潮州会馆只是在一个华人的小社区里面，根本都没有人认识，就自己搞一些活动。我当了会长之后，我就大量改革，得罪了很多老派的人，所以也给他们发泄，看你做多久！但我有自己的方式，将潮州会馆一天天的壮大，在华人社区，现在在多伦多，你提潮州会馆人家都知道，洋人也知道，三级政府也知道。我这十几年来一步步管理，我们潮州会馆以前是自己顾自己，我把这个形象抹掉，我第一届在任的时候在洋人酒店搞的联欢是打破纪录的，我们社团以前没在酒店搞过联欢，我是第一个。当然，是要花费很多精神、人情，找赞助商。我在会馆除了出力还出钱，我是创会到现在出得最多的，这十二年来很多别人都没有做到，但有时候还遭到别人的批评。想着怎么样把这些会员团结起来，和谐共处，是一项大的工程，因为每个人的性格都不一样，所以是一个大的挑战，任重道远。一般最多是做两届，四年。我去年就想不做了，对乡亲的服务我也都做到了，所以我就做了这届就不再提名了，我也尽到了我应尽的责任了，已经贡献了、付出了，所以我就做到今年和明年就退下来，但是我还是支持，尽量去培养新的人，很多人说不应该退，我说不可以，因为我还有自己的事业，我的家庭，他们也为我牺牲了很多，我也算是为会馆做的事已经足够了，但是我还是很热爱我们的会馆，在多方面都会配合。

相对来讲，潮州人比较团结，但是也有不同的，因为一个团体不是一个企业，他有自己的思想，所以你要花费你的精力，要处理得很好才能够和谐。这不是一个简单的问题，你要说服他们，比我管理企业还辛苦，其实他们都是义工，那你要怎么样？人与人之间，各个社区，性格不同，有的很计较，你要知道他的心态，懂一点心理学，附和和讨好他。其实我为什么要去

讨好他呢，我现在做社区义工对我是零好处的，我做生意不需要靠潮州会馆，我本身不是银行家、不是银行找顾客，不是卖屋子和保险的经纪，也不是靠华人的，因为我的东西是好的，我有我的方法，他们要来找我、要靠我，要帮我卖东西。我有银行的支持，我有完整的财政，这个跟当不当会长是两回事，没有一点好处。作为会长没好处还有坏处，作为会长他们会让你捐钱，而且得比别人捐得多，所以在管理这个会的时候我都用商业的方式，我们公司里面的财政都是透明化，我什么都要以身作则，所以变成他们就没有什么机会，比较尊重我，会馆的东西从来都是以我个人的名义出钱的，跟以前的会长不同，所以改革了很多东西。就这样，因为我做到别人认同，所以我到现在就算说，接待过中国来的客人，我在多伦多做的都是我的本分，因为我是华人华侨，但是当我回到中国，我从来都没有找过他们请我吃过一顿饭，在我服务华人社区的几十年，从来没有。我又不是什么大企业家，我只是一个小商人，这也是我的性格，我到中国去，要办一些正经事，做生意，见见客人。做完之后又跑去泰国或者别的地方，哪有时间去吃饭呢。

在我生意上轨道之后，做了很多社区的工作。我参与很多，包括洋人的机构，还有一些研究中心，我都参与。对教育、社会工作，我也做了一些工作。我觉得是值得我做的，可以去帮助人家。我自己读的书不是很多，我觉得有人需要读书，我就搞了一些奖学金，包括大学奖学金都有在做，都是以个人的名义做的，设立在多伦多大学。在侨社、潮州会馆，也搞了一些潮州会馆奖学金给学生。我做这些都是为了帮助人家，那么我做这些也得到了政府的认同，拿过很多奖，是联邦给我的奖，不是我要的，是多伦多大学的校长和教授、社区的工作者推荐我的。勋章，省的、联邦的都有，最近也是拿了一个奖。我也支持其他慈善团体的工作。我现在是益康基金会的会员，孟尝会，文化中心，他们一直都知道我在支持他们。对祖国，我发动了红十字会搞了很多活动，如捐款、助养计划。总之，对祖国，对侨界、对领馆，我能帮助的都尽量去帮助。

无论现在中国有什么，我都尽量去配合帮忙，而且我觉得如果我们华人要想在这里提高我们的地位，我们一定要多参与社区的工作，不只是对华人，我对领馆，对很多社区都这样讲，一定要投入西人社团的活动，你要参与他们的活动，他们做的东西，我们华人也要做，这样他们才有认同。这是我与其他人不同的地方。他们洋人要做什么，医院、捐款活动，或者他们搞什么，我也都做。

何元华

口述历史

何元华（右二）

时　　间：2013 年 10 月 21 日
地　　点：加拿大多伦多一商场
受 访 者：何元华，华工
采 访 者：袁　丁
录音整理：谢杭峰

家在海防

　　我是越南华侨，1959年在越南出生，1978年越南排华的时候跑回中国，到了湛江奋勇华侨农场，我家的祖籍在广西东兴附近。我父亲1920年出生，在法国统治时期偷渡到越南，那时他十几岁，一开始做杂工、搬运之类的。我妈妈是广州的，过去越南比我爸爸早，她是有钱人家，我的外公在广州做贸易的，和海防有很多生意往来。

　　我们住在越南的海防市，我们家有七个兄弟姐妹，我排在第六，上面还有两个哥哥和三个姐姐，下面还有一个弟弟。我妈妈在木材厂做事，我爸爸在港口开吊车。我的哥哥姐姐都有工作，我在越南也做过一年多工。我在越南读越南华侨学校，有中文和越南文。我读书的时候是越南文比中文多，我哥哥他们是中文多，越南文少，越南在胡志明死后中文就越来越少了。我们

051

在家里都是用中文交流，家里是吃中餐，也有拜一些佛。我们跟中国人说话的时候用中文，跟越南人说话的时候就是说越南文。

我们一家从1965年到1969年回到中国去，因为那时候美军轰炸海防很厉害，我们回到中国，中国政府的华侨科给我们衣服、棉被、米。胡志明死了以后我们才回去，我在中国有读二年级。早上唱《东方红》，下午下学了就跳舞，唱"亲爱的毛主席，我们心中的红太阳"，拿着《毛主席语录》。我的家乡离越南很近，靠近南海，我爷爷他们有房子在那边，现在我姑姑还在那里。

我差不多是1970年回到越南，那时候不懂越南文，是后来学的，我10岁开始学，读到三年级，1972年美国又轰炸，又离开了，这回去了越南农村，又没有书念了。1973年回来后再从三年级开始念，就很迟了。1976年我就放弃了，就开始做工了，也是做搬运。

离开越南

我的亲戚在1978年以后因为排华都走光了。我们当时并不是有人赶我们走，是因为我们听亲戚朋友说到排华，又听到中国那边有人接待我们，接待得很好，所以我们是自己走。但是我的哥哥没有走，三月份跟中国打仗后，我哥哥说华侨受到歧视，好的工就不给你做了。

我们家是分开走的，当时我弟弟才14岁，上学拿一个书包，拿一两套衣服，带上几十块钱（以前几十块钱很多）就和同学跑到中国了，下午放学后不见人影，一问才知道他去中国了。所以我跟我哥哥跑到河口那边追我的弟弟，以后我妈妈、奶奶跟我大伯一家就在河口集合。我是在海防搭火车到河内，然后到老街，那边是河口，在云南边界入境，因为我们在海防那边听说从云南那边就可以去广州。后来就到了广东，一路上走都很顺利。过边界的时候越南军把护照和现金全部拿走，才让你过去，回到中国后有接待，安排地方给你。我4月19日回到中国，我们当时在河口住了十多天，越南归侨都是睡在电影院门口，早上起来洗脸刷牙都是在红河边，后来越南归侨越来越多了。离开越南的时候什么东西都不要了，房子、床、被子都不要了，身上只背了一个小包，身上只有一百多块钱和一块手表。那时候每个人从越南走都买手表，因为在中国手表值钱。我们不知道是到农场的，我们以为是到广州城市去的，但是却被安排到农场去，我们都不喜欢。

奋勇华侨农场

我们在河口有分配，我跟我妈妈、弟弟三个人一起到广东湛江奋勇华侨农场。我有一个哥哥不去，他自己一个人去花县（现在改名花都）的华侨农场。我还有一个哥哥他们一家人还在越南，我的一个姐姐很早就到澳门了，还有一个姐姐嫁人，另外一个姐姐刚刚嫁人了，她跟老公一家走，所以我们一家就分散了。我们来到之后有分房子和东西。我们到农场之前就有很多房子在建，等房子建好了，每一家都有新房子，对于分到新房子我当时也没有什么感觉。

我们农场有十三个队，一队队都分得很散的，我们家住在十队，我跟一个印尼归侨，还有其他队的一共六个人在场部做搬运工。我们做工的地方离家比较远。我们那时做工都是做六天的，我都是星期六晚上回家，星期一早上又去场部做工，那时候买了一部五羊牌单车去上班。那时候平常员工都是三十块，我们比别人多六块，加上干重活有补养金，我们还比别人多六斤米的粮票。我们做搬运工做得很舒服的，我们搬运的东西有黄豆、木头、水泥。别人都出去了我们还在睡觉，因为我们开工比较迟。很多车子都是早上到广州去拿货，我们都是九点或者十点多才开工。那时候在露天看电影，看着电影广播就说搬运工有货要下。有时候随便的，一叫就要去。

我那时候刚刚十九、二十岁，也没想那么多关于未来的事情。当时很多人出国，我那时没有钱，三十多块一个月，扣粮之后都没有多少。我们归侨中没有越南南方人，都是越南北方的。我们的农场还有印尼华侨、缅甸华侨，印尼华侨人是最多的，我们有交流，还很开心，到了加拿大之后我们都还有联系。我们几个搬运工都是华侨，五个人是越南华侨，一个是印尼华侨，我们跟本地人关系都还可以，没有相互看不惯，管我们的是本地人。我们跟印尼华侨没有太大差别，我们回到中国的时候都是穿喇叭裤的，还留长长的头发，他们看起来不太习惯，辅导员有讲，头发最好剪短一点，裤子短一点，但是不敢逼我们，印尼华侨跟当地人就一样了。我们用电台收听外国台，印尼人就说你们不能。那时候我们开澳大利亚广播电台，他们说不行啊，你们不能收啊。我们在越南就是这样收听，因为澳大利亚广播电台就是讲广东话的。1975年美国走了，越南解放南方，很多唱片出来。

我在农场时间很短，还不到一年时间。我是单身，才一个人嘛，我们拿粮票，拿饭、拿菜自己煮，我们都是四个人住在一起，我的朋友中华侨多，农场的本地人比较少，领导是本地人，关系都很好。我妈妈在农场托儿所看小孩，我妈妈从1979年做到1985年。我们去农场很不习惯，我们以前都是住在城市，农场是住在乡下，都是很闷，除了干活就是朋友聊天、喝茶、看电影。那时候都是一个队晚上放电影，明天晚上其他队放电影，我们踩单车去其他队看。

进香港难民营

1979年，我哥哥在越南坐船到北海，他打电报到农场叫我们去北海见面，以前在中国要拿通行证，我拿着哥哥的电报到农场指导员那里拿通行证，指导员没有为难我们。我们到湛江住了一晚，第二天搭巴士到北海，我们到那边找不到我哥哥，然后碰到一个在越南熟悉的人，告诉我们哥哥的船在那，他带我们去。我哥哥的船是在越南买了之后开过来的，很小的木帆船，船上已经有几十个人，我们走的时候总共有125个人，船在北海的时候修理，并补充了水和粮食。我们用了四天从北海到了香港。我们花钱雇中国机船来拖我们的船到公海，三天后到了公海，之后遇到香港的拖虾船，那个拖虾船跑得很快，我们挥手招它，拖虾船跟我们要七两黄金。我们很多人一起凑齐七两黄金。商量好了后中国机船就走了，由香港拖虾船拖，下午我们就到了香港，拖虾船打电报给香港水警，拖虾船不敢拖我们进去。十多二十分钟后水警来了，拖我们进去，把我们拖到了难民营。是一个很大的仓库，以前是百货仓库。

里面没有床铺，我们二十多天都睡在水泥地上，我哥哥、嫂嫂、他的两个孩子，我们一家六口人。我们在北海的时候，有很多越南华侨住在那边，他们告诉我妈妈，我的姐姐死了，他们的船翻了，早上出海，晚上就翻船。他们那艘船有48个人死了，坐那船都是越南的有钱人，做生意的。他们由两艘中国机船拖出去，拖的时候不知拉绳怎么回事，把后面的船拖翻了，那些坐在船上面的是懂水的人，就没事，坐在舱里是女人、老人、小孩和不懂水的人，刚翻的时候还有空气，那些人想救人，就用斧头砍，可是一砍，空气进去，船就沉了。我姐姐才刚刚结婚，我姐夫想下去救我姐姐，结果一下去也死了，我姐姐他老公家死了十一个人，所以我们走的时候都是拿命来搏的，分分钟死人，如果一听到台风就惨了。就是因为我姐姐那个事，我妈妈当时就不去加拿大了，去花都我哥哥那里，我跟我弟弟还有哥哥一家就坐船去香港。

我们到了香港的难民营，难民属于联合国管的，大概一个多月后我们就可以自由出入了，可以到外面玩，做工，在难民营的时候你想去什么国家需要有登记的，我们登记的是加拿大、美国跟澳大利亚，因为我们在越南和中国就知道那三个是很好的国家，有亲人朋友在外面寄信和相片给我们，比欧洲、日本那边好，到八月份的时候我们就去加拿大了。

在加拿大做工

到了加拿大，前六个月他们给钱、给东西吃、给房租。六个月以后我们就去找工作了，我们是1979年8月到的，住了一个月酒店，每一天政府给八块钱。八块钱吃不完，一块多钱的饭，公共车才五毛钱。1980年4月我就去做工了，然后申请我妈妈过来加拿大。

我妈妈1985年来加拿大了。我哥哥在汽车零件厂做搬运的，我弟弟做快递，他跟他朋友两个人合伙开的公司。我弟弟来的时候才15岁，他来到这里还有读书，读到高中。我来到加拿大后就再也没有回到越南，不想回去了，我回过一次中国，我跟我妈妈在2010年的时候回到中国，那是因为我哥哥大女儿结婚，我到了广州。我还有一个亲姑姑在广西。

到了加拿大，就是想找一份好工作。我跟越南的朋友都没有联系了，因为都分开了，这里有一些，但是很少联系，有时候看到就打一下招呼，以前来的时候还看见，现在都不见了，去别的地方了。

李鸿基

口述历史

李鸿基

时　　间： 2013 年 10 月 15 日
地　　点： 加拿大蒙特利尔越南华侨联谊会
受 访 者： 李鸿基，加拿大魁省越南华侨联谊会会长
采 访 者： 袁　丁
录音整理： 刘　艳

做美军生意

　　我的籍贯是广东普宁流沙。我父亲在抗日战争招兵的时候跑到越南来，那时候他还很年轻。刚来越南的时候，他在离西贡差不多二百多公里一个叫迪石的省，用船运谷米和其他货物上去西贡。后来几年，他就做了谷米生意，顺利做了米较（碾米厂）。

　　我出生于1942年，五岁时开始读书，一直读到成家。我读中文读到中学，那时候越南政府到处抓人，政局混乱，要求学校减少中文教学，越文的教学时间比中文多一点。父亲见到当时混乱的情形，就要我们学越文。中文和越文差不多，历史、地理的课本是一样的，只是发音不同。小学毕业后，我就去考中学，一次就顺利通过了。我到西贡读中学，但是念书只念到一半。我读的学校是美国在越南开办的专科学校，白天要学英语，涉及商业，学校里面都是外国老师。

我毕业时刚好是我应该当兵的时候，美国大使馆那里有招考，我报名考试，考上了。我跟同学一起去，我突然心血来潮不想去，他说后天有一班飞机去战场，我听了有点害怕。我朋友不知道，然后他要我把机会让给他，谁知道他半路被打断了一条腿。后来我用黑钱购买警察的安宁纸。如果你在家，他们会按时来换一张纸。凡是有事干，找上你，你就得拿钱躲避军役，我们华侨只能靠这样避军役，不知花掉了多少钱，好惨的。

我念英文刚毕业，出来工作，刚好有美军在越南做生意。那时很少人懂英语，大多数讲法语，美军刚进越南时，我就做生意，供给他们日用品。记得差不多二十岁时，我就有一家制造铁柜的工厂。那是时势造英雄，不管你是否聪明能干。

1975年，越南南部快变色的时候，我已经有机票和登机卡了。因为美国人说，你不可以留在这里，你留在这里就会没命。我和美国人做生意，我做沙包。到了解放的时候，我还记得他们点名了三个人。罪名最大的是做铁丝网，他们在收音机上放消息要用一百万悬赏来通缉这个人。另一个是福建人，姓谢，是做电线的。第三个就是我，我是做沙包的，他们打仗需要沙包。我坦白和你讲，那时候我个子很小，样子很像小孩子，不显老，人家都不知道我做什么。

解放后，幸好我还有一间工厂，我做急冻车，我和政府公私合营那间工厂。我那时候很惨，政府唆使那些工人指证我，要充公财产。我跟他们说，我愿意将我的工厂献给他们。他们就抓到我，说，你这样讲，就说明你没明白党是什么，党是来保护你的财产，不是拿你的财产。我讲，你要我给你，都有罪。后来，他们让工人在我办公室的椅子上贴了一张纸，写着"资产凳"。说我坐在冷气房，坐的凳子都比工人舒服，工人要日晒雨淋，还外出，为我赚钱，我如此享受，有哪些罪状等等，让工人说我的"罪状"，但是工人都说没有，因为李先生对我们很好。坦白讲，解放后，我就靠我的工人。家里有个帮忙煮饭的越南女人，她在乡下有米，她特意带出来给我们，和猪肉一起包起来给我的孩子吃。因为我们夫妇俩有四个小孩子，两个男孩、两个女孩，我们跟工人们感情都很好，我老婆是我的同学，大家的感情都很好。

突然有一天，我父亲居住的那个省——迪石发来电报说：家里有急事，叫我和太太马上走。那时解放后，即使有汽车，也不敢放在门口，所以我们是坐车过去的。我刚走了一阵子，那些公安就骑了两三部摩托车来抓我和我太太。因为省份小，我在那里住了几十年，做生意，那些人都认识我。到了公安局，那些公安通知我说，给一些钱疏通一下，就放我太太。早上我去报到的时候，他们说等一下给我做个记录。那个门在那里，他特地打人给我看。哎呀，日夜这样，我常对着他们，到十二点叫我回去吃饭，下午又过来。后来晚上，大家一起去吃喝，我就和公安局长成了朋友。因为那时候我有渔船，出洋抓虾，做出口生意。他们问我们怎么样，因为要做记录，哎呀，他问得你都快疯了。他们把我当做CIA，问为什么你是中国人，你是安南籍？你为什么不用当兵？你为什么读书也是读英文？你出来和美国做生意，那履历他全知道，他说，为什么你有钱弄渔船？为什么你有钱做出口生意？我说，这些是我们中国人帮来帮去的。他就说，哪些人你写出来。我不敢说，怕连累那些人。其实他们是觊觎我们的那些金，我爸搞掂了，我就出去了。

逃离越南

解放后，本地有青年冲锋队。我的邻居有个青年冲锋队的人，他跟我说，李先生，今天有公文，要打资产买办，从河内寄下来的名单里有你的名字。哇，我开车把太太、孩子载到我朋友家住了一宿。我朋友说，明天有一只船出海，一个人18两黄金，我们一共六个人。我们下船后在街市假装吃东西。我的同学跑过来跟我说，李鸿基，你快点开车去那边，因为有人要抓我们。我开得很快，这样一路跑。后来，我就回去我住的那个省份迪石和他们谈，我说，行，我出只船。因为家里姐姐有渔船，大家搞出来，我有客。因为在西堤做生意做了几十年，大家都相互认识。我也想走了，哪里有时间在那里帮他慢慢找，他知道，他不给我走。他说你走干什么，是我们组织，你想什么时候走就走。

后来，我就换我弟过来，他要点名，所以我的名字就变成李鸿基，还有我的外国名是李鸿生。12月，我带全家就这样去马来西亚那个荒岛。我们走了差不多两晚三日，到了就上去。

我在难民营呆了差不多二十几天、一个月，加拿大代表团来了，他接得很快，他就问我讲英文和法文？我哪里知道加拿大这边又英文，那边又法文。那时候我们读书就知道加拿大就加拿大，跟着他就说，行！我接你那家，下个月是接到蒙特利尔。因为我让小孩去读法文学校，那些白人女向代表团介绍我们家情况，她们自己沟通是讲法文，我两个女儿听到，说，爸爸，他们说你不肯去魁北克，要下个月才考虑。那个代表团才知道我们会法文，直接和我女儿讲法文。他们说我，你现在逃出来，是为你那些子女，你子女讲法文那么厉害，为什么你要去英文区那里！我们现在立刻接你们，你们可以去魁北克。我坦白讲，那时候苏联接我，我都去！那时候很惨。难民营就派发长虫的鱼干给你吃，我们都要洗过才吃，这样都要吃，你不吃怎么行。经过几个月，代表团来来去去这样才有食物，那时候好惨好惨的！总之你在那边，你不要病，你一病就死，普通一个伤风都会死人呢，好惨的！

加拿大的移民生活

最初来加拿大上班，我们根本不了解加拿大的社会。你去找工作，他有一张表格要你填，我不知道填什么，就写我曾做什么，我在越南有厂，我做老板等等，每家公司都不聘用我。后来我就去找政府说，我现在这样怎么行？我没钱用。政府办事员就说，现在你和太太会英文不行，叫我去读书，后来讲，到时候安排我读法文，有补助。毕业后，叫我去移民局做通译，有难民来的时候，他就叫我帮忙。毕业后，我去报到，他说

行，你先回去，什么时候有难民来我就叫你。后来我就去找工作。我太太在里边做，接着就带我进去。他对我说，听说你在越南有工厂，他叫我拆那个模给他看。我说，我们在越南做老板，不用干这些，我不会。他说，你做过老板，你不会拆那个模？真的，我们越南没有这样的。后来这样就做了一个月，他就升我职，当了管工。我做十年就没发生事。

后来我开了长城酒楼，我做了几年后就想投资越南，我回越南和柬埔寨投资，一直到现在。那边有一帮兄弟我不舍得，我都要回去。我小孩子现在都成家立业了，他们都OK。我有回普宁。我有个女儿在香港，她有时会带她妈妈回中国。

李勋荣

李勋荣

时　　间：2013 年 10 月 19 日

地　　点：加拿大多伦多潮州会馆

受 访 者：李勋荣，加拿大安省潮州会馆副会长，安省越棉寮华人协会副会长

采 访 者：刘　进

录音整理：刘　艳

米　较

　　我祖籍是广东省揭阳县白塔公社寮东乡，1949年在柬埔寨的波萝勉省河密市出生。我的父母都是潮州人，父亲最早来到柬埔寨，大约是20世纪30年代。那时日本已经开始侵略中国，但还没有打到汕头；饥荒严重、国家内乱。战乱的时候，父亲移民到柬埔寨。那时父亲在柬埔寨没有亲人，他知道柬埔寨那边的潮州老乡多，所以打听一下情况，就自己过去了，过来以后找到一份工作。最初，父亲在码头当工人。后来日本打到汕头后，家乡出现了饥荒。在战乱和饥荒的逼迫下，我的叔叔和两个姑妈跑到江西逃难，因为到东南亚要过海，当时已经没有船，交通断了，他们来不了柬埔寨。我的外公1920年后移民到柬埔寨，我的母亲在柬埔寨出生。

　　父亲和母亲结婚后，开始做生意。当时我的外公也不是很有钱，主要是依靠我的舅父帮出一些钱来做生意。结婚后，父亲和母亲做杂货生意，卖点日用品，慢慢就转为经营收买稻谷，再出口到越南，当时还是联邦的时候。过了几年，自己就想办法找到钱开了一个米较（碾米厂），收买稻谷后进大仓，碾成米。生意越做越大，十多年后，工厂已经有三百多个工人，每天把碾的米出口，出口到新加坡、中东，生意就开始做大了。当时我父亲在本地华侨学校当董事，因为捐款，我父亲也是学校的董事长。当时我还记得，在1965到1966年，我们柬埔寨金边为毛泽东大道剪彩的时候，父亲有接到我们中国大使馆邀请他参加开幕剪彩仪式的邀请函。那时我已经十七八岁，我也进董事会了。

我出生的时候，家里条件已经很不错了，在当地华人里面算很好。我有七个兄弟姐妹，男孩子中我最大，上面有两个姐姐。两个姐姐结婚后，大姐夫和二姐夫帮忙打理工厂，大姐夫是厂长，二姐夫是教育文化界的人。我们家七个孩子都没有读到大学，只有两个孩子是中学毕业，其他都是小学毕业。我的二姐读到中学毕业，我的大姐是小学毕业，两个弟弟也只读到中学，毕业后拼命地赚钱，懂得几个中文就可以了。当时的社会风气是这样。柬埔寨政府当时允许柬埔寨华文学校开办到初中，没有高中，所以我们中文的程度也算是很低。

自出生后很长一段时间，我都住在河密市。1968年我结婚后才离开，搬到同一个省的另外一个城市，自己去找生意做，在何连开一个雪糕厂。我的岳母那边也要求我做生意，她知道我喜欢做生意。我只读到小学毕业，就停学了，去帮父母理财，当时我还在工厂里面当财政。我的两个姐夫和我的太太都是柬埔寨出生的潮州人，所以大家都说潮州话，吃饭习惯也一样。当时来说，我是大儿子，我们潮州人最注重大儿子。当时我读书也很聪明。大家就讲不要读了，你中文已经够用了，出来帮忙，生意越做越大，没有人帮手。父亲每一天早上就离家去收卖谷米，我跟我姐夫们打理这个工厂。1969年，我的大女儿出生，之后柬埔寨就战乱了。

各自逃难

1970年战乱，战争打得很厉害，乡下小工厂都被美国炸平了。每天晚上，红色高棉和越南共产党藏在工厂里面，所以美国就用飞机炸掉工厂。战争刚开始的五年，我们柬埔寨损失很厉害。乡下几个城市都被美国人和红色高棉放火烧掉，每一个小城市都被放火炸掉、烧掉，夷为平地。我家的米较也被美国飞机炸掉了，1972年雪糕店被炸后，就不开了，我们就逃难到金边。战乱的时候，乡下的人都逃去大城市，所以我们逃到金边市的时候，金边城市里有很多来逃难的乡下人，大多数难民都集中在金边。那个时候，金边城市的治安很差，生意很难做。大城市的电力已经不够用了，大多数都用煤油灯，我用的发动机，都是泰国进口来的，当时好像大多数商品都是从泰国运来金边。

我们逃到首都金边的时候，钱不多了。起初我们失业三个多月，社会很乱，没有什么生意可以做，不知道什么时候战争才会停止，国家才和平，所以我们要想办法谋生。最初，我租了一个地方，买了一些老机器，继续做我的雪糕生意，生意很好。一年之后，我就在金边帮我父亲开第二间店。后来，我大姐夫开第三间雪糕店，我三弟开了第四间雪糕店。短短几年，我们在金边开了四间雪糕店。乡下的生意关门了，都不理了。二姐夫和二姐就在小市场上卖衣布，几个弟弟当时还没有家庭，就帮父亲。

1975年4月17号，红色高棉攻占我们避难的金边，我的太太、父亲、母亲全家人就一直逃难，到了我们以前住的小城市的工厂里，没想到，我们的工厂已经被美国炸成了一片荒地。我们没有办法继续待在柬埔寨，那个时候，钱也没用了。1975年越南已经解放了，全家人就逃难到越南去。那时候新闻都封锁了，二姐一家八口死在红色高棉那边，四年里没有一点消息，不知道他们死在什么地方，是怎么样死的，完全不知道。听说他们被赶到一个很偏僻的山地，水土不服，百分之九十的人都饿死在那边了。现在还有二弟跟我大姐的大女儿在柬埔寨。我大姐当时也是八个女儿都死了，大姐夫也死了，只剩下我大姐和大女儿，其他人都死了。听我大姐的大女儿讲，说起来也要流泪，饿到没办法，我的大姐夫去偷一些生果、米给我大姐吃的时候，被红色高棉发现，活活被打死了，其他孩子都饿死了。我母亲已经在1969年过世了，1984年，我父亲在越南过世。当时我要担保他过来，还没有过来就已经过世了。因为我们住在不同的地区，一个东，一个西，一个南，各是一个城市，来不及一起走。他指定你走这条路，你敢走到别的路，他就打死你，所以没办法。当时我跟太太、岳父、岳母、太太的两个姐姐全家一起。因为当时我有四个孩子，岳父、岳母也帮我照顾这四个孩子，所以一起出来，跑到越南。我的父亲跟我的弟弟走的是不同的路，到越南才相见。

起初我们带一些食物，比如牛奶，因为我的两个孩子还在吃奶，等我们被赶到乡下一个多月，我们没有希望回金边大城市了，就一直走到我以前米较这个地方，到的时候，那里已经被炸成平地了。这个地方离越南就只有三十公里，我们在那边住了两个晚上，就继续走到越南的边境。我记得当时是1975年5月28日还是29日，越南刚刚解放一个多月，我们就到了越南。路上没有遭遇飞机轰炸，我们在湄公河靠岸，依靠我们自己带来的一些食物维持，孩子小，我们需要牛奶，起初是用米去换，当时钱都是没用的，用金和米去换，以物易物。我们到越南后，才有越南的钱可以用。以前我们做生意，我拿了两千多万的金边钱交给太太，我以为她去买金了，但是她没买金，带了一包钱，我问她是什么，她说是钱。你带多少金边钱来都没有用，都成了一堆废纸。我和我太太姐姐的家庭只有四两金，不多。我们去华侨学校，那里有一个空地，本来要盖学校，有茅屋在里面，我们就跟越南华侨、学校董事商量，让我们住在这个茅屋里。我们就这样在里面住了八个人，洗澡也在里面，煮饭也在里面，茅屋下雨还漏水，生活很艰难、痛苦。

卖冰棍

我在越南待了四年，1975年到1979年，这四年过得真的很困苦。这四年里，我就依靠做雪糕、雪条，也就是冰棒，装在木箱里，再用棉布盖上，放在小轮车上，我和太太一人推一部，在马路上、在街头卖。早上五点，我去取箱，八点吃好早餐，我和太太就各自推着一辆小轮车出去卖雪糕。到中午的时候，大女儿就去给我太太帮手，当时大女儿才七八岁。女儿帮忙照看生意的时候，太太就回来煮饭，饭后我们接着卖，直到晚上七八点才回家。我们在越南待了四年，越南的共产党不理我们，不迫害，也不帮忙。总而言之，就是自生自灭是你自己的事，他不管。

我在越南美拖市，我父亲在西贡（胡志明市），离我八十公里，也是卖雪糕。我父亲跟三个弟弟、弟妹，大约十多个人。现在两个弟弟都过世了。1975年10月，五弟因水土不服在越南过世。三弟也是前几年在美国过世，1988年，四弟在柬埔寨过世，父亲是1985年在越南去世。在越南的时候，孩子没读书，生存最重要。当时越南的中文学校也关闭了，只有一个越南学校，孩子一天天长大，我想，我们是中国人，如果越南没有中文学校，那么以后我们的孩子到底是属于中国人还是什么人。而且越南文只有在越南有用，离开越南就没有用了，我们中文在很多地方还有用。我们是中国人，如果来到越南读越南文，将来没有前途。所以后来我就想尽办法到越南政府登记，我要跑到马来西亚去。

我是1979年走的，当时越南社会有些排华气氛，社会触动那些大城市比较有名气的华人，比如华人侨领，它知道那些在越南的大富豪、以前有名气的名人，而不会怎么样触动我们这些逃难的华侨，我们是平民百姓。所以它有一句话，你们出去，但是要把财产留在这边。现在我想想，越南很狡猾，因为越南经济一向掌握在我们中国华侨手中，趁这个机会，赶我们出去，没收我们的财产，之后，过了一段时间后，就说这是他们越南人自己的财产。

当时我父亲不赞成我出国，我跟他商量讲，爸爸，我有四个孩子，他们一天一天地长大，我这一代已经"盲"了，只是小学毕业，中文绝对很差。以前是希望做生意，现在生意没有做，如果生意没有做，我下一代孩子怎么办呢？他们还不到十岁，看着已经没有前途了。因为没有学校，我们不想读越南人的学校，暗中叫一些以前教过中文的老师来家里教中文，这些是偷偷做的。当时我跟我父亲分析，生活在这种社会还不如死去。我出去还有点希望，我明知道出去是九死一生，但是我想，我要冒险，我不要待在这个见不到天的社会里，生意不可以做，中文学校也没有，那么我这一代的孩子怎么办？我分析给我父亲听，我不要看到我的孩子这一代跟我一样，没有书读。当时的越南人的生活也不算好，它的生意可以充饥，但是不可以发财，只是可以让你过活，没有前途。你要发展什么工厂，要懂什么技术，要去发展，在当时那个社会是绝对不可能的。我在柬埔寨做雪糕生意的时候，我是打算在每一个省、每一个城市、每个小市镇都有一个我的工厂，我的雪糕工厂要布满柬埔寨的每个角落，这是我的梦想。在越南仅仅让你谋生、过活，生意做大了，你富了，就不行了。这个原因也促使我去马来西亚。

高丽参换出国

当时我去马来西亚并不是偷渡过去的，因为第一，我们当时居住的城市离海岸很远；第二，我们人生地不熟，要找一艘船也不容易。所以我是在越南政府登记以后走的。当时越南政府规定，你要走，登记一下就走，拿钱买票，把我们全部的黄金和财产交给他们。当时我的一个朋友告诉我，可以去当时专门负责登记的越南公安家里办。记得那天晚上，我去见越南大官，他是越南人。我在他家对面那条街喝冰水，在车里，从七点到十点半，等了三个半钟头。进到他家里，我跟他讲，我不是本地人，我是入口人、进口人，我们像货物进口一样。他讲："你讲话好像很有趣！进口！"他一见我们，就知道我们是华侨。我们感觉像是有缘分。他问有什么事，我跟他说，我们是柬埔寨人，来这里生活困苦，现在听说有船登记，我要求出国，我把我全部的财产交给越南政府，我自己出国去谋生。他问我有多少，我说有二两黄金。"啊，你有八个人，这样少？"幸好他问我："你从金边来？你有这种高丽参吗？"越南人喜欢高丽参，看得比黄金还要贵重。我想起我岳父1967年到中国的时候，在香港买了十多条高丽参。可是那些高丽参不是我的，是我的岳父、岳母的。他说："你立刻去拿来，不管是谁的，只要你拿到手，给我就行。"我立刻踩个单车回到家里，岳父全部拿给我。我带了太太姐姐的丈夫跟我一起去，我讲："长官，现在这些都在这里，不是我的，是他的。"他说，"明天你们可以下船了。"我们很幸运，中彩票还没有这样高兴。一条高丽参这样长，十多条给他。当时越南很难找到这些，这些是长官自己用的。金条的话，会给政府一点，自己留一点。1992年，我去香港后回到越南找这个长官，我记得他的功劳，我想拿一些钱给他，可是找不到，我很感谢他。到目前，我还常常找他。因为没有他，我不可以出国，根本我没有条件出国，我的家庭也就没有今天。虽然他是越南的公安，是越南人，越南人也是有好有坏。

柔佛州丰盛港

我们下船时，读到名字就说"到"。当时我这艘船坐450人。船阔四米半，长二十四米。没有座位，都坐在地板上。大多数是华侨，占百分之六七十。我带了家人坐这条破船，像蚂蚁爬一样慢，漂了七天七夜，才到马来西亚的柔佛州。那时也是紧张，很奇怪，不饿，只是口渴。我们在逃难过程中，遇到泰国海盗，一共被打劫了十一次。我还记得那时候是1979年5月28号，我们在马来西亚登陆。我的家人跟我都只穿着短裤和背心，其他东西都被打劫完了。还好，联合国难民署接收我们，将我们接到一个岛上，那个小岛住着八千多个难民。我们到了马来西亚的柔佛州，难民营在柔佛州丰盛港。在里面待了六个月，得到联合国的米，一个星期只分一次鸡肉，一人很少部分，还有罐头鱼、罐头豆菜之类。我也要感谢马来西亚华侨，他们帮助所有人，衣物、食物、礼物，他们都暗中在深夜的时候，开一辆汽车到难民营附近，偷偷地推下来给我们。不能公开，本地的政府不允许，之后我们接收进来就分了。我们分东西也不用抢，平分，你家里几个人，拿几份，照家庭人数来分。当时在难民营住不算是好，可是心情比在越南好，我就等着去第三个国家开始生活，不用受到越南政府的压力。当时我出来的时候已经有一个想法，我要去法国的话倒是有表兄弟在法国可以担保，可是法文实际上用的范围不怎么广，第一是英文跟中文，所以我在申请表里面只申请英文国家，英国、美国、澳大利亚、加拿大，没有法国。

我虽然是小学毕业，可是相关信息我是在报纸上看到的，如什么国家发达。我在柬埔寨的时候已经知道，我十多岁就知道加拿大是七大工业国之一。因为我父亲做米较出口，跟一些商人有来往，他们都是新加坡人、香港人，所以他们讲一些事给我父亲，我父亲也会跟我们讲一些在外国的生活，当时也是希望有机会去外国做生意。在越南有收音机，每天晚上收到美国之音的电台，中文的，跟英国BBC的电台，当时我得到一个消息，讲一些难民得到一些国家政府的收留，就这样，我们都是偷听的。有人讲，他的亲戚到那边，政府一个月给福利四五百，吃穿都不用愁。在越南，我们连一两元美金都很难找。他们一个月一个人就发了四五百块，所以个个听了就流口水。

有的深夜难眠，有的孩子连美金都没见过。这也是我走的一个动力。所以要得到好，要得到幸福，要冒险。有一句话叫"愿意冒风险，不愿随波逐流"。就是这样。当时听说，第一，如果有当过美国兵的身份最优先，第二是家庭，第三对美国政府有贡献，第四、第五才排到难民。

那么加拿大政府呢，当时它收难民也是很难。刚好听说有教会担保，来的时候，叫我的家庭去接受访问，加拿大移民人员把我的名单交给基督教会，我们在加拿大没有亲戚，加拿大的人道组织、移民局采访我们，他问："你是柬埔寨华侨？"我说："我是柬埔寨华侨。"他问："那么这几年柬埔寨发生战争，你去哪里？"我说："我逃到越南。""你孩子那么多，都是很小的孩子，那你是怎么样生活？"我说："我在路边卖雪条、雪糕。""你懂？"我说："雪糕，以前我在金边自己有工厂，自己做过。"他问："你为什么想去加拿大？"我说："我喜欢加拿大，地广人稀，需要人去开发。"他就笑。问："你来加拿大干什么？"我说第一就是去找工作，养活我的孩子，供他们读书，一步一步。现在加拿大政府我不熟悉，我根本不懂加拿大人怎么想，就知道地大人稀这样子。他觉得我回答问题有趣，说："你自己准备啦！我送你去！"去难民营收难民的那些人很聪明，看你的面色，你讲不讲大话，骗不骗人，而且他看见我们都是中国人，也带着几个小孩子来，他们还是很喜欢的，他们喜欢小孩。我认为，他接受我们去加拿大，是因为我的几个小孩。他说："你们赶快去准备，我们给你们孩子去上学。"当时学校要开学了。

加拿大政府收了我们的家庭八个人，里面有我的两个外甥，四个孩子（一男三女）。1979年11月3号，我们家飞抵多伦多，被政府安置到加拿大安省的一个叫金卡丁（Kincardine）乡下里面，人口有五千多，有一间华人的餐馆，当时我的心情一半高兴，一半伤心。想不到我们以前在柬埔寨生活比不上西方国家，可是在我们家庭里面，兄弟姐妹的生活也是没有问题。虽然不大富有，但是也是生活得很开心。想不到到了1979年，当时我有带我父亲，父亲要等我的两个姐姐、一个弟弟，排第二的，他们还没有消息，这四年里他们还在柬埔寨，生死未卜。柬埔寨还有一个弟弟没走，还有大姐的女儿。弟弟跟我讲，当时他被派到接近泰国的省份马德望，那边生活比较好，也是帮他们种田，当时是自己顾自己。大姐的女儿也是一样。当时她参加了红色青年队，因为当时十多岁，一样要参加，你不参加，就是反政府。除了他，妹妹、弟弟都死了。弟弟和姐姐的大女儿很恨当时的红色高棉，我们只能去看前面，不往后看

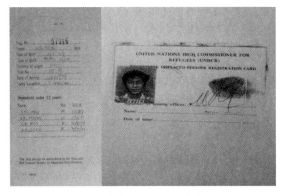

李勋荣难民证（1979年）

了。令人伤心的事已经过去了，伤心也是没有用。现在我帮助他们做生意，他们现在生活得也很好。

联安雪糕有限公司

我一共逃难三次，第一次在1973年的时候，离开这个小城市；1975年，第二次离开柬埔寨，进越南；1979年，第三次，离开越南，去马来西亚。又过了六个月的时间，到加拿大的乡下。

刚到加拿大的时候，我们连一句英文都不懂，幸好当时有基督教会安排我们每天去学两个钟头英文，学了二十个星期，大约六个月，就要我们出来找工作，自己生活。当时在乡下，找不到工作。我们这几个人就跑出来，都到大城市，在地下室租一个房间，自己去找工作。每天就看报纸，懂一点点英文，就抄了电话、地址，早上就照着这个地址坐巴士去找工作。我的第一份工作是什么？剪草，在花园里剪草。一个钟头三块五。我做了三个月后，我想，自己的家庭在乡下，离自己都有两个半小时，只是一个小村，里面只有五千人，就只有一间餐馆是中国人，其他都是西人。于是我租到一个公寓，四个房间。1980年，我的岳父、岳母也从印度尼西亚过来，我担保他们过来。他们也是难民，可是他们搭的船跟我的不一样，他们漂到印度尼西亚了。所以我跟加拿大政府、教会讲，我的岳父、岳母两个老人在印度尼西亚。到1980年年末，就把我的岳父、岳母接到加拿大来。当时我一家来了十个人，我的外甥自己去找工作，自己生活。我和我太太只工作三个半天，每

次一个小时，要负责四个孩子和岳父、岳母的生活费，当时生活也是很困难。还好，我们两个人可以在星期六、星期日加班做另外一个工作——种豆芽，跟农业有关系。我们一直做两份工作。两年之后，我就进了工厂，当时我自己暗中留个心。以前自己有生意，去管理他们；现在我们变成打工的，被人管。而且，这个是很难受的。我跟太太讲，暂时不要买屋子，不要买车那些，我们节省，也找一点点生意做，我们不要依靠打工，那时候我太太也同意我的想法。

1985年末，我看到报纸有登广告，要卖一间雪糕店，我之前在柬埔寨有做过雪糕，有一点经验，而且这个是美国的大公司，目前在全世界有六七千间连锁店了。那时候我跟我的太太两个人很节省，攒了四五万加币，当时这一间顶给我们是十万，还差五万。老板也是中国人，从南美洲过来的。我讲："首期，我给一半，其余的一半，我慢慢供给你，付点利息，可以吗？"当时老板也同意，他讲："我们是中国人，就讲个信用。"他就顶给我们。我跟太太还商量，我打工，她跟孩子去做生意，当时我的大女儿已经有十二三岁了，放学都去帮手。我自己还在工厂打工。起初两三年，生意都不错，但是后来政府要加税，那时候加拿大人生活就很困苦，没那么好，生意越来越差。我们做到第五年的时候，刚好节省、赚到的钱还给以前我们贷款的那个店主，我现在再自己节省，跟朋友借点钱搬到郊外一个小城市。当时也是很困难。孩子还在读书，大的孩子已经读到中学了。我就跟孩子们商量，现在我们要作出一点牺牲了，如果没有生意，不用雇工人，自己干。1992年2月18日，我跟朋友借了一些钱，还好，很幸运，第一年就赚到第一桶金，还了朋友，还剩下一万块，很高兴。

孩子们慢慢长大了，就在店里面帮手。我是希望我的孩子们能够进大学，学商业相关专业。我期望他们向高科技方面发展，可是看到我和我太太做生意很辛苦，大女儿舍不得再去读书，她本来是读医科的，大学读了两三年的时候，就要求开第二个分店，于是1999年就开了第二个店。2001年我给大儿子开了一间，这是第三间。第三个孩子是个女儿，二女儿，她是读师范专业，大学毕业后，出来教小学。但是她也不想做，她自己也要开一间店，我就开多一间给她，这是第四间了。他们的生意越做越好，到2005年，也开多一间在我们这边，之前我有一间在里面，可是现在我给我外甥了，那个孩子是我太太的姐姐的孩子。第六间就在我们这个运动场里面，2007年，我又开多一间，这是第七间。目前，我家还有六间，现在生活也算过得比较充裕点。我家的公司叫联安雪糕有限公司。四个孩子分了四间雪糕店，而且我都给他们每个人买了一间屋子。根据加拿大地产的价值，一间房子值一百多万，每间店也是值五十万。我的孩子生活算是也没有什么问题。现在每个孩子都有一间店，都安心守着雪糕店，每个孩子都有自己的新屋子——别墅，过得比较舒服。今年，我要转变我的生意方针，我要投资加拿大地产。我刚在这里买了两块地，都是很老的屋子，我要拆了重新建新的住宅。这是我的大儿子给我的建议，他讲，无论现在我们的雪糕生意发展到怎么样大，也不可能很好，所以他给我一个意见，我们就开始建这个豪宅。我买了两套，再建两套，这两套已经卖了。一间老屋子不值钱，只是它的土地值钱。现在买地建好了，已经卖掉了，这一套现在值两百万加币。雪糕店算是我们的基本收入、基本保障，房地产事业是为了大家过得更好一点，过得舒服点。

我有四个孩子，最大的孩子1968年出生，最小的孩子1973年出生，他们现在都在开雪糕店，我的儿子讲国语。我的孩子都是和华人结婚，其中两个女婿是从越南过来加拿大的，也是华侨，一个是潮州，一个是广府。我的儿媳妇是韩国的，他和我儿子是自由恋爱，现在她也是在一家西人公司里担任办货主任。还有一个小女儿，大学毕业后就进了多伦多人民银行，工作了三年，已经升为贷款处经理。后来她看到我们家难，就辞掉这份好工作来帮手，所以我们可以算作一家人都是做雪糕的。

我有四个孙子，都是男孩。最大的孙子已经十五岁了，最小的孙子三岁。现在孩子都喜欢打棍球，我的第二个孙子今年十二岁了，打棍球打得很好，今年到美国参加了五六次比赛。后来我想雪糕的发展空间不大，所以自己出来投资地产，慢慢带孩子们转型，这样比较轻松一点，因为雪糕生意，几乎一年三百六十五天都不能休息，没有假期，所以二十多年来，我也觉得很累，从1992年到现在已经二十一年了，虽然日子好过了，但是大家休闲时间还是比较少，所以一方面保存我们原有的雪糕生意，作为我们的固定收入，一方面开始投资房地产。

我们家孩子在学校读书就是学英文，回家就讲我们潮州话。孙子也会讲潮州话，总之，我们在家里就用我们中国语言，跟他们讲，韩国儿媳妇听得懂，也会讲。我们的血统是属于黄色血统，是龙的传人，千万不要忘记，在全世界我们中国人最强大，到处都有中国人，有太阳的地方就有中国人。

信佛行善

在柬埔寨的时候，父母和我都有去庙里烧香。我们信仰佛教，去关帝庙、观音庙。每一年春节、盂兰节、清明，我们都有拜。在面对困境的时候，我们没有去庙里，就在心里祈祷，心中有佛，心中就有信念，保佑我们平安，祈祷我们能够跑到第三个国家去创造新生活，这样就可以了。

来加拿大后，我也有去庙里烧香。湛山精舍是很大的庙，每年过年、过节、初一、十五，我们都去烧香、捐钱，不题名。听说它买了五千亩地，要再造一个五台山，那个庙的主持是我们潮州人，也是潮州会馆的，上个月，我跟这个主持去温哥华开潮州会，每年我们潮州人都召开潮州会。潮州会馆大多数中青年信佛教，约百分之九十九的人都信仰佛教。每一年过节，如清明节、端午节、盂兰节、中秋节、春节，我们会员都来这里朝拜，而且其他不是我们会员但也信佛教的人，我们也一样欢迎，虽然是我们潮州人会馆，但福建人也有，广东人也有，客家人也有，我们不分彼此，总之，我们潮州会馆开大门，没有歧视，一样欢迎。

我家里有土地公神龛，我办公室里有释迦牟尼像。我鼓励儿女们拜佛，但他们很忙。每天上班很累，回到家里，他们一起床，第一件事就是去送孩子上学，第二件事就是准备去上工，晚上回来七八点半，没有时间。所以每年每一次做节，我都叫他们到我家里吃饭，拜祖宗的时候，一起烧香，一起吃。我们家里每一个盛大节日，春节、中秋，吃饭前要烧香、拜佛。每天早上，我自己代表家庭烧香，我不在家的时候，我会吩咐太太、孩子代替烧香。因为我们的祖宗向来都是信佛教的，所以这是一个传统。韩国儿媳妇也有到庙里拜佛，他们也喜欢拜佛，韩国也是信佛。每次烧香的时候，有祈祷保佑大家平安，世界和平。因为我们逃过难，从乡下到金边，从金边到越南、从越南到马来西亚，逃难五次，来到加拿大，所以知道逃难的痛苦滋味。我们在一个车里，喝的水里面混着泥，跟咖啡一样浓，喝这种水，所以回想我们在逃难的时候也是很惨。现在我们碰到穷人，都很乐意帮助。

我在柬埔寨有捐过。我有在一个很贫穷的乡下，派发米、药、食物，学生用的笔和布。在那边，还有一些以前是我们的工人，以前我们的亲戚在那边，知道当地的情况，乡下什么地方最穷，在偏僻的地方，他们生活很困苦，没有衣服，没有医药，食物卫生都很差，所以我已经去了三次，每一次都去到两三百个家庭。几年前，有柬埔寨本地的新闻台跟我们到乡下去拍照，新闻上有报道，当时好像是2006年。现在我的愿望就是有能力帮社会，帮做一点善事，他们做义工，捐些钱给医院。2001年大洪水的时候，我发动柬埔寨的华侨捐钱，捐了五万三千美金，寄给柬埔寨政府，去分给灾民。

我做慈善的时候，孩子一起出钱，他们支持、赞同我做慈善。每一次出国，我就跟他们讲："我和你妈妈要出国，去做善事，你们有心的，多少不限，帮你们祈祷，祝福你们平安。"我跟他们讲："我们吃的一粒米、一碗饭，要想到以前我们逃难的痛苦，要看到比我们穷的人还很多，需要我们伸手去帮助，所以不要太过浪费。"我常常鼓励我的孩子，这是我们潮州人的传统，你吃不完，留下来煲稀饭，不要浪费，因为我们有经历过苦难。

家国情

1992年2月，我第一次回中国，去看我父母以前在中国的老家，我还有一个堂叔和一个姑妈。当时我们中国刚开放，生活也不算怎么样丰富，他们的生活比我们困难。我带了一些钱跟花旗参分给我的表姐、表弟，我姑妈的孩子，他们都很年轻，他们都很高兴。我记得，当时我大约花了一万多加币。当时潮州揭阳乡下生活不算怎么样好，但是比以前好得多。第一次，我们在乡下住了四个晚上，把我们带的钱都发给我们的亲戚，很开心，就回来了，再继续干活。因为我们中国的传统是这样，可以帮助别人，自己觉得高兴。不像以前，我们逃难的时候，要伸手向别人要钱，可是现在可以给那些帮助过我们的人。自己知道自己逃难的痛苦和困难，穷人怎么样过活。为自己亲戚做点事儿，自慰啊！

我姑姑已经过世了，大姐的孙子、我姑姑的孩子跟我的表兄，跟他的孩子搬到东莞，做生意，日子过得很好。我每两年回去一次中国，他们知道我是他们的亲人，帮助过他们。我们经常有通电话。太太的一位叔叔已经九十多岁了，还在揭阳，他们的孩子现在过得也很好，我不用寄钱。他们办工厂、做生意，他们生活比我们好，不需要我们寄钱。柬埔寨的亲戚也不需要我寄钱了，他自己有三层楼的屋子，有生意，从日本进口电单车过来卖。现在活的人和平了，大家的日子都过得挺好。

现在中国发展很快，几乎每一年我都有回去中国，每年去看人民的生活、城市的发展和建筑，每年都不同。在我年轻的时候，我有看到报纸，我父亲也当过侨领，1965年，"文化大革命"之前，我跟北京电台有联络，写一篇文章，他们有寄一些书籍给我看。当时看报纸、听电台，知道我们中国的生活很困苦，我父亲每一年都寄钱和旧衣服等到乡下，救济他们，帮他们修屋子，给他们一点钱去生活。1992年我第一次回到中国的时候，觉得还不错，1995年我第二次回去的时候，比以前更好，现在如上海、北京比我们都好。我每两年回去一次，在乡下住两三天，住旅店。我每一次出门都会回到中国去，因为我喜欢中国的风景，喜欢我们中国人的风俗，喜欢我们中国的美食，中国的鸭肉比这里香。因为乡下的鸭子吃谷，加拿大这里的鸭子都是工厂饲养的。

我对柬埔寨的印象比较差点，那边的中国人也很多，为了赚钱，那边治安不好，卫生也不好。我们在柬埔寨出生，还有一些亲戚朋友在那边，每一两年过去探望他们一次，请他们吃饭，聊聊以前的故事，帮一些同学、朋友解决生活问题，给他们一些钱去做小生意，这些同学都是华人。我虽然在柬埔寨出生，但是对中国的感情更深。柬埔寨百分之九十的经济收入在我们华人手里，我们华人有自豪感。

我常鼓励孩子要多学习，要回到祖国，学习我们中国人的文化、经商的经验，我们祖国的发展在世界上算是很快了。我们中国以前是沉睡中的狮子，现在已经醒了，不再是以前西方人称作的"东亚病夫"，所以我们中国领导人也花费了很多精力来领导我们十三亿多人民，不容易。我们要团结起来，不要被外国人欺负。我们不团结，好像一把散沙一样，就会被外国欺负。我们已经被他们欺负几百年了，现在大家要团结，无论什么时候，都要相互帮助。

我们的祖宗在中国，后漂流到了柬埔寨，到我们这一代，再到我们的孩子这一代，血脉相连，希望孩子将来不要忘记我们的祖先，我们是龙的传人，无论我们身在什么地方，我们的皮肤不会变色，中国人始终是中国人，不要变化太快。所以我跟孩子们讲，每年过年、过节，我们都一起去拜佛，要保存潮州话，家庭讲潮州话，我们不算是很富有，这样就满足了。

梁仲云

口述历史

时　　间：2013 年 10 月 22 日

地　　点：加拿大多伦多戴斯酒店

受 访 者：梁仲云，加拿大安省越棉寮华人协会理事

采 访 者：吴金平

录音整理：方丽纯

在南越当空军

我祖籍是广东省顺德县，我1950年在越南南部出生，我们不是华侨，我们是土生，出生就是越南人。我的中文在越南学的，我的母校就是穗城，广东人办的一所中学。中学毕业之后，我就转读越文。后来我去投了越南的空军，1975年解放就解散啦。

爸爸妈妈在越南是做生意的，小的时候我家里是有一间纸厂，是用来拜神烧的那种纸。后来就不做，在大的纸厂买回来卖。我们是生意人，每天想着怎样赚钱养活自己的家庭。我小的时候，我爸爸妈妈入籍了，我们就跟着入越南籍。以前我爸爸妈妈是用那个外侨籍的。有权利就有义务，我们有服兵役的义务，我们最怕就是服兵役，那些到战场去跟北方作战的，死了很多人，所以我们很怕。最后我们没有人自愿去，他就强逼。

1975年解放，他们就不许做买卖做生意了。排华的时候，做生意的人要到农村去工作，把我们赶到乡下，所以我们找机会出来。那时候是很辛苦，我们是自己种自己吃，种不到什么东西，我们不是农村的人嘛。

对当过南越士兵他们没有怎么样，士官就要改造好几年，有很多人就死在里面了，最后，美国把士官通通接回去了。我们只要三天，每天早上到学校去听他们说，说的就是你们做得不好啊，以前怎么样不好，你们现在要改过来，就是听他说。早上去，下午回来，明天早上去，下午回来，一共三天，我们就回家了，因为我们不是什么官的嘛，我们是一帮给他南方征兵的抓去的，我们不是自愿去嘛。当时我逃走了，很多人逃走，逃不及就被他抓到，坐两年牢。处分就没有，因为我们不是做很大，我们是做兵。如果在上面的士官，做官的那种，他要抓去坐牢很久的，叫做改造。

十二两黄金

我们是乘那个木船出来的。我走了三次，最后一次才成功。我有个弟弟给他们抓去坐牢。我就逃脱回家之后再等，等到最后的时候，政府给我们买船。买船就收你一个人要多少钱，数够了就放我们出来。头一两次，就是我们自己组织的。偷偷买船到海边，准备走的时候，保密工作做得不好，被他们发觉之后我们就跑，就逃回家。如果跑不及就被他抓了，那时他们不许人家逃走的嘛。两次都是这样，最后那次，是地方组织的，放很多人出来了，所以我们在那次就顺利地出来。

地方组织我们出来是因为他要拿我们的钱嘛。如果不这样做，他拿不到钱。中央政府是不让走的，你没有钱，就留下来。那个时候每一个人都是整天都想着怎样逃出去，不想再留下来啊。一般是收十二两黄金，我是十二两黄金，少的是八两，四两都有，四两是小小的。我们手上的金条是我们私藏起来的。当时家里的货物被他们通通搬去，存在银行的钱也没有，给他们充公，他们一进来就充公了所有的钱。他把我们赶出去也拿不到我们的财，金，钱，钱财我们收得很好，有的放在另外一个地方。所以他就想出这个方法让你去把财拿来，房子最后他罚完，大的他拿去了，小的就还给你。

我们坐船逃走是全民的，很大规模，每一个地方都有。我们在海上漂流三天就到印尼。没有遇到什么海盗，有的人是很惨的，他们遇到泰国打劫的，全部东西都拿去，钱财什么都被拿走了，有的女人给他们捉去，很惨的。我们是很幸运的那一只船。

难民营的生活，每天就发给你一点菜，就是这样，在一个荒岛。首先我们自己开一个寮，上面是用简单的木材。后来他们就把我们送到那个难民营，是联合国难民中心开的。那个有房了，每天就是做一点卫生的、清洁的工作，自己住的地方自己要清洁，不然的话就有很多人生病。我们在那边住了十个月，加拿大代表团来接见我们，就收了我们。然后，我们到加拿大生活。我带着三个妹妹一个弟弟出来，五个人。

到工厂做工

来到加拿大之后我们就担保亲人过来，是用亲属的关系形式担保的，要爸爸妈妈兄弟姐妹都可以，现在兄弟姐妹不可以了。我们要做担保纸，申请在越南的父母过来，我们先要有工作才能做这个担保，所以我们读了两个月英文，我们就自己去找工作。找到工作之后，有了一个工作证明，我们就自己上移民局做担保。

我们刚来到，政府对读书是有补贴的，让我们到学校去读一点英文。我们自己不想读，没有时间去学。我到加拿大结婚之后有了女儿，我要养活我的家人。我晚上有去念夜校，不过那时的心情是念不进。跟白人接触都是很少的事，只有在做工的时候，那个管工工头是白人，老板是白人，每天早上见面，Good morning，就是这样。在工厂里面做的全部是我们从越南来的华人，所以也是说广东话，回到家里也是说广东话，在唐人街买菜也是说广东话。

我做工的工厂是做供暖系统的维修改造，以前没有做过，进去那边他就教我们做，从学徒开始做。他叫你拿这块铁放进去，就用那个机器压下来，又拿到另外一个部分去把它装起来。没有什么技术可说的，机器也不是很先进，跟越南的差不多，我们很容易就学上了。我们工资不高，那时候都有十五块一个小时，一个小时最低就八块钱工资。白人高我们一点点，他因为做领班他做工头嘛，高一点点也不多。有的白人也是跟我们一样，做这普通的工人。我太太也做，所以有一个人的工资是可以存在银行里，另一个人的就可以够开支。我和我太太是在这边结婚的，也是从越南过来的。她在制衣厂做工，制衣厂很多就是我们华人的，主要是从蒙特利尔那边拿货来加工，大老板是白人，华人呢是小小的加工厂。我做到1986年，我就没做了，不是退休。我没有换别的工作，现在退休了，太太还在工作。

回越南做贸易

1986年那一年我到越南去探亲。我还有一个弟弟在越南，他在那边结婚，有了孩子，加拿大政府拒绝他，不让他来。我弟弟是做纸的，我一个朋友是做塑胶的。他说，现在的机器很旧，好几年没有新的进来。如果你懂得从香港买一个二手机，你就买几部回来嘛。那么我就开始去香港买，有一部分要到台湾去。我也到广东东莞，买那里生产塑胶的机器，原料，PVC到越南卖。我在加拿大这边，买纸，放进货柜运到越南给我弟弟。我就来回于加拿大、香港、台湾、越南几个地方，组织货源出口到越南，但我没有从越南做出口。当初那个生意也是很好，那个时候，越南什么都没有，现在就很多了。后来外国人进去太多了，他们的资金比我们大，他们大量投资我们就做不来，我就回来加拿大。有一些是台湾人，在越南投资很多。

如果拿越南和加拿大作比较，在1975年之前，在越南好过这里很多，我就不用做的嘛，我爸爸很有钱的，我是不需要做的。1975年过来之后，我们家就很穷啦，不过，在这里社会福利比较好，医药不用钱啊。我现在有病，看医生，住医院，不用钱。我每个月要花三百多块的药钱，是政府补给的。我有心脏病，中过一次风，在医院住了十九天。高血压，糖尿病，所以我吃五种药。这比越南好很多，越南住医院要花很多钱。

加拿大的家

我女儿在市中心一家西人公司工作，三十多岁了，她也结婚了。小的时候，我送她到学校去上学，学中文，她写得很好。不过，现在一段时间没有用，只能写自己的名字，看一点点中文，不会很多。她有三个女儿，一个七岁，在读二年级；一个三岁，还没上学；一个就几个月大。每天我就早上送她们去上学，下午接回来。女婿也是华人，在做汽车零件推销。我们三代人住一起，我、我太太、我女儿女婿还有三个孙女，七个人住在一间房子。她们在家里才跟我们讲广东话，外面跟朋友说英文。

政治上，我们这一代就不关心什么政治，不过我女儿这代有她们的打算。我们过来的时候已经三十多岁了，那时候每天要上班下班，星期六日要到市场买一个星期的菜回来放在冰箱里边，每天要忙着工作，没有想到什么。投票这么多年参加过一次，是投自由党的那一次，那次因为很多人不喜欢保守党，所以每人都是去投自由党。就这样。我们英文不好，政治是不到你说的。在越南就不同，我的越文都读到很高了，我读越文大学的，我可以把越文翻译过来中文，从中文翻译过来越文，所以当时我在越南的时候，虽然我是当兵，我有一种想法将来我会做官的。不过在这里就不同了，来到这里没有兴趣了，因为我的英文不好，没有时间去学。刚来加拿大，我要为着我们的生活。

在中国，还有我堂兄、我伯父的儿子，我爸爸的哥哥以前也是在越南的，后来抗战胜利，自己回到老家去。小的时候，我爸爸、我的伯父、我的姑妈三个在越南生活。前几年我到广东时回过顺德乡下。我有一个堂哥也是住在加拿大的，在多伦多，是我们替他的女儿找一个丈夫，她嫁过来，后来她担保她爸爸妈妈过来。

越棉寮会

越南来的很多在多伦多西边，东边那边就是香港来的移民很多。在唐人街的越南人主要做超级市场，现在中国人来得很多，他们做超市。我们这一代人很多年纪大了退休了，把超市卖给另外的人。

这里不仅有越南来的华人，还有柬埔寨来的华人，不过一百个也没有一两个是有钱的华人，不是个个很有钱。那时候很容易找工作的，不是自己找，就是朋友介绍，以前我们只想工资高的，不想什么工作好不好做，工资高我们就做了。现在就不同，现在很难找工作，以前在一九八几年的时候，很容易找工作的。很多人是做汽车零件厂的。

越棉寮会理事会有五十多个人。会费以前每一年出二十块，现在不用。

维持开支，主要是大老板支持，自己会员捐，不过我们捐得很少。每年的联欢会，个人可以捐钱上去。会所以前是跟人家租的，不在这里，后来才买的这个地方。大老板捐一部分，我们的会员也有捐一部分。已经五六年了，我参加这个越棉寮会也不过八年。这里有日常的工作人员是要付工资的。会馆的钱捐赠也有，政府也可以申请到一部分。楼上是我们的物业，租给人家的，每一个月有一千多块钱的收入。活动的话，每个星期有唱歌；一年有几次联欢会；中秋节有联欢、圣诞节有联欢、新年有联欢。联欢有带女儿、女婿来参加，每个人买票啊，一张要三十块，三十五块。要和自己的家人坐一桌，有好几十桌。不断地有退休的老人进来，年轻的很少。不过现在新加入的成员不多，现在的人退休了，他有钱他就去旅游了，他不参加这个。

加拿大多伦多的社团很多，校友会有寮华会、端华会、越华会，越棉寮也有越棉寮会、潮州会、福建会，这也是从越南来的，比较好一点的是潮州会，潮州会有很多年轻人。以前潮州会是在越棉寮分出去的，潮州会里面有年轻人，有青年组、妇女组，所以他们有活力。会长年龄不大，办得最好就是潮州会，越棉寮会也不错，不过跟它比较起来完全比不上。越棉寮会的会员也是潮州会的人，越棉寮会松散一点点，以后社团我怕就会人越来越少。

林灿钟

林灿钟

时　　间：2013 年 10 月 15 日

地　　点：加拿大蒙特利尔枭华协会

受 访 者：林灿钟，加拿大魁省潮州会馆荣誉顾问

采 访 者：刘　进

录音整理：刘　艳

移居寮国

　　我 1933 年出生于广东潮阳翁美村，今年刚好八十岁。我有一个姐姐和一个弟弟，我排行老二。父亲没有兄弟，但有很多姐妹，所以我姑姑很多。没出国前，在乡下，我们都有种田，也都还不错。日本人占领汕头的时候，我八九岁了，当时我看见过日本人，不觉得他们凶，因为不敢接近他们，看见他们来了，就躲得远远的。

　　以前翁美村有两千多人，算不少的了，大多出洋去新加坡和泰国，就我一家去寮国（老挝）。因为父亲的表弟——姑丈的儿子在寮国那边做生意，所以父亲过去投靠他们，赚了点钱就自己出来做生意。当我还是小孩的时候，父亲就出国了，母亲留在潮阳。他一个人到寮国闯荡，在寮国百细做杂货生意，以前货品是从越南、泰国过来的，泰国货就自己去办。以前在百细有批发，不是大生意，就是拿点批物来卖。

那时一个村有一个学校，小孩到了九岁才能读书。我在村子里的小学读了四年，1948年，十五岁时，就过来寮国。大约五十年代，母亲和弟弟才来寮国，由于姐姐嫁人了，所以姐姐没有出国。我到寮国后，开始帮我父亲做生意，没有再读书了。一直经营父亲的杂货店生意，因为寮国是小国家，生意过得去就可以了。

我刚去寮国的时候，寮国、越南、柬埔寨都是法国的殖民地，在法国的统治之下，当时对华侨也没有什么特殊之处，各方面很正常，生意照做。我生意上来往的朋友都是华侨，摆在门前的零售货品也有本地人、越南人等来买，他们要买什么，我们就卖给他们。我们也做批发，做生意的都是华侨。

后来，三个国家各自独立。寮国和柬埔寨同一天解放，寮国当时也是共产党，因为寮国与柬埔寨的关系，大家怕寮国像柬埔寨一样，政治动乱，杀很多人，所以很多人怕死，都逃亡。寮国本国人也有很多人逃跑，越南人也很多。实际上，寮国解放时，国内的政局没有什么变化，也没有迫害华侨。

因为柬埔寨和寮国近，同吃湄公河的水。柬埔寨变化的消息一下子传到寮国。当时寮国政治状况不好，钱币贬值，什么都没有。我的朋友都是潮汕人，以前都是生意上有往来的华人朋友，他们有钱的就立刻走了，先出来一两年了，我结婚五年后才出来。他们都觉得加拿大好，所以就介绍我们过来加拿大。现在很多都去世了，他们经常写信告诉你外面的情况，问我现在处境怎样，在寮国有没有习惯，劝我出国。我家反正什么都没有了，我知道外面还不错，就下决心要走。我就听他们的话，找别的路，想办法出国。那是1975年的事情，父亲已经去世了，他是1974年去世的。姐姐在汕头，我弟弟在寮国永珍，现在已经去世了。1975年到1980年我还在寮国。1980年，我带太太和十个孩子出来了，母亲没有出来，弟弟在永珍照看母亲，我来加拿大五年多，带母亲来这里玩过一次。

那时候大部分孩子都没有成年，最大的孩子二十岁，逃的时候，先到泰国，然后再来加拿大。当时可以说危险，因为你要逃出来，如果被泰国警察抓到，就要被抓去关禁闭。那是边境，离湄公河很近，所以逃到泰国很容易。1980年到泰国后，一家人就在难民营呆着。难民营是联合国办的，住进难民营就好了，那边有吃的东西，一个礼拜领一次米，可以吃饱，也有衣服。我所在的难民营很大，里面可以做生意，很自由。开始偷跑出来很危险，我就不偷跑，因为子女太多，为了安全，我就联络泰国边境的乡村人帮我做那个出国手续，所以我是正常过来泰国，不是偷渡的。我们在难民营呆了六个月，六个月后我们就可以出国到加拿大了。

移民加拿大

1980年，我来到加拿大。我在寮国待了三十多年，到加拿大的时候已经四十七岁了。我们来的时候，就有洋人担保，最初是在温尼伯的乡下居住。因为我们是洋人担保过来的，所以刚来的时候，就住担保人那边，住了一年多。那时候这里的洋人很好，他们整一个村捐钱，十五个人负责轮流帮我们买东西，带我们去买东西，有什么需要就叫他，他就带我们出去。每个礼拜都会带我们去买一次东西，有时候就带我们出去玩，租屋给我们住，一年房租都是担保人出的。住处差不多和别墅一样，来到家里，床、冰箱什么都有，小孩子多，他们就给一个乒乓球桌。下大雪的时候，有时候半夜，他们都会过来问会冷吗，屋子会漏吗。我们刚来的时候，真的很好。就是很好，讲来讲去，就是好在这些担保人他们照顾得很好。

1980年来加拿大的时候，小孩子都还小，大多未满十八岁，政府有牛奶金等福利补贴，所以每月的收入除了吃喝以外还有余。那时太太主要照看小孩，我做了一年油漆工，给家具涂油漆。在乡下住了一年多，孩子大了，都二十了。因为我有十个孩子，六个女孩和四个男孩，子女太多，没有工作就没有办法，加上成年的孩子在乡下没有找到工作。他们的朋友介绍来蒙特利尔这里找工作，在蒙特利尔以后才有工作，孩子们找到工作，看起来很好，所以没有办法，就搬到蒙特利尔了，孩子就进工厂做工了。我的大女儿当时二十三岁。

现在，女孩子在蒙特利尔都是从事缝衣工作，缝衣的工作比较容易找。来到这里以后，女儿才结婚。没有成年的孩子在蒙特利尔读书，有三个孩子上了大学，现在孩子的收入、生活水平都差不多。上大学的孩子，一个是电子工程师，另外两个都是在工厂做工。因为刚来的时候，为了生活，就没有继续读书，所以大一点的孩子都在工厂做工，一直到现在。结婚的对象都是华侨，一个儿媳妇是台湾人，其他都是越南华侨、柬埔寨华侨，没有大陆和香港来的华人。现在我们两老都没做工了，在家待着。

我的大女儿现在已经五十六岁了，最小的孩子现在也三十多岁了，全都各自成家了。孩子们在这里的生活都挺好的，我现在不用为他们操心了。现在就两老住在一起。礼拜六和礼拜日，他们就过来看望我们，太太就做饭给他们吃，有时候到外面餐馆吃。周一至周五，他们各有家，下班后就回各自的家。我们两个老人家就自己弄了自己吃。孩子的朋友有洋人，也有华人，在工厂工作的时候，都是工友、朋友。在读书的时候，就是同学。我一共有十七个孙子，最大的孙子已经十八岁，读大学了，最小的孙子才四岁。

蒙特利尔的寮国华侨联合会是我发动的，因为各自的生活不同，所以我组织这个寮华联合会两次了，当时会员太少，大概是二十多人，本来不止，但是一般他们都不喜欢这些组织，讲不好听点，因为怕出钱。不到两年，因为经济问题，柬华协会就没办法维持下去了。我也是潮州会馆的第一个发动者，我现在是潮州会馆的荣誉顾问。

到目前，我没有什么感触，看到子女成家就心满意足了，人上了年纪，不要强求，顺其自然。

中国亲

我的家乡现在属于汕头潮南区，村子里现在变化很多。以前的老屋都没人住了，好像都是空的，人家都出去做生意，赚钱回来都建楼房、建新屋了。我回去过几次了，我在家乡有四间屋，都没人住了。后来我听他们讲说，旧屋都要重建，我说，你帮我登记，将来分有多少就多少。还有见到以前小时候的朋友，但是不多了，见了很高兴。现在村子里的人生活得很好，比1933年的时候好。我回去汕头两三次了，第九届潮联会我有去。我到香港，就会回汕头家乡，然后去老挝。

我还没出国的时候，每一两个月，父亲就往家里寄侨批。以前他就是给"客头"，寄侨批，就好像信一样。那时候因为没有专门的，都是私人的。我寄过侨批，寄侨批都是偷偷摸摸的，因为那些侨批没有牌照，我们中国人只要相信你，就交给你，都没有问题。当时都是私人带，不用正式缴税，直接交给客头。总之，以前出国到老挝的人生活都没有问题，存钱寄回中国家乡。所以以前，有一个人出国，一家就OK了。母亲和弟弟出来后，我们就没有给家里寄钱了。因为我们中国俗话说的，嫁出去的就自己成家了，就不用我们再寄钱过去了。有时候也有寄钱给我姐姐，不经常，一年寄一两次。现在姐姐在汕头，每年过年我都给姐姐寄两百加拿大币。她在汕头过得不错，她的儿子在酒楼做工，有时候在广州做生意，她的生活不错，即使我们没有寄钱过去，她的生活也没有问题，寄钱只是我们的一个念头、一个心意。

孙子都有一个中文名，我起的，很少用，他们自己叫洋名，孙子在家里都是讲国语，大孙子现在在佛堂当老师，教小孩中文。那时候我就说要学中文，因为我们中国人口很多，到哪里中文都可以用，但是中文很难，后来就不读中文，转去读法文、英文，大孙女懂英文、法文、中文，粤语懂一点点，不是很多。讲国语比较多，因为从小就让他学国语。以前我们住在寮国百细，学讲话就讲国语。对于孙子和当地洋人结婚，我没有看法，只要他们喜欢就行。十个孩子中有一个回去过中国，其他都没去过。他们不喜欢去老挝。他们住在这里，很清洁，卫生很好。去到那边，去玩就一两天，因为没有这里清洁。

我的孙子都没有去过中国、老挝。他们对中国、老挝好像都没有印象、没有感觉。有时候问他，你是什么人，他们说我们是魁北克人，也不说我们是中国人，认为自己是魁北克人。因为他们在这里出生。我们传统说我们是中国人，大一点的孩子说我是中国人。那些在老挝出生、懂事的孩子，我问他们，他们就说虽然我们都入加拿大籍了，但是对人家讲，我们都是中国人，没有人说是加拿大人。

我们困难的时候，就加拿大政府帮我们，对它感觉也是很好，我们也没有讲它什么。我们还是承认我们是中国人。对老挝就不同了，因为老挝是小国家，离开后就偶尔回去看看老朋友，现在老朋友都去世了，就没有什么联系了。中国汶川大地震，我们都有捐款。如果老挝发生大地震的话，我们不一定捐款，因为它们没有大使馆在这里。

百细往事

解放前，百细这个地方的华侨很多，1948年我去到百细的时候，那里的华侨很多，但是后来因为政治状况不好了，大家都逃，不断地走掉，华侨数量就不多了。现在华侨人数又增加了，大多从大陆过去，现在在老挝做生意、开工厂、种植农作物。那些村子的年轻人上来，有的也是不错，发展得很好。

百细的华侨，最多就是潮州人，其次是客家人，广府人很少。家里吃的是潮州菜，本地寮菜也有。以前在老挝，寮人很少做生意，寮国政府也有讲，寮国的经济都是掌握在华侨手里。寮人跟华侨的关系很好，百细有个崇德善堂，敬的是八仙，也有观世音菩萨。我是崇德善堂的发起人之一。

老挝现在老百姓生活也还不错，我去看过，他们还是过得很好。政府比较封闭，还没有开发，很多大陆人移民过去开发，规模很大。相对于柬埔寨的华侨而言，老挝和越南的华侨很幸福。老挝政府对华侨还不错，所以他们解放的时候都没有开一枪，柬埔寨就不同，就是杀、杀、杀。老挝没有歧视华侨。我在老挝有一块地，他们都没有动过我的。大约差不多有半公里的，很大，现在我也不想要了，但是他们不拿。因为百细政府说，他还有家人在永珍，所以它没有动我的。我叫弟弟去认，他说不要了。

在老挝，家里讲国语，因为小孩读中文学校，都是台湾老师教书，所以小孩都是讲国语，年纪小的孩子就没有读中文，我前面几个都是女孩子，男孩子都是在后面。当年我们会讲老挝话，但是已经三十多年没有讲了，现在都不怎么会讲了。在老挝的时候，我们的宗旨是"出门靠朋友"，我也有很多老挝朋友，来这里以后跟老挝朋友就没有联系了。现在回百细，只剩下一两个熟人。那些年轻人来叫我叔叔、伯伯，我就问是谁啊，问他父亲的名字，才知道是谁。来到这里后，大约回老挝三四次。最近一次回老挝，好像是大前年，我母亲去世的时候。我母亲去世三年后，弟弟就去世了。弟弟有三个男孩和三个女孩，弟弟的孩子没有过来，当时我叫他过来，他说不来，那时候做生意还不错。开始的时候，弟弟打算让孩子做生意，但是由于后来情况不好，弟弟就叫小孩出国了。一个小女孩去法国，一个小男孩去日本，现在弟弟的孩子还有留在老挝的。以前去老挝，主要是看望母亲，父母最重要。

从老挝到加拿大蒙特利尔的人大部分是寮国本地人，有很多，因为他们一向在寮国砍柴，都是从事这类工作，所以他们来到都是去做木工。当时华侨跑出来的也很多，去法国和美国的最多，来加拿大的比较少。

林大松

口述历史

林大松（左）

时　　间：1. 2013年10月16日；2. 2014年5月10日
地　　点：1. 加拿大蒙特利尔林大松家；2. 暨南大学专家楼
受 访 者：林大松，加拿大魁省潮州会馆名誉会长
采 访 者：张应龙
录音整理：方玲玲

甘蔗水大王

　　我1946年出生于广东汕头，原籍广东惠来县靖海镇。1949年与父母移民海外，原本我们全家想到马来西亚的，不晓得那个船走错方向，去了越南，那我跟父母就从越南登陆了。我们一家七口人，三个姐姐，一个哥哥，我，父母，一个哥哥在香港，不去。

　　我们来到越南，无亲无故，非常辛苦，都要用劳力去换取生活费，好在我爸爸身体高大。我爸妈不懂越南的语言，孩子又小，那个吃饭，应该说一个饼分成四次吃，吃不饱。后来我父母为着维持生计就在那边学做点小生意，在街边做小生意，每一天都要从另外一个市镇推小车到市中心来做生意，差不多要走四十分钟路，他是做甘蔗水的，专门卖甘蔗水。

　　我们住的西贡旧街市中国人很多，有一条街是批发市场，批发五金。福建、广东、潮州是三大帮，潮州人最多是在柬埔寨。

我父亲就是卖甘蔗水，被称"甘蔗水大王"。我家的店名叫振新，做的甘蔗水就是特别好卖，经常排队。我家的甘蔗水有秘方。我们的甘蔗水像牛奶一样，白色的。那个甘蔗我爸挑选得很特别，它的浓度和纤维，要试一下，知道什么地方才好。甘蔗的皮是黄皮的，糖分多，纤维好，也不能太嫩，太嫩了带有一种酸味，一定要成熟。他挑好后一下子整批买下，甘蔗要全部削皮，请人来削皮，削好皮还要稍微洗一下，要很费工的。不是现在路边那些榨汁机没有削皮。甘蔗压完要马上喝，因为放久了就不好，我们还要选择好的橘子和橙子配在一起，我们一天卖几十把甘蔗。喝甘蔗水的除了普通市民，甚至还有外交官，很多驻越南军事团的将领啊，他们经常周末带着家人来喝这甘蔗水，都要排长龙的。

很多人看到生意好想来学，学不到。有些卖甘蔗水的人将车推在我们店前面，抢客，但客人也不喝，就来我们这边。那些越南人因为生意不好，经常找事情来欺负我们，一直都有发生打斗的事情，我们半夜回家的路上，经常受到袭击。有时候我父亲一个人受到差不多七八个人的围打，这个经常发生，好在我父亲非常勇敢，有胆略，他能够一个人打败七八个人，保持我们的地盘和我们的生意。我爸爸脾气特别大，越南人很怕他，流氓都怕他。他是打出名的，经常打，他们一批过一批，要抢生意。有时候打斗要进警察局，就我姐姐一个去疏通，他们都是官官相护，越南人帮越南人，我们只能够花钱来买平安。所以我从小就有个心态：我们中国人到别个地方的时候呢，国势不强盛就是经常有这种苦痛。那个时候我还小，帮不了什么。好在我姐姐非常能干，在交际方面是非常好，也得到某些贵人的帮忙，所以我们能够在那边立下脚来，一直到我读中学。

投笔从戎

我八岁进义安学校读小学，要交学费，越南都要交学费的。义安学校是潮州人开的学校，就在我家对面。我家以前那边叫旧街市，我读书时，家庭情况已经好一点了，家里有几十个工人，我爸爸买了屋子在学校对面。初中我到福建人办的城志中学读书，毕业后我到堤岸的自由太平洋读高中，这个是双语学校，主科英文，然后有中文，1967年高中毕业。以前在家里面，我父亲绝对不允许小孩回来说那个越南话，一定要说潮州话。一定要把我送到学校去受教育，受教育基本还是中文、越文，中学教育也是这样。我姐姐她们也有读书，后来生活比较好，我父母都非常注重教育，一个大的姐姐就晚上去读，她是家里的主力，记忆力非常好，很刻苦很能干。我爸爸说，我们中国是一头睡狮，有一天它会醒过来，不得了，所以你们这些孩子，一定要努力地学中文，有一天会很好用。这个家训也遗传到我们的小孩，我小孩也是这样，一定和他说国语，我太太和他说潮州话，我岳母也是潮州人，但是她们从小没有强迫小孩说潮州话，都是说广东话，一直到现在。

我高中毕业后就去考秀才，那时越南制度高中毕业后要考秀才，考秀才一、秀才二，秀才二才能进入大学，我两个秀才都考了。那时候就再去读越南文，进大学的时候是戊申年（1968）了。这一年，南越发生一次大变化。那年，南越受到北越的压力，所以就全国总动员，所有人都要去当兵，不当兵的等于逃兵，逃兵等于是国家的罪犯，有些还可以枪毙。在每一个人都要去当兵的时候，我们就受他的征召，进入军校。那时候我差不多要读大学了，没办法，应召入伍。也有很多人跑了，跑到香港，跑到柬埔寨。那时候我家里只有我一个男的，不给我去也不行，那时候我们华人受到当地人欺负太严重，如果再加上一个逃兵的话，那他们就骑在头上来了，所以去入伍能够减轻家里的一些压力。我父母说当兵上战场，危险，同时也辛苦，那就不如去进军校，希望能够有比较舒服、稍微少危险的一个工作，结果我就去军校了。

1968年，我就应征去读这个军官学校，1969年毕业。毕业时候我们就刚好转考到空军去，我幸好考上，就转回空军总部去工作。我家是做生意的，越南制度有腐败的情况，我们当时买通做官的，找到一个好的工作，到空军总司令部那边工作，后来司令就挑选我去做政治部华语发言人。我回家的时候，很少穿军

装，因为我的工作有些秘密性质，因此不是很多人知道我在空军，知道我在空军也不知道我做什么。1969年，我去大叻政治大学进修。大叻在越南南部，离西贡应该是三百公里。这个大学专门培训政治、战争的军官。这等于说我受了两个军校的培训。

当时社会很混乱，很多军人的妻室因为军人在战争上保护这个国家，所以对一些商人经常欺负、勒索，尤其我们中国人更加受其凌辱，连我家庭也不例外。故此，我还是继续留在军队，有时能够帮助家庭减少这些压力。因为如果他们知道我们家里有人在军队里面服务，同时是军官的话，一般这个地方的政府、流氓就不敢来骚扰太多。曾经有一些情况，一些残疾军人来到那边，因为我家生意太好，就经常骚扰我们的客人。如果我们店不给他钱的话呢，他就在那边闹事啊，客人不敢进来。经常离去一个残疾军人，另外一个残疾军人又进来，还有很多军队从外边战斗回来，来到这里有时吃吃喝喝，都吃霸王餐，那怎么受得了呢？有时我刚好回到家的话就解决一下，说服他们，就是说不要再这样骚扰我家，我们大家都是在战场上，只是不同工作而已，是吧，你也有家庭，我也有家庭。你的家庭我不会骚扰，我的家庭你也不要骚扰。但是偶尔还是有，我必须要保护我的家庭，有时要用一种暴力行动来解决事情。这是一个过程，为什么我们一定要继续当兵，就是这个问题，保护我们家里。那时，我工作很轻松，我所面对的都是些国外的军事高级代表团。没什么事情的时候，我经常回到家里面帮忙。从我家到我们空军总司令部，大约开车十几二十分钟，来回很快。那时我是军官了嘛。

我在政治大学的时候就结婚了。我和我太太是人家介绍的，第一次见面是我们叔婶带我们去玩，奉父母之命。我太太在越南出生，老家广东潮

林大松（后排左二）全家照，越南西贡。

安浮洋。我老丈人他是一个人去越南，我太太在那边出生，是真正的番仔。那时候我在部队很轻松，我们要结婚就开店，1970年创办信兴士多公司，信用的信，兴隆的兴，有信用才有兴隆，专门入口批发洋酒、糖果、饼干、罐头等。我太太在看店，跟父母住。

在越南的时候，我们生活还不错啦。家里有电视、录音机，很豪华。那个时候，我父亲真的很能干，他照顾得几个孩子都很好，我们有录音机，那时候有录音机很厉害！我们家里面自己装有一个电梯。我姐姐和姐夫在我们家不远之处开一家非常有名的酒楼，中西餐算是西贡有名的了，以前很多越南的高官，部长、总统什么都经常来吃。我们家和佛非常有渊源。我们家后面是印度庙，有一次，半夜打炮，炮弹落在我们房子后面，刚好掉进香蕉树里，香蕉树它有弹性，就不爆炸了。要不是香蕉树，我们早就炸死了。

"报名"进劳改营

战争还是继续下去，死伤不少人。那时北越也经常在市中心发动攻击和暴乱，局势非常不稳定，经常晚上听到这些火炮打过来，轰轰地响。1975年，那时我们已有两个小孩，一女一男，四岁和两岁，北越就解放了南越。当时很多空军同事坐飞机离开越南，以我在空军当职的条件，也可以走的。但我们父母非常地爱国，非常自豪，说我们中国今天能够站起来了，能够打败美帝国主义，那肯定将来我们中国人一定有好的生活，好的地位。他说，孩子你不必要走啊，走做什么？越南所以能够打败美国，全靠我们中国大力地、无条件地支持北越，才有今天这个统一越南的局面，越南应该对我们中国感恩。那我们中国人到时也不会受越南当地人的欺负啦，还是看一下，暂时不要离开。到新的地方，人生地不熟，是很不容易的。那我就听我老爸我老妈说，就不离开，留在西贡。

那时候我也去参加他们越南华侨青年联谊会的活动。西贡那时有一个华人亲政府的组织，偶尔帮他们忙，鼓励他们在这不要走，都安心定下来。但是这情形不好，没多久就整个社会发生变动。

当初解放的时候呢，还是说保持稳定局势，不会有什么大变动。过了不久，两三个月后，就开始清算资产阶级，要送他们到劳改营，到郊外去开荒。尤其在西贡，越南经济命脉80%多在华人手中。以前在旧制度的时候，南越经常有排华的情况，但是不严重。现在北方来管制南方，没想到北越对于我们华人是这么地痛恨、这么地妒忌，这是我们大家意想不到的事情。所有商人，生意做得越大就越有罪，半夜敲门叫醒送上车，送到经济区去开荒，所有产业都归于这个解放政府。所以有很多人为这个事情伤心到跳楼，今天还看见他好好的，明天就听说他已经自杀了，这种情况很多。赶去经济区的几乎百分之八十都是我们华人，做生意的，他一夜就抓去，很多人精神崩溃。这是一个心酸过往。我们家躲过这一劫。因为我家里只是老和小，我爸爸差不多七十了，我们家除了我一个男丁以外，没有了。加上当地有一些熟人在帮忙说情，我们家才不会被送到新经济区去，也没有被没收资产。但是对于我本身呢，我就逃不过这个劫难。

当初越南叫我们去报到，说去学习，学习新政府、新制度，本来说是带一个月粮食去就好了，不用怕，你们去学习，然后你们就可以回来。那我和一帮朋友，都是傻乎乎的就跟着去报名。一报名就不能出来，就扣留在那里，一天过一天。起初在南方的前几个月，都是没事给做。每一天吃饭，然后就休息。他们要我们写回忆录，说为什么我们去当军官，做多久？五年你能够升到上尉，一般升上这个上尉差不多都要工作十年。你的职位是中校，你一定有很多业绩，业绩当然是对对方冲击很大。但是我们其实也没有机会上战场去战斗。我们就把实情、实话说出来，但是他们还是不相信，反复叫我们再写、再写，重新交代、交代，写来写去就这样。

过了一年多后，就把我们送到北方永福省去劳改。永福省有个地方是法国时代专门囚禁越共分子的地方，四面都是山，只有一条路进出，逃跑不了。地势非常险恶，水土非常毒，种植不了。

我们当时坐船去的，他们半夜叫我们集合，也不说送我们去哪里，把我们眼睛蒙住，就叫我们上路。然后我们就上船，都不晓得那里，到了这边才知道。我们先是到海防，到的时候受到很热烈的欢迎，用狼狗来欢迎我们。那个晚上真的拼命叫，"wow、wow、wow"，到处"wow、wow"，很难逃掉的。他们非常谨慎，因为我们身份特殊。那个地方，黑麻麻一片，也没有房子，都空的，叫我们马上砍竹子，下雨淋雨也是这样，自己建房子。好像有給一些临时帐篷，临时帐篷要自己搭起来。

劳改就是政治监牢，我们要经常自己去谋生，自生自灭，政府只给一小部分东西，我们自己要建房，自己要挖井，自己要种东西。种多少吃多少，政府只能再补助一点米饭。我们要爬山，砍竹，砍树，每一次上去的话下来身上都是有很多吸血的虫子，我们本身都没血了，还吸，我都完了。我们就在那边，经常换地方。我们得接受这种劳苦，根本没办法吃得饱，一口木薯和一点通心菜就是一顿饭，个个都非常瘦。有病死的，因为我们吃的是马吃的这种，不是草，好像外面壳软，有弹性，很难消化。吃进去，胃消化不了，伤到胃，有的人死了都没有家人知道。

在劳改营，我们睡觉挤得好像沙丁鱼，一个个斜着睡。每一天进出，好像数猪数牛一样，一头一头数。我们以前都是军官，华侨很少，像我这样的华侨很少有，有的话他们都走了，很多是当地越南人，这是一个非常辛酸的日子。既然我们没有这种先知先觉，早一点离开，到现在也只能接受，不能怨天也不能怨地，只怨自己。

政治局势瞬息万变，谁当政我们都要服从，既然来到这个监牢，我们就服从监牢的规则，没去触犯他们的规矩，所以有好的记录。有好的记录，他就多给探亲，多给写信到家里，可以一年两次给家人、太太来探监。我太太从南越到北越，要坐三天火车到北部，再换火车坐一日，再坐船过渡，到我的劳改营要五六天。然后见面半小时，就回去，这样来去十多天。来的时候要背着面啊，香肠啊，牛奶啊，等等。我太太来探监差不多七八次，每一次都是我的小姨和外甥陪她。苦啊，说每一次经历都不同。我是非常感谢太太，感谢我父母和我家人、外甥他们。尤其是我大姐夫和我大姐，非常关心我，经常在协调，想办法把我这个上诉送上去，争取释放我。但是一年又一年都没办法，这个也可能跟我们中国和越南的关系有关。我们中国人在越南根本没有地位，所以才造成我们会受到这种不合理的囚禁，我投诉无门，石沉大海。

1979年中越打仗的时候，我当时还在那边，他们更加严格控制我们。战火不会波及我们，他们有挖战沟，把我们当炮灰嘛。但是劳改营经常转来转去，不是固定一个地方，这是他们的一个战术，怕你熟悉，都有一些人逃跑，但逃跑不了，有一些当天晚上给抓回，活活用棍棒打死，有一些是过了几天才抓到，也是活活给打死，作警示作用。他们对南方人应该有非常深的仇恨。所以我们一出门，他们有些人几乎就用石头砸。

幸亏我有这个太太，不顾千里经常去接济。我太太一年来两次，每次去都拿很多东西，她尽量能拿多少就拿多少，让我分点给里面的人；有些人真没人去看的，很惨的。我们经济可以我们就多带一点，每次一百多公斤啊，都是吃的，都是一些干粮，都是米，都是这个即食米，都是可以放很久的东西。越南看守有时会拿去一些东西，说腊味，"这些东西怎么可以吃？生生吃是吧？抛掉。这个罐头，是什么罐头？抛掉，丢在那边"。每次进去他们都要检查，好像都有一些国外的东西，"这什么东西啊，能吃吧？"

我太太当初去到北方的时候，他们这些人很刁难，不友好。我太太说，第一次去，她怕，穿上越南人的衣服，扮成好像他们的人一样，不过一讲话他们一听就知道了。后来越南人明白了，知道我们也是善良的。后来她们这帮南越的太太要去探亲的时候，他们很帮她们。因为她们来的时候都要拿东西给他们吃嘛，要煮啊，要什么。他们知道，你需要什么，我给你弄来，就收一点钱；还弄一些粽子，越南的粽子，你要订多少，他明天早上给我们弄过来。然后要鸡啊要什么你跟他讲，他弄来，付他点钱，大家方便。这个带动经济了，不用从南方带去了，自己带干粮而已。一些新鲜的东西是没办法带，就在那边订。后来他们知道了，今天有谁来探监，就立刻来了，我们就向他订鸡啊，订这个订那个。通常我太太她们都找几个人一起去，因为这个路很危险。我太太说她后来去了几次就比较习惯，第一次去很怕。她们坐火车从南方到北方三天三夜，之后再换一趟火车，从河内去到永富省差不多要半天，之后呢，坐牛车去到我们附近，还要过一条河，她们坐过去是那个小小的船。我太太说第一次看见那条河就像我们的黄河流到他们那边，真的一边黄、一边清啊，坐船要两个小时，才到山脚下，因为太多东西她没办法抬，走那个山路，她就叫他们帮忙抬去，要半天。你看，路程很远的，我们要逃也逃不出来，没办法逃，一个山一个河一个什么，逃不出来。

释　放

我总共关了五年七个月。我之所以能够给释放回到西贡，是因为我身体不好。那时候我感染很重，没办法劳动，在我离开之前差不多八九个月，我开始身体很瘦弱，劳动不了，脚都没力，经常会跌，站也站不稳，要拄着一根拐棍，这根棍子我一直收藏到现在。我没办法劳动了，只能躺在营里面。吃也吃不了什么，每天吃两餐稀饭，瘦得好像一条骨，有很多粮食都吃不了。同时，心情不好，所以不吃了，变成很瘦弱。里面的干部，因为我平时表现不错，提议说给我去医院就医，但里面的管委会不同意。当时中越在边境打得很严重，我们离中越边境不远，隔个山就是中国边界了，我们经常听到"轰轰轰"声。每一次打仗的话，对我们看管得非常严格，行走都不可以，担心我们跑，尤其特别针对我们华人严厉管制。我看到这样，晓得我遥遥无期，我想可能我的骨头就要埋在那边了。后来，看管我们的干部说，"如果林大松逃跑了，我负责。"结果他申请上司送我到医院去就医，他说不要让一个好好的伪军官，有家庭也有儿女，使他家里失掉一个亲人，希望能够给他一个治疗，过后他还可以做一个好的公民。我一直在医院里面待了三个月。身体情况没有改进，医生他们也同情，里面有华人医生，经过和他交谈之后，他也觉得我是无辜的，他也非常同情，尽心调养，给很多方便。可是北越那时候生活很艰苦，没办法吃饱，那何况我们这些人，在医院也是这样。医疗方面虽然对我好像当地人一样来治疗，但是他们的医术和设备还是很落后，所以我的病都还没办法医好。

后来我家里知道了就上诉，希望能够给我回来调养。经过几次后，好像经过七个医生反复检查是否真正不能恢复了。七个医生，连院长都批了，我这种情况已经没办法恢复劳动工作，是个废人，不用担心。这个话听了非常辛酸。我在医院的时候，他们派一个干部，一方面是监视，一方面也是帮忙，比如带我去洗澡。医院一直说我的身体越来越瘦弱。

释放我的事他们做得非常隐秘，事先没人知道。那时快过年了。那一天，他们就在营里面宣布说，能够放我回去，要我去营里面办手续。那天，刚好是我太太从西贡上去，她想要过年了，拿一点东西上去接济我。事情很巧，我和太太擦肩而过。我从医院出来坐牛车到火车站上火车，我太太从南方坐火车来要下火车。我们同一列车，她下我上，我们都不知道。这个事情巧到像电影，说了大家都不会相信。我要回军营办手续，医院到军营差不多两个站，上火车去军营前，我叫一辆三轮车，我递一张纸给车夫，叫他帮忙去医院通知我那边一个朋友，转告我太太，我已经去营里办手续回家。我太太去到医院，医生说他刚上火车，你没有看见？她说没有看见。医生说你现在不要去军营了，你一会回到河内，你等下一班火车，要等几个小时后，说我应该会回到河内。我太太有收到我通知，带去接济的东西都留给我朋友那里。可是我太太没有车票回河内，当时，北越他们过年特赦一批人，几十人，我属于其中之一。我太太找到带队的说情，说没有车票，麻烦他让她跟大队一起走，他人很好，就给她跟他们的队伍一起回来。她就在河内火车站那里等，等到我回头来。非常巧，也很可怜，就是好像写电影一样。然后，我们一起回到西贡。

离开越南

回到西贡就是过春节了。在我没有回来的时候，我太太就申请出国了。她一个妹妹先离开，她想带我太太过法国，做了个担保纸给她，她就立刻申请，就批了。我们离开的时候，不给我们卖房子，什么都不给的，政府来收的。因为我们那个洋楼是三层楼，有私人电梯的，加上三层楼只住这么五个人。我太太说："你们给我老公回来，房子你要拿，你就拿。"外交部来看，内政部也来看，因为他们想拿房子嘛。我太太说："你们给我老公回来，你拿，我们不会可惜的。"那个外交部的人说："这个我们没权，是内政部管的。他们说你要出境的，怎么你还不走。"我太太说："我老公没有回来我怎么走，你们给我老公回来，我立刻走。"结果就一直拖到1981年我回来，1982年我们立刻可以走了。我的出境纸是我一出来立刻补办的。那时他们的政府要和我谈，叫我回去，他们可以把房子还给我们，但是他叫我说一定要转回越南籍。

当时，欧美国家对难民，尤其对以前在南越做过事情的军官特别关心，特别优惠，假如我去美国，会更优惠。后来就说法国入境太难，虽然说接受我们申请，但是入境很难。后来加拿大去那边接收难民，经过朋友帮忙，见了移民官，我把我的情况说了一下，移民官二话不说，准了。我以前那个出生纸不是这个日期，我用七月一号，加拿大国庆。我现在的护照是7月1号，最容易记。他们接受我们全家移民过来。

1982年5月23号，我们一家就上飞机来到加拿大，我们坐法航先到泰国，停留一晚，第二天就飞到蒙特利尔。我们那时候一家六口，小的孩子后来在加拿大出生。本来那时候我老爸不肯来，他说我在这边有大把钱，我不做工我也不会饿死。他不去。那时我爸爸在那边，他的声望也很好，甚至当地干部对他老人家也非常尊敬，不会麻烦他。那时候没有人能够做这个甘蔗水和我们竞争，大家都喜欢喝，还是继续经营，所以生活还是好。我爸爸说："去做什么，我听说那边冷死了。""没有米只有面包，我不要。"他的思想就是这样。后来我太太有身孕，我就说，你不考虑到你本身那算了，但要考虑小孩。小孩如果再大，他们不给出国，到时候要办理手续更加困难，你为着你的孙子，你要出来。劝了很久，我爸就同意走了。在很短的时间内办好手续，因为我们出境入境纸都有了。

那时候我们就准备卖屋子，我们是合法的，但如果越南政府要扣留就扣留，不给你出就不给你。因为我是残疾，残疾还要去哪里？就是怕有时候他们以为我不是残疾，我们很担心，所以我们离开很少有人知道，只给亲戚朋友知道。他们租了两辆巴士来送，还有邻居啊，因为我们感情都非常好。

那时候我姐姐已经过来加拿大了，我外甥他们是坐船先过来的，那时出国已经是半公开了，不是偷偷走，越南政府收钱，不是很危险了。

飞抵加拿大

蒙特利尔是法语地区。我以前主要是读英文。那时候福利很好，来的时候，政府马上就会给福利，我两个小孩，好像每个月几百牛奶金，大的就少点，小的就多一点。小孩子也去读书，但是那个大的没办法读，要生活嘛，小的就可以读。政府也鼓励我们大人去读这个法语课程，免费的，当时读还有政府补贴，给车马费。我连续一天读两班，早上和晚上。不是为了可以领两份补贴，而是要快一点适应那个法语。在钱的方面，我受父母的影响，我父母说："我们来到新的社会，我们没有缴过税，我们就尽量不要拿当地政府的这个钱。我们要靠我们双手来赚钱，我们赚到钱就是我们的钱，那种去靠人家养，是很丢脸的事情。"我父亲没有申请老人金，什么都没有拿，他说很见不得人。老年金到年龄就可以拿，他也不要，他很有志气。

我姐姐姐夫在加拿大，我姐姐这里附近开了一家酒楼，名叫豪华酒楼，她以前在越南西贡那家大餐厅也叫豪华。她和孩子自己做，没请几个人。当时这里的酒楼不很多，中餐、夜餐很少。生意还很不错，很多人结婚的话在那边摆酒，可惜地方比较小。那时候我们读书，中午的时候，有时候我回来在我姐姐那个餐厅帮忙一下，帮忙做一些杂务。因为她们午餐的时候很忙嘛，就帮一下工。

开始的时候我们和姐姐他们住在一起，一个单位住了差不多十几个人，后来来多一批，十几二十个人住，都是这样嘛，因为刚来。普通屋子，一百平方米，有两层，有三个房，一层租的，十几个人，睡到满满的，年轻的睡在客厅，睡沙发、睡地上，我们整家人住一个房。刚来的时候也很好玩，现在想起来也很好。过得虽然苦，大家过得很开心。

1984年，我就搬出来，没有跟姐姐一起住，买现在这座楼。我和父母都搬过来，下面开店，我们住在楼上，旁边和地下有个仓库。

信兴公司

过一段日子后，我就想去做生意。我们中国人来这里做什么？主要是做三种行业：一是饮食业；二是杂货；三是制衣。如果我做这三个行业，无形中是中国人和中国人争生意，何必呢？而且那时候做杂货也很苦，抬米啊，什么都要抬。再说爸爸妈妈年纪大了，只有我们两人在做，孩子又小，怎么做，没办法做，所以我们就不想，也竞争不来。我觉得，我们这个环境的话，我一定要想开。那时候我试着去找工，我去这个嘉华超市找工，那个老板他说："你这么老，做什么？"这嘉华是很有名的批发。"你这么老，这个很重的，你怎么做？不要了，不要做，你做不来。"他不请我。

后来这里一家台湾老板，他做纪念品饰物玩具，当初是独一无二的生意，大家都认识他。我经常去他那玩玩，帮他忙，后来我在姐姐餐厅找个空位，摆买几件玩具，好像一个专柜。那时他们利润很高，我就薄利多销。中午客人吃完，就顺便买一些回去。差不多要圣诞了，他们说你有什么新东西没有，有的话我们和你买，就帮你买多一些东西。慢慢地看这个行业还不错，我们才发展大一点。

那也是凑巧。台湾老板家里面有事，好像有些事情不愉快，就想把物业卖掉，他说，这栋楼卖给你。我说开玩笑，卖给我，我哪里有钱买。他说了一次两次，后来我回去和我爸爸妈妈、我姐姐姐夫商量，说王老板叫我买，好不好，他们说你的打算不错啦，这是另外一种行业，不用做餐厅。后来王老板无条件地同意我分期付款，我才买下。那时候这个房屋很烂的，还有老外租在这里。老外欺负我们中国人，到期不肯退出。我那时就发脾气，发脾气他们老外反而让步，他们知道理亏嘛。有个犹太人不肯还，我们就用法律来诉讼，他认为我不敢，结果我们情愿花钱也一定要把他推出去。

我们1984年开始做生意，公司的名字跟在越南时一样，叫信兴。那时候还没有进口，只是在本地拿货来卖，后来一位印度朋友带动我做进口，他在香港那边很熟悉。那时候做这行业很少人，中国人几乎都没有人做，所以

很好做。顾客主要是本地人多，我们做零售为主，批发次要，进口的商品是批发和零售各一半。我们薄利多销，很多老外来我们这里买。以前那些老外，他们进来都好像很了不起，大声大叫，那时国势比较弱，现在什么东西都Chinois、Chinois，他们都非常客气了，所以海外华侨华人离不开祖国的兴旺。

看我们做得不错，有些巴基斯坦人在这里也开，他们欺负我们中国人，我们卖什么他也跟着卖，但卖的话，他们说我们的价钱要跟着他们的价钱，不能卖贵，不能便宜过他们。否则，他们过来这边吵吵闹闹，一次两次。我们做生意，我们是很老实的，该赚多少赚多少，客人也喜欢向我们买东西。他们在我们门口拉我的客人去，我们从来不做这种事，客人喜欢就进来买。后来我发脾气，我说，我警告你哦，这是我们第一次警告你，也是最后一次警告你，如果再犯的话，你就消失！那他就不敢了，所以中国人一定要团结，一定要国势强盛。

印支华人的经济行业

我们印支华人一般做这三大行业：制衣、餐饮、超市。我们那时候来，主要去制衣厂打工。打工之后，学到一些技术，就承包，拿回家或是租一个地方，然后请从印支来的人去做。他们一熟，自己又退出来，成立一个小工厂，自己干。那时蒙特利尔是北美洲最强的成衣基地，它有欧洲的独特风味，因为那边是法属国家，百分之六七十是法国人，所有名设计师的服装设计都在蒙特利尔生产。制衣厂，他们叫做现金的流动，只要肯干，一个人能够赚两三个人的收入。制衣是计件的，他们日夜做，回到家里也是缝缝缝，除了吃饭之外就缝缝缝，他们的收入特别高。老侨很少做制衣，他们第二、三代有了学识，不想做。因为做成衣，毕竟辛苦，日夜要做，受过教育的不愿做，我们孩子也是这样，他们不愿干。

目前的制衣业已经退化了很多。第一，政府已经知道做成衣他们是现款，人工都是拿现款，换句不好听的话就叫逃税，发现这个逃税，就不合法了；以前有所谓的支票逃税的问题，非常大，他收了钱之后，就整个换成现款发放给他们，政府部门检查不到。现在政府查得较严。第二，现在中国开放了，很多工厂逐渐了解到中国拥有廉价劳力，同时它有香港带动，所以加拿大这个行业就逐渐走下坡。现在就是比较高档的成衣能够存在，低档的话就做不了。以前蒙特利尔、多伦多有很多制衣厂，我们印支华人也靠这个，蒙特利尔很特别，它是服装基地。

我们印支华人后来逐渐有一点资金了，有一些人逃难出来时带了一些黄金，就把它兑掉，开始经营餐饮业，把当地老华侨的餐饮业接过来，把它扩大。他们有些1975年就到，1980年后就越来越多。当初越南华侨和柬埔寨华侨是两个最大的来源之地，他们经营餐饮业，人数越来越多。那时我们印支华侨生活非常好，这样才有钱去消费，拉动经济。我们东南亚人结婚的时候，喜欢排场，不像老外就几十个人、一百来个人。我们大家互助，等于投资，就是你有喜事我来参加，下一次我家里有喜事，你也来参加，一下子请几百人。变成这一笔资金就不会断，所以造成酒楼很旺。那时开酒楼的也多数是从柬埔寨来的华侨，也有一两家是越南华侨开的。这里有四家酒楼比较出名，好像长城、东坡楼、皇城，还有一家，但是打入主流社会的话，还打不进。

接下来做杂货，美国的三藩市、洛杉矶、纽约，都是东南亚来的华人，主要是潮汕人多。他们之间有密切关系，越南以前的经济掌控在潮州人手中。后来他们有很多人就到新加坡、泰国，所以他们有一种联络网络在里边，大家都互相支持。你去开店，我就供货给你，卖完才付钱。这样就比当地老华侨这种关系优越很多，就是这样，印支华人把超级市场这个行业推出来、提升起来。老华侨就没有这种实力，没有这种关系存在，如果他们有实力的话，也不多。

炒房地产主要还是外面来的人。老侨他有固定的资金，不能乱动。我们也有人在做房地产，少，蒙特利尔有两三个。当初房地产在蒙特利尔一段时间很低迷，很多屋子没人要，谁都怕。以前黄金一盎司就两三千元，很久时间都不动。我们这些东南亚难民，没有真正雄厚的资金，你炒也炒不了多少，顶多买一些烂楼来修理，修理后再租出去卖。我们东南亚人做这个房地产经纪不很多，反而像新移民做房地产经纪人很多。

社团工作

我们来到那边，一定要成立会馆，大家有个据点，无论你是什么人，潮州人也好，广东人也好，海南人也好，一定要有地方社团。为什么我做生意之后呢，我还投入这个社团工作？就是这样，一天我们祖国不强盛，我们中国人永远都是做二等公民，我们永远是给当地人欺负。就那时候开始呢，我们就经常参与社团工作。应该是二十多年前，那些老华侨带动我进去潮州会馆。当时我英语、国语、广东话、潮州话、越南话都能说，我们经常会接待祖国的团体、领导来这里访问。

当时我们中国刚刚开放，我们认为西方还有一些优点，如果祖国不经常有人出外来学习，我们祖国就不会有进步，不会发达、繁荣。祖国的人既然来的话呢，那我们作为海外华侨华人，我们就要齐心协力陪他们，来给他们看到当地的优点，也能够给他们要想看到学到的东西，也能够有些意见。祖国出来的人，对世界一些生活文化还不大懂，我们就从旁提醒一下，使到当地人能够尊重。

蒙特利尔有一百多个侨团，有多少真正是注册的呢？有两类性质不同的社团。我们华人主要是出于爱国心，认为我们有责任来贡献祖国。但是新侨呢，认为祖国应该有责任来撑他们，给他们机会发财、发达。我成立什么会馆，我这个头衔就什么会长了，回到国内拿名片出来是什么会长，哇，其实他只有个上班族而已，但他就能够到国内开辟他的私人关系。新侨有大批的人脉在国内，所以他有这种头衔，他做什么事情就方便很多。那我们有什么？东南亚华人的话，在国内的人脉很少，几乎都没有什么亲戚。老侨成立会馆，一定要有固定的人数，它才敢称作什么会馆，新侨他们一两个人就敢成立社团，他们成立的最多。

中文学校

当我做潮州会馆会长的时候，我们潮州会馆创办了中文学校。学生有两百多人，那两百多人是白领阶层，我们等于成人会话班，使到他们了解中国文化，能够沟通。我的宗旨就是，教育能够办得好，人才是重要。我们本身没有人才，我们就向外借。有人提议一个海南人校长不错，可是我们社团好多人反对，难道我们潮州人没人吗？要借外帮人来做校长。那我就说，现在找不出的话，就要请外来人。那如果你有，你就可以介绍来，只要过得我的要求，你就可以请他来应聘。做校长你不能够说好像一天教两个小时就算，你一定要监督先生温习功课，要做好准备，要能够跟头跟尾，把教学当成他的一个职业，这样我们的学校才办得成功，不能够说光聘他两个小时来这个学校管理，这样绝对做不成，结果后面大家没办法就接受我的提议。那我们提出招老师，主要是听你发音怎么样，哪怕你没什么文凭也没关系，所以我们要求老师一定是北京、天津这些地方的人，讲普通话，其他省份我不要，因为带土音太重，我不想我的学生说话，到时候说普通话带土音。如果我们的下一代，台山人讲台山话，海南人讲海南话，那么怎么能够大家团结？不培养讲普通话的话，将来怎么样会好？另外，我们对于老师待遇就比一般的高，非常注意在节日时关照老师，使大家的感情彼此间能够培养起来。我们校虽然小，但是读书之后还有一些运动，乒乓球、下棋之类。但是我们很严格，老师你一定要布置课业，学生课业交给你，你要看，一直到我们办很多个成人班的时候，我们都做得很好。过两年，我不做会馆会长，因为我工作太忙，这个中文学校也就停了。我们做什么事情，天时地利人和三方面配合才可以。

现在蒙特利尔中文学校很多了，十几家。我们刚去的时候没有，后来才有台湾投诚中文语言学校，是台湾一些专业人士的家眷做的。台山老侨有办中文学校，不成气候。广东人办的中文学校不多，就天主教堂办的中文学校，有一千多学生。越华会有做，没几个人，不成气候。他们台山人不鼓励孩子去读中文，意识不强，他们是偶尔读读就算了。但是我们东南亚华人，意识很强，一定要读中文！

蒙特利尔有华文报刊，总共有七八家周报。广府人只有一家，《华侨时报》，是广东人办的，潮州人没有。

蒙特利尔华社

当初我们到的时候，主要还是台山的老华侨，大约应该两万多，很少。他们都开个小杂货店，开个洗衣店，还有开餐馆。找不到一个像样的餐馆，一个超市都找不着，就是好像个小店一样，现在，无论是多伦多还是蒙特利尔或卡尔加里，城市已经扩大了几倍。以前的话就很小，你要找买一些日用品都找不到！

说起与台山老侨的事情，实在是一个悲剧，实在是一个遗憾的事情。到目前为止，不单是加拿大，香港也是这样。以前我没到的时候，印支华人他们叫做难民，逃难的人，就像乞丐一样，这也是很难怪啊，人有时候呢，没有见过天外的事情，也避免不了他有一点偏见。尤其这些老华侨在这里久了，新的来会占他们的地方。我们去买东西，他们就说难民进来了，小心他们啦！好像我们要偷东西。我们去吃东西，就说他们进来吃饭啦，注意下啊，他们吃了没钱，其实没有这种现象发生，难民有他的骨气。其实，难民当时在柬埔寨越南的时候，钱多得很啊。不过，我们也难怪，这是过去历史的一个遗憾的事情。

这里以前没有真正的一个酒楼，都是小餐馆，都是杂碎杂碎，老外吃的豆芽就杂碎。东南亚华人口味不同，做的菜式比老华侨好吃多了，他们餐厅比不过。以前没有真正的杂货店，有两三家小杂货店就算是了不起了，他们很神气讲话，语气很凶的，"买唔买啊？系咁多啦"。很牛的，"睇咩啊？冇啊！"很不客气的。你望多几眼，他就说"看什么啊！"后来印支华人得到海外的资助，开超级市场，开得很像样，在纽约，在洛杉矶都成气候。以前越南和柬埔寨华人，在海外都有存钱，在香港、在新加坡存钱，他们到了外面，把钱汇过去就能够造成气候。在纽约，整条街的超级市场很大，都有我们潮州人啊，互相帮助，他们以前都熟的，"没关系，拿去了"。货都供应给你，你随便卖了就还，他一个货柜等于台山人整个店了。所以老侨的态度那时候就开始变了，"哎呀，真的，这帮人，不是真正的穷光蛋的，哎，这不可小看"。我们但愿他们能够了解就好，大家都是中国人，华夏子孙，何必互相看不起呢？

我们做社团工作，每一次举办活动，我们捐款比他们多很多。他们台山人，一票十五块，他就给你十五块，如果再赞助的话，赞助五块、十块；我们赞助都五十、一百、两百，每一场活动都赞助，比他们多很多，那时候才觉得，"哦，这样子"。后来做成衣的赚钱很多，屋子买的比他们大，同时比他们漂亮很多，不是住在唐人街，都是住在那些好的区，渐渐地这才使他们的偏见消除一些，但是人的固执、偏见不是一天两天能够消除得掉的。

老华侨信天主教的比较多，年轻一代信基督教的稍微多，东南亚华人信佛教比较多。以前佛教很弱，几乎没有一个正规的一个佛堂，我们那边越南人开的佛堂很多，有点规模，后来规模最大的是佛光山，台湾过去办的。佛教得不到政府的资助，基督教、天主教，政府有拨款。我们刚去到蒙特利尔的时候，和尚几乎找不到，中国移民申请来的话，都是出来能够赚钱的人，有劳动力的人。没有和尚怎么会有庙？为什么其他族裔的庙宇这么多，因为逃难出来的人当中有很多和尚，很多尼姑，这在柬埔寨、越南人中很多，所以一来的话，他们就盖庙，有和尚他盖起来就容易，没和尚要盖就比较难。当初我们真的在蒙特利尔找不到一个真正的台山人和尚，找不到，道教是传统性，台山人不信这个。

华人参政

印支华人和台山老侨参政的意愿不是很大，为什么呢？第一，如果他有知识，有学识，有文化呢，他去外面打工的话，他这个收入也不少；第二

林大松（左一）与加拿大前总理哈珀合照

107

呢，他们看到参政的人的时间不多，私人的空间不多，压力太大。反而呢，这边香港移民过去的，整天都会争取，他们有这种生活习惯，一下子讲错一句话就马上明天就要抗议了，在马路上拿起标语，他们习惯这种，所以，在加拿大，都是香港的背景多。到目前呢，我们国内的移民议员，就一两位，蒙特利尔有一位。如果说市议员的话，都是香港来的多，现在逐渐国内新移民议员有了。黄陈少萍，她是潮州人，是香港过去的。我们东南亚华人，潮汕人不喜欢政治，投票积极性就不很高。

如果说现在有几个人能够当上什么重要职务，看起来他的背景也有一半加拿大人关系在里面，好像国会议员邹至蕙，香港人，她的老公是加拿大新民主党党魁杰克·林顿，是西人，才能够有能力去筹款，他们很多是，一半一半，老公是西人或是太太是西人，要不然不容易做事。

林典

口述历史

林 典

时　　间：2013 年 10 月 15 日

地　　点：加拿大蒙特利尔柬华协会

受 访 者：林典，加拿大蒙特利尔柬华协会会长

采 访 者：袁　丁

录音整理：刘　艳

家住磅湛

　　我的祖籍是海南省文昌市，爷爷从海南文昌去柬埔寨。我出生的时候，爷爷已经去世了。爸爸在柬埔寨出生，那时候政治动荡，想回中国家乡，根本回不了。要有很多金钱才行，但是我们的经济一般，因为要养几个小孩，所以爸爸也没机会回海南岛。我们住在柬埔寨磅湛省，爸爸在那个市里做生意，当裁缝。我家有三个男孩、两个女孩。我有一个大哥，我排行老二，还有两个妹妹和一个弟弟。我长到六岁的时候，父亲就让我去柬埔寨一个和尚院读书，免费的。我们所在的那个乡村很小，但是它有一个中文学校。等到了九岁，爸爸就送我们去读中文学校，中文学校要收费。乡下的人都不是很有钱，所以爸爸供几个小孩读书读到小学毕业，已经很辛苦了。哥哥先毕业，哥哥也很聪明，家庭经济过得去，爸爸当时作了一个决定，说："要给

他去读中学也是可以的，但是他读，你们不读，以后你会埋怨爸爸不公平，所以都只让你们念到小学毕业，以后你们要去做生意，我就支持你；你要再去读柬文，我就让你读。"所以哥哥毕业后，就去做生意。我毕业后，妈妈说："你的法文很好，不然你去学法文，准备当官。"所以我毕业后，就去学法文。因此，我学习中文，就只读到小学毕业，柬文也只读到小学毕业。要再读下去，就不行了。因为发生战乱了，战乱之后就没有学校了，所以我两个妹妹只读到小学。我的家庭条件在那里也属于中等水平了，过得去了。

悲惨世界

我的人生有两个极端时期：一个时期我的生活很悲惨；另一个时期我有地位、有荣誉，过得很光荣。生活很悲惨的时期是我在柬埔寨的时候。

1970年柬埔寨朗诺政府发动政变，推翻西哈努克政权。之后朗诺就统治了四五年。当时柬埔寨就分成了两部分，美国控制一边，越南共产党控制一边，我们就住在解放区这边。全国解放的时候，朗诺政府被推翻，红色高棉来了。这些红色高棉的人很残忍，他们欺骗我们说，现在解放金边，你们全体人民要撤离首都。当时我在农村，我哥哥在金边。他们说，不要带太多东西，你们只离开三天，三天后就可以回来了。这是命令，限制你收拾行李的时间。大家都抓紧时间收拾东西，有车的就用车送出来，没车的就步行出来。出来三天、十天、一个月后，他们就不让回去了，那些红色高棉的人都是骗子。

当时钱也没有用了，那时候红色高棉来就没有用钱了，朗诺政府的钱也不用了，所以钱都被丢掉了。那时候就用一点点黄金来交换，市场也没有，所以慢慢开始有病死、饿死的了。那些从首都出来的人要去哪里呢？红色高棉把他们派到各个省份的乡下，去开发森林。没有房屋，就砍大树，用树枝来做房子，那房子都是小小的，先这样住着。每天就给一点米来煮粥，大家都吃不饱。蚊虫很多，加上水土不服，就得了疟疾，患冷患热。得疟疾的人很多，当时又没有药，所以就慢慢地死去了。病死、饿死的人可能要占一半，被杀死的也有一半。

那时候不是排华，开始的时候，红色高棉杀越南侨民，越南人也杀，孩子是无罪的，但是他们也杀，他们怕孩子长大了来报仇。红色高棉开始杀杀杀，杀了很多人，我们华人是饿死得比较多。之后，他们就先清洗越侨，如果老公是越南人，太太是中国人，他们也杀。总之，只要家里有越南人，他们都杀。啊，真残忍。大约半年、一年，红色高棉就不杀了。剩下的幸存者都在乡下生活了。乡下生活，真的很惨。我住在一个乡村，乡村里面也有越侨，他们全部去森林了。当时整个国家的城市都没有人住，不仅仅是金边，是整个国家的城市，大家都去了乡下。

那段时期，我的日子过得真是辛酸啊！我们每天在乡下做什么呢？我们男人都去耕田，女人就由妇女组负责，做女人的工作。小孩很小，就让乡村的老人家帮忙照看。我每天早上起床后就去耕田，耕田的时候，红色高棉干部给每个人分工分得很清楚，一个人负责做多少，这么大块地就是你一个人做。他们柬埔寨人耕田很快的。那时候我很瘦，而且我也没有种过田，只好硬着头皮，拼命跟着其他人做。他们干完活后，还有五分钟的休息时间。人家做完去休息了，我才做了一半，还得接着做。我刚把手上的活干完，他们又开始新的一轮了。他们下来接着做，我只得跟他们接着干，停不了，根本没时间休息，所以每天一连干好几个小时。你做得太慢，红色高棉干部就说你反对革命，他用这种罪责来威胁你。我过得真的很辛苦！等耕田回来了，妈妈就带小孩子去吃一碗粥，然后回家。

当时我们是怎么吃饭的呢？120个人一组，吃两公斤米，就这样吃，每个人分一小碗粥，里面几乎都是水。这样一两天没关系啦，但是一连好几个月，两公斤米根本不够吃。一年十二月中的九个月都是吃粥，根本吃不饱。有时候我们组的组长过来问我："林典啊，怎么样，这个饭好吃吗？"我说："好吃啊。""这个粥好吃吗？""好吃啊。"然后他说："哇，这个人很聪明。"你说不好吃，他就会杀你。"吃得饱吗？""饱。"我一直过着这种提心吊胆的生活，真的很辛苦。大家都吃不饱，就找番薯叶之类的东西，好像猪吃的那些东西，有吃的也没关系，但还是吃不饱。有时候我也被派到别的村子去，很远，几十公里，去干活一个月才回来。那时候更惨了。你在自己村里面，没有吃的，还可以自己拿一些黄金去买几公斤米，慢慢偷煮着吃。但是如果被红色高棉知道你偷吃饭，他也会杀掉你。我们家后面有种番薯之类的，有时候你去偷挖一点点来吃。这些薯虽然在我们家后面种着，但是它们不是我们的财产，是公共财产，如果被红色高棉发现你偷吃，他也会杀你。他不分你的罪是轻还是重，都杀。带领红色高棉的这些干部都没有文化，红色高棉把知识分子都杀光了。为什么要杀那些知识分子？因为知识分子聪明、有学问。当你做错的时候，他可以跟你争辩，那些士兵、教师、歌星、大学生全都被杀光了，就任用那些没读过书的、放牛或耕田的来做我们的干部。他们都没有学问，红色高棉就重用这些没学问的人。

小孩不懂柬埔寨语，当时才几岁，他跟爸爸妈妈讲话，讲中文。红色高棉不让小孩讲中文，他警告我说："如果你小孩下一次再跟你讲中文，我要杀掉他。"讲话有什么罪。我说："他还没有适应柬埔寨的语言，所以他只说几句问吃饭的话，不能计较。""你别乱来，不然以后我真的杀你。"哇，那四年，我整天过得提心吊胆。

你知道我们饿到什么程度吗？我们耕完田后，要种那个秧苗，那田里面有点水，有小鱼、小虾、螃蟹游到我们脚边，每个人都捉来活活吃掉。我说，你吃这个不会得病吗？他说，我这几个月都吃这个了，不然我哪里撑得下去。林典，你试一试，不会怎么样的，我吃过了。我也跟他们这样吃，有小鱼、小虾、螃蟹游过来，就捉起来吃，不管卫不卫生，也没有生病。惨到这个程度。有时候我们在没有吃饭的情况下，还要去工作。红色高棉杀人家的牛，把剩下的牛皮丢在路上。我们经过的时候，看见牛皮，就要拿来吃，翻出来一看，都是虫，已经四五天了，但是味道还不是很臭，然后大家商量，一共十多个人，该怎么办？一个人提议说："哎，我们都要饿死了，怎么办？"我说；"垃圾怎么能吃？有毒啊！"他说："哎呀，哎呀，没有毒啊，你拿去烧干净后再来煮，煮后就没有味道了。"大家就搬去，晚上就做做做，真的没有味道，长虫的牛皮也吃了。这样的事情很多很多，我就讲重要的一些。

当时越南军队开始在边境打仗，要打进来了，我们还在那里工作。有一天，红色高棉派我去别的地方耕田，那时候真的没有吃的，但是工作还是要强迫你做。最后，我们四个人一起进薯园偷采了几个薯吃，被那个组长看见了，他说："你们死啦！""为什么？""来人家的地方你敢去偷这些东西，你们都是敌人。"晚上就叫我们去开会，叫我们四个人拿四个锄头挖泥土，"现在你们喜欢挖多深就挖多深。"要埋我们！吃一个薯就得死。这样就死了，不值得。所以我说："我死之前，可以说几句话吗？"那个红色高棉很凶，他让你讲，你才能讲。他说："可以，你讲。"我说："在死之前，我说几点，如果你们同情呢，就放过我们，你们还是觉得我们该杀呢，你们就杀。但是死之前，我要解释给你们听一下。你们可以去了解一下我们四个人的情况，我们在乡村有没有徘徊、偷懒不工作过，或者乱来的情况，你去问，如果有，你就杀掉我们。我们四个人在乡村里面都很勤劳，没有做过一次错事。现在虽然我采了这几个薯吃了，虽然是犯了错误了，但是我们是为了柬埔寨的革命来工作的，尽力帮你们耕田，但我们吃不饱啊，我们怎么样工作，所以希望你们能理解这一点，不能因为我们吃了一个芋头薯，你们就把我们当敌人，要杀掉我们，这样死不值得，我们要死，也要死得光辉光荣。"我求了一个多小时，另外三个人站在那边，他们吓得要死。我讲一个小时后，红色高棉就让第二个人讲，第二个人也能讲，他中学毕业，他也跟我一样讲，人人求饶，红色高棉就会同情你。四个小时后，红色高棉决定不杀我们了。他说："你们命大，刚好那个越南军队打进来，本来我们要杀掉你们的，但是按照你们讲的，你们在村里面的成绩应该不错，所以算了，以后你们不能再犯了。"我们拜天拜地，OK，这一关过了。

红色高棉很残忍，我谈谈柬共杀人的问题。红色高棉内部分帮派，帮派之间混战。他们就从湄公河那边过来我们这边，我们是在越南边境，其实他们也没有支持越南，就是误杀了。他们来这边控制我们后，清算了很多人，让当过组长的过去开会，一个团120个人，还有乡长、县长，组长就最多了，一桌坐12个人。开会的时候，我在吃饭，他就说："林典啊，今天你家后面有杀人，你不要乱说。"回家后，我跟我太太说："今天我在那边吃饭的时候，他们说在我家后面杀了人。"我太太没做什么工作，就负责放牛，一头小牛和一头大牛。她说："嗯，好像有部队去那个地方，我在那边放牛的时候，那个红色高棉叫我离开那里，说今天人家要在这里办事，有工作。我就带牛回家了。"我有一个小妻舅，他不走，他要看牛，他趴在那个树上，往下看。那时候还没有杀人，到晚上才杀。他叫你去开会，开完会就把你抓起来了，用那个黑布把你绑走。他们不枪毙你，而是分几个警区，几十个人这样，找个晚上，就让那些人站在井边，捆着，推下去。一下推十多个人，但是那个晚上，还有几个人没死，在下面踢来踢去，有的就被踢死了。这是一个朋友告诉我的，他怎么会知道。因为他当时被推下井后，有三个人还在他上面，他刚好有一个竹竿，他握一个洞来呼吸，他的脚也被他们踢，所以现在他走路姿势都有点不正常。那里死了十多个人，死人腐烂的味道很重，风一吹，我在家里都受不了。我这里几十个人是这样死的，这个地区有几千人都是这样死的。

红色高棉统治柬埔寨已经三年多了，我整天过着悲惨、提心吊胆的日子，吃又吃不饱，工作多，又分得平等，我身体也很衰弱，干不了活了。不知道哪天才能解放，所以我真的受不了。当时我想，哎呀，如果这样继续下去，活在一个黑暗的国家，活着还有什么意思？这样活下去也是死，不然自杀死了算了，忘记一切，眼不见为净。有些人就自杀死了。但转念一想，又担心妻子和小孩，有时候晚上睡着睡着就流眼泪了。当时我没想到有一天会解放，我当时想："如果再一年还是这样，我就自杀。"这四年，我真的不想活了，一点希望也看不到。

家破人亡

刚好几个月后，越南军队打进来了。我们还在柬埔寨的一个乡下，我们要去太太的家乡——越南边境，去找亲戚。从乡下到越南边境，大约几十公里。那时候我们没有车，只能步行，大约要一个星期才能到。你要知道那时候有多惨，我的两个女儿很小，都只有两三岁，一个可以走路，另一个要坐在单车上面推着。走路的孩子没有鞋子穿，中午公路很烫，她都不叫痛，很可怜。有时候一天到晚都没有饭吃。有些红色高棉还没全部撤离，到处开枪。我们就停下来，爬到路边的沟里或洞里，不敢出来。我们没有锅、没有米，也不能煮饭，也就不吃了。晚上就在那个洞里面躲着睡到天亮。第二天，没有力气了，但是你还得走，到处都没东西，人都跑完了，你就找找有什么东西吃。

　　后来我们到了越南边境，和整个家族几十个人住在边境，但我们运气还是不好。红色高棉军队打出来之后，又驱赶越南边境的人离开边境，过湄公河那边。当时渡船很少，过去之后，几千个人在那边等着。红色高棉认为越南边境上的人都是敌人，就用大车把你们载过去杀掉。所以我们家不肯过去，在那里拖拖拉拉。差不多过了七天还是十天，边境上的人都过去了，只剩下我们这一帮好像百十来人，可是运气不好，越南飞机来轰炸，刚好炸到我们家。那时我跟我的岳父、岳母住在一起，家人、亲戚差不多一共有三十多个人，当时我们在吃中午饭，一下子就炸死了十个，伤了二十个。我也受了重伤，背后好像中了几十粒弹片，其中最大的一粒弹片插进我的大肠里面。当时我家有二十多两黄金，给小孩分一点，我跟太太每个人十两，她就绑在她的肚子那儿，也不知道是怎么样绑的。我就放在我的帽子里面，装好，缝起来，准备留着有难的时候，用来救济。飞机来炸的时候，帽子炸飞了，旁边一个加油站一起烧了，我的黄金不见了。我太太说："不找了，命最重要，就你的不见了，我还有。不要等一下再爆炸，一起被炸死了。"她去找她的爸爸妈妈，又找不到，死了几百个人，连那个尸体都找不到。我的亲戚中有一些重伤的，肠子都出来了，就这样爬，爬到河边就死了。我家就太太和两个女儿没出事，太太当时大着肚子，快生了。

　　听我太太说，那时候真的很惨。几千个人，不是几百啊，在那码头等坐船过渡。那时候很多人都穿黑衣，没有穿其他颜色衣服的，跟红色高棉的人穿的一模一样，黑衣。因为太苦了，没有肥皂洗衣服，都是穿黑衣，都是去耕田，哪里有白色衣服，所以越南人以为我们是红色高棉的人，就来炸。飞机轰炸过后，我太太迷迷糊糊站起来，还不知道怎么回事。我女儿比较清醒，说飞机轰炸。一看，满地都是死人。太太的哥哥和弟弟去码头捉鱼，逃过一劫，回来看到这样，这么多人受伤，吓得要命。太太的姐姐一只手炸坏了，她也是挺着大肚子。他们赶紧找根竹子，做个简易的摇篮，用来抬姐姐跟弟弟。可是绑得不紧，篮掉下来，把姐姐摔的痛得要命，足月的孩子死在肚子里边。到了一个农村的和尚庙，虽然姐姐把小孩生出来了，但生出来的小孩是死的。不久，那个越南军队又打过来，越南军队的车在公路上跑。因为我们人民跟军队都穿的一样，都穿黑衣，所以他很难分。弟媳妇的爸爸懂越南话，我们就举手上来，我们就跟越南军讲，我们是人民，现在我们太多人受伤了，他看见小孩子和孕妇就知道我们是人民。说："现在解放了，你们可以回你们的家乡了。"那时差不多下午两点多，很热，我女儿也没有鞋，她走在那个公路上，很可怜。

那时候我重伤之后，我又坐船去对岸到磅湛省，那边有个红色高棉的医院。我拿了一个手表，准备给医生，请他帮我开刀，我妻姨给了医生一个手表，医生就立刻给她开刀了。要轮到我的时候，那里有红色高棉的军队，炮也打过来了，医院不能待了，我们要离开，不然会被炸死。医生就用那个大货车载我们出去，说去另一个医院。走了二三十公里，不是医院，而是柬埔寨的一个和尚院，房屋不是直接建在地上的，类似高脚屋，有楼梯上去。我们就睡在和尚院和尚吃饭的客厅里。受伤的人，每天都死好几个。三天了，医生都不给我水喝。我不能喝水，喝水会死的。我的肚子就肿起来了，晚上我痛得叫到天亮。

后来我到越南边境去找医生，那个医生是越共党员。我就准备了一个手表，准备送他，没有花钱。因为他能救我一命，能开刀就开。他清理我的伤口后，说：这里没有手术医生，要送去越南开刀，我们这里军队有军车送你去，不收费。然后，我太太和两个女儿，太太的姐姐一起过去越南。我太太的姐姐的遭遇很惨，她的丈夫、一个女儿和一个儿子当场炸死了。当时她怀孕，也满月了，自己重伤，手炸烂了，一到乡下，在和尚院流产了，生出来的那个小孩都死了。所以她的家里死了三个人，加上肚子里面的一个，一共四个，她还有一个儿子，那时候才几岁，她只剩下一只手。现在她的儿子娶了我的二女儿，成了我的女婿。

到越南后，进医院，医生对我已经没有信心。开完刀，我太太就生了小孩。我们都不会越南话，无法跟医生说话，真惨。当时我太太的弟弟住在西贡，我住的医院在登龙省。他说这里的医院条件太差了，就跟医生说转到西贡去。我在西贡医院那里住了三四个月，天天睡在床上，每天只给你吃一点点，整天打那个海水（盐水）。我太太刚好有个大姐住在越南，她家离我住的医院有一公里多，太太就住在她大姐家。我太太生孩子后，本来应该坐月子一个月后才可以出来活动，但是她三天后就来医院照顾我。来医院可以坐三轮车，但要给钱，不舍得，所以她每天从她大姐家步行过来，再步行回去，天天都这样，好在她没有生病。可是，她天天都要来看我，没办法看刚出生的小孩，就想把小孩送人养，最后她的大姐怎么也不肯。后来这个小女儿长大后很聪明。小女儿的语言——粤语、柬埔寨语、普通话、法文、英文，讲得都很流利，现在潮州会馆做青年组组长。

在西贡医院住了几个月后，我就回家了，在我太太二哥家住了半年，每天找医生来打针、消毒，一年才完。如果我太太没有剩下十多两黄金，我可能早死了，我能活下来也多亏我的太太。

做中间商

我出院一年后就出来做中间介绍人，从事农产买卖，后来越做越大。因为我人很好，人脉也很广，到哪里人人都喜欢，都支持。我的这些朋友来越南，就来我的家，来看我。当时我还病着，刚好有人在柬埔寨运农产品来越南卖。那时候我认识一个姓吴的朋友，我们那里大家都叫他大哥，他跟那个出入口公司关系很好，但是他没有人脉。我的一个同门在柬埔寨也有一些人脉，我也认识柬埔寨的商人。朋友说："林典，你现在生病，也没有做什么生意，如果你能运来十车、大约几十吨的枣过来卖，就给你过伙。"我说："没问题，我认识一个朋友，他认识那个公司出入口的，我让他去联系。"我让我朋友联系后拿价钱来报告，让他去问别的公司，我们不赚他们很多，只赚一点点，这样以后他们才会再卖给我们；如果你赚太多，他就会跑去找别的公司。这是我的生意经，我让朋友按照这个来。但是我赚不了大钱，我的命是赚小钱，够吃够用，知足常乐。所以活着也很开心，朋友尊敬，有难，大家都来帮忙，所以好人有好报。去卖一次后，我说："那个行情怎么样？"他说："哦，比人家好一点。如果你一样，我就卖给你了，大家都是朋友，就当是帮你忙了。"我的柬埔寨朋友还带其他卖家给我，这样，我就不用去工作了。把东西卖了之后，他算工资和分红给我，我就分给那个朋友，跟我一个同门，我太太的姐姐的丈夫那边的人合作一个公司。卖后，他要带黄金去柬埔寨，用越南钱购买黄金，一买就是几十两黄金。他相信我，他说："林典，你帮我买黄金。"他们就去越南的花花世界唱歌跳舞。等他回去的时候，他就来算账，他把剩余的黄金带回去了。我在黄金里面赚一点点利率。

我经常在金店买黄金，都是熟客了。有时候买黄金，公司还没有给我钱，但他们要先带走一些黄金。我就跟那个卖黄金的老板——柬埔寨越南华侨赊账。柬埔寨华侨来越南做生意都很艰难的，几乎不会相信别人，但是因为我和太太人很好，所以他信任我两公婆。我也不敢赊借很多，我想，我们自己还有一点钱，要不先给那个卖黄金的老板，向他借十两黄金，不够的部分可以算贵一点，算利息。把那十两黄金交给那班要先走的人，他们去拿货后再来，另一些人要晚一个星期才走，这样才能做成这一单生意。我跟卖黄金的老板说："那你就算贵点，我欠你的，你就算利息。"他说算一点点，九九，后来他说不用了，不用算这些利息。我一直和朋友做生意，我负责财政，每个月都有钱分，一两、二两，一两年后，每个人就有一二十两、三四十两黄金赚，这个已经很多了，那时一两黄金够花销一年。做了大约两年，我在西贡出名了。

后来柬埔寨的行情不好了，别的公司都去泰国了，那个合作公司也不来了，大家就开始没有生意做了。所以人家说，机会是一朵花，它来的时候，你能捉多少就捉多少，所以我们赚了两年。赚钱后，我们中有一些人还剩下一半，但也有一些人出国玩，钱都花完了。我回到来这里，也花完了。因为我这个人太直，经验也不多，在越南就被人家骗了，怎么被骗的呢？当时我要出来的时候，还剩下二十两黄金。我就买那个插板，寄来加拿大卖，这个生意当时很赚钱。一百块的本钱可以赚两三百利润，感觉不错。当时一个朋友就帮我带来，我说："你卖后赚钱了，我就分你一半。"上次剩下十多两黄金，就给那个越南人做这个生意，总共大约赚了几千美金。他说："有些人要去进货，到时你可以寄给他一点钱。"你什么都不知道，我们也不了解那些人。他说他帮寄。那些人来到这里，我去找他们，他们不给我东西。他们说："哦，在我们过来的路上，进新加坡的时候，船被火烧。"我知道完蛋了。我去告谁啊，我真傻。所以在越南赚的钱就这样损失了。

移民加拿大

当时我太太的三弟在加拿大，他是1986年过来的。在他的帮助下，我和太太、女儿才移民到加拿大。最初，太太的弟弟担保我移民，我去见移民官的时候，他知道我是假冒的兄弟姐妹，所以没有通过。那时候我就问那个官员，我怎么样才能来加拿大？他就给我一个建议，他说，你要让你太太的弟弟找多四位一起联保你，五个人担保，你就可以来。我太太的三弟就去多找了几个朋友，一起做一个联保寄给我。一年后，我们又去见移民官，这次就通过了。当时我和太太，还有三个女儿，一起过来加拿大。我们是以难民身份过来的合法移民，从越南坐飞机过来加拿大。当时加拿大的一个政策是，政府先帮你出飞机票，你来加拿大后慢慢还，一个月好像还几十块这样。没有，就先欠着；有，你就还。一个月好像五十块，几年就差不多还了七八千，还清了。

因为我们是由五个人联保过来的，所以我们到加拿大后，如果经济出现问题，这五个联保人就要负责我们的生活，政府不负责，跟政府没关系。我很辛苦，每天缝衣服，读书回来要缝衣服，挣钱交房费，支付日常开销，自力更生，所以我不会连累他们。我们一家来到加拿大，都念叨人家的功德，谁都没有连累。五个联保人好心联保我们来加拿大了，我们要刻苦。在红色高棉这么苦的环境下，没饭吃，我们都干得了。来这里，为什么不行呢？我努力工作，我跟我太太两个人一起缝衣服，并去读法文。当时读法文，加拿大政府每个星期给一百多补贴，让你读七个月法文。七个月后，我就毕业了，在家里缝衣服，缝了大约十多个月，我太太的弟弟说："你懂缝衣服，你不要缝了，我去开个制衣厂，你就帮我看厂，我去老外那边拿货。"他的法语很熟练。我就跟他合作了两三年，后来他看见我对制衣厂的业务都很熟了。他说，他去做别的了，这个厂就卖给我。我就买过来，跟太太两个人做，一做，就做了八年。那时候我也不是奢望很富有，但是制衣厂的压力太重了。你拿他的货，一千件，跟他签一个合同，几个星期还给他，如果货交得不准时，那个大公司不拿你的货，我要负责赔这个款，压力很大啊。所以自己也做，工人也缝。早上做，赶货，要去追货、送货。有时候早上还没有喝咖啡、吃一点甜品，就工作了。赶货紧张，要赶货给他，不然要赔他。中午又没有吃饭，干到晚上才吃一餐。工作一整天，晚上六点工厂工人下班了，我吃点饭后，接着去收货。收货来工厂，明天工人进来，才可以做。十二点才回家睡觉，有时候要做到天亮。这样一直干了半年，我整个人都瘦了，只剩下四十多公斤。为什么不请工人去送货呢？这里工人的工资很贵，一个小时十多块，请不起。当时人多的时候，我的工厂有二三十个工人。华侨也有，越南人也有，寮国人也有，老外比较少，所以你做到胃出血都不知道。赚这个钱真辛苦，但如果我不做这个，又可以做什么呢。太太也很惨，她也一天做到十一二点才回家。我们都觉得这个生意很辛苦，我干到进医院都没有停，做到这种程度。有一次我差点死在制衣厂里面了，出院后我和太太就商量，这样再做下去，我倒了，你也倒。留着青山在，不怕没柴烧。于是我把制衣厂卖了，赚了十多万美金，那时候也算很多了。

投资柬埔寨

离开柬埔寨出来以后，我自己发过誓，说我永远不回柬埔寨了。但是现在不像以前，现在发展不错，生意很多。有个朋友在柬埔寨做生意，他说："哎，林典，你不做制衣厂了，就跟我去柬埔寨投资吧。"1993年我就去柬埔寨投资了。在我的发动下，大家筹集了一百万美金，我拿着这一百万美金，全部去投资房地产，干了五年。因为当时柬埔寨政治不稳定，贪官很多，所以去柬埔寨投资房地产的一百个人中，有十个人成功，九十个人失败。1993年那时候一百万是很大的一笔钱。如果你买房屋，可以买五十间。我们不买房屋，买一两间后，我们就去买地皮，人家说以后地皮赚得多。房屋的投资都在建筑里面了，所以它涨价不会涨多少，你买地皮，无论你买多大，都能赚很多，它涨下来，有时甚至一块钱可以涨到一百块，所以我们就买那个地皮。那两间房屋也升值，它没事，但是我们买的那个地皮就有事了。

我买这片地，花了三十万美金，付完钱，政府给了批文。但这些地都是官员的，政府以前给他们的，最后，有三十个人说，这块地是以前的政府给他们的，金边市长说这个块地是给我们这个组织卖的，是我们的。最后没有办法打官司。当时我买这个地皮,花了三十万美金,现在它的价格涨到一千万美金。我自己回加拿大拿十多万做加油站,做了差不多十年,赚了点钱,就拿去打官司,要拿这一千万。我并不是想拿一千万,只是准备拿一半或者百分之三十就好了。我这样打官司,打到那个首相都签字给我了,让我和跟这些拿地皮的和平解决。但是这些人都不肯跟我和谈,他们30个家庭,每人拿一万去给那个法庭,法庭就看谁出的钱多,就判谁赢。我一个人怎么跟他们30个人拼啊?最后我这十多万又得拿去那里,打这个官司,花光了。打到最后,我们的公司也花了十多万,最后还是没分出输赢,没有力气打了,我就退回来。原本想带领大家赚钱的,但是运气不好,带着大家亏本了,于是我又回加拿大开那个小制衣厂。

我一有钱都想去柬埔寨和越南投资。为什么当时有这个想法呢?因为我看到那里的老板生活得都很轻松。在那边,我有很多朋友,他们做生意,工人费用便宜。一个人在家里都雇用两个工人,一个月给他五十块美金,他就为你干活一个月,多的有八十块、一百块,我们这里工人工资最少都要一千多。所以做生意,你都不敢请他们,就只请几个工人来家里,包住包吃,所以柬埔寨和越南朋友的生活就跟天堂一样。我朋友里面有很多大老板,身价高达几百万、几千万,整天过得像神仙一样。早上起来,喝咖啡,闲谈时事,开开玩笑,中午就回去吃饭、睡觉。下午出来找地方享受按摩,两个小时,一个小时五块美金。晚上又回去吃饭。晚上还有节目,唱卡拉OK,去舞厅,都有美女陪。而且不用花很多钱,整天这样享受,自己有自己的生意,他们的钱比我们多。

我有一个朋友,他买了几间房,收入三四万美金,他应该有几百万了,他就过这种生活。另一个朋友跟我是同乡、死党,他不是很有钱,但他的财产起码也有一百多万,他开了个舞厅,卡拉OK,他晚上陪客。我到那里后,每晚上都在那个舞厅跟他玩,跟他吃饭。晚上他陪客人陪到两三点,然后睡到第二天中午十二点,客人就到咖啡店里,我也去了,天天在那里等我。那他们为什么会欣赏我这个人,喜欢见到我呢?因为我这个人到哪里,就把哪里的气氛搞得很热闹。我的长处在哪里呢?讲笑话。谈平常的事,他们也会笑。我的笑话很多,一天到晚讲几个,天天换新的,所以我到哪里都有朋友。所以想在那里赚一点钱，自己用苦力去赚这个钱。但是命不好，去尝试了三次，都以失败告终。

现在我还有一个公司在那里，种柚木。七年前开始投资，为什么我会选择这个柚木来种呢？我的一个好朋友从多伦多过去，他就带我去，那时我已经失败两次了。他说："有三个选择给你。第一，种木薯。半年可以收获，但是你们要来这里工作。第二，种树胶，六年还是四年就可以收获，但是你要这里监督工人，不然树胶园的树胶都会被他们拿去卖光，所以要去看着，我看不了。"我说："这个不行。我的加拿大合伙人都很有钱，他们不会去做这个的，我又去不了。那还有第三个是什么？""种柚木。你们不用过来，我可以请中国的技术师来帮我们种，先跟他签好合同。收获后，给他百分之五或者百分之十的分红。工钱怎么样，大家就来商量。"最后，三个人都选择种柚木。你要开始投资一个生意，它吸引你，你才会投资。你们都知道，这个柚木就是木材大王，是最贵、最好的木材。但是它的投资时间长，十年才能收获。我说："一个公顷要投资多少钱？"朋友说："大约投三四万就够了。""那十年后一公顷能卖多少？""二十万到三十万。"你看，利润很大的。他说："你不相信，你可以到那个网站，查柚木的国际市场行情。"我让很多人帮忙查，真的是这样，利润很高。但是时间太长了，要十二年。如果投资十五年，柚木的价格更贵。我说："拜天拜地，十年后我卖到十万，我就多谢老天了。"其实我不敢想太多，你投资三四万，赚十万已经很多了。现在还没有卖，还不知道到时怎么样。其实它有这个行情，能有十万就够了，如果能卖十五、二十万，那就更多。所以，我说："哎呀，做一生，就是能赚钱，赚那个辛苦钱。"我们就决定种柚木了。天然生长，等到十年后，我就拿这个钱来花到老也算了。去年，我去看的时候，它已经有十多米高了，都有这样大，你去看一下就很开心。一百六十公顷，很大。一个公顷有多少？十五亩。柬埔寨算公顷，那田地也算公顷。我们公司有一百六十公顷。有些人有时候说："林典，你投什么？一投资就是十多年，到时树在人不在，怎么办？"那时候我刚67岁，我说："你不要讲这个，我们都是长命百岁的。"本来六年间，要砍掉一半拿来卖，这样可以让剩下的柚木长得更快。你不砍掉，它一起长起来，不好。现在没有找到市场，还没有砍，本来要砍一半出来。前几个月，有一个中国的公司去看，看后，他也买一些地在我们旁边，他要买我们的地皮。我说："地是不卖的，要买就连柚木园一起买。"他们说可能里面有煤矿，所以他可能会进来我们这里。我们公司的人也都很聪明，不能卖完，要卖，也只能卖一半。以后剩下那一半，我们又发财了。我说："OK，那就决定卖一半，就卖给他六十五公顷。"讨价还价后，他一公顷给两万美金，大家开会讨论后，决定卖一半。留一半，以后怎么样就怎么样。先卖一半，收一些本钱回来先。六十五公顷，一百三十万美金。要签合同时，那个中国公司出问题，破产了，所以它不能来买地了。柚木园还在，柚木园有收获，无论赚多赚少，起码有赚，没被人家拿去。每一年都有向当地政府纳税。所以我就不理那里了，我用这个时间来搞这个柬华协会，当柬华协会的会长。

柬华协会

我开始在潮州会馆做事，当公关。我的特长就是当公关。我在潮州会馆当理事当了四年，组织了一个西乐队，搞得有声有色。一个乐队要一万多加币，我就去找潮州会馆的两个会长。在潮州会馆的支持下，乐队建立起来。潮州会馆副会长张盛典捐了一万多，最多。气氛搞好之后，乡亲们结婚，孩子结婚，都会请这个乐队去表演，工作一个晚上，人家给一千块，我们都交给潮州会馆了。我把乐队做得有声有色后，柬华协会的筹委会们就请我来做会长，我就离开潮州会馆，把乐队交给其他人去做，我就升做顾问。

我重开制衣厂不到一年，这里柬华协会就没有人当会长了，那个筹委会就想到我了，约我吃饭，我就知道他们要请我做会长，推说没有时间。他们说："看在我们这三个人的面子上，能不能请你喝一杯咖啡啊？你不会这么不赏脸，连一杯咖啡也不喝吧？"我说："你们这个筹委会真是厉害。我可以喝咖啡，但是不当会长。"他们说："可以，你出来喝咖啡就好了，不用当那个会长。"他们就骗我出来，就在唐人街店里喝咖啡。喝后他就谈，说："林典啊，你看你帮潮州会，你身为柬华一份子，现在你应该帮柬华的忙，你想，柬华协会如果没会长就倒下去了。"我说："倒，就不会。"他说："现在没人当会长了。"我说："你让我现在来竞选，有几个人？"他说：

"有四个人，有张伟文，你，还有林景波、孙敏娥。你只能在这两人之上，在张伟文之下。张伟文是副会长，他也很有钱，比你先入会，所以你现在来竞选，预定会长是他，你就做副会长。"我说："现在我愿意做副会长，我不当正会长，你要同情我，真的。当会长要时间，要经费。你要做生意，如果做会长做得不称职，你就得一个骂名，不好当。"他说："哎呀，你当副会长了，能帮就帮了。"我签名的时候，一个筹委会委员说："我们柬华协会活了，不死了。"我说："为什么这样说？"他说："你不懂，以后你就懂了。"

等到投票竞选的时候，那个张伟文退选，我进那个骗局了，剩下三个候选人，他们全都投我的票。我就骂那个筹委会。我说："你们这些老人家，真的给我设骗局啊。我们柬埔寨人都很老实，为什么你们就这样设骗局骗我。"他说："林典，我拜托你不要找我麻烦，我也不知道他半途退选。现在你当了，下面我们这班人都会支持你的。"没办法，已经投票了，成定局了。我要当那个会长，什么都不懂，连柬华协会的地址在哪里都不知道。

其实这十多年来不简单，平常人家当一个会长，两届后就跑了，为什么？因为有的人他太太不大方，你是会长的话，就要出钱、出力、花时间，而且你知道，女人对金钱都很重视，所以不论大钱、小钱，会长都得花钱的，该花的时候，你是要花的。我的太太最初也想不明白，但是我做两届会长后，她就被我说服，明白了。我说，人生不容易，我们能九死一生活下来不容易。当时飞机轰炸的时候，她也在场，她怀孕已经快九个月了。

我们的名誉一向都很好。为了不落得一个骂名，我要兢兢业业把这个柬华协会做起来，责任真的很重。我2000年刚来的时候，柬华协会剩下一万多块，他们搞了一二十年，剩下一万多，这么辛苦。我来当第一届，剩下一万多，现在我们柬华协会的存款有十九万多。为什么我能做这个会长这么久呢？这里我讲讲重点：我这个人很随和，开会争论问题的时候，我不会记仇，听大家民主的意见，等一下出来的时候，我就在那里解决问题，不要让他们有矛盾，我就讲给那些不明白的人听。我有这种办法，他们相信我的判断能力。我说："我们开会的时候，我是会长。但散会后，你不要当我是会长，不敢跟我亲近，你就当我是你的朋友。"我们很平等，好像兄弟一样，所以我退不了。

東华协会，每一年的联欢，以前我捐两千，慢慢做太久了，可以捐一千五，最少就一千。别人两三百就够了。我这个会长要交这个钱。不是花在我们会了，主要是花在各种应酬上。红白喜事，我们都有份。为什么我们的会有钱？我做事很有原则，每一个会员家里死人了，我们会有一个福利组，我要带头去悼念，从两点坐到晚上九点。第二天再去，第三天送殡，之后十二点吃完平安饭，我才回家。有时候我要给那家人一百块，有些是认识的人，就给一百，有些就给七八十，我做了十二年，你算算一年要死几个。这个费用不少。做这些福利工作，他才会给東华协会捐钱，不大有钱的就捐五百，有钱的就给一千。有钱的，人家给他们的，他们收后分成两个会，好像七八千，一个会四千。红事，我们就去帮忙迎宾。有些给五百、一千。所以我们才有这个钱，到今天我们才有20万，这要花多少心血去做这个事情。荣誉不是容易来的，所以你要带动，你这个会长要出马。

如果你问我，为什么他们做，没有钱，我做，剩钱这么多？它有一个理由，我做的时候，他们举办庆祝会，以前有三四百个人。我来之后，开始第一届有五百人，后来做到六百多人。这里全部的老板，都被我请来了。以前的理事会有十多个人，我来之后，理事会的人数达到七十个人。为什么我会这样做？我在潮州会馆那里呆过，学他们的。为什么理事会人多呢？人多力量大，有时候人多事多，看你怎么样做。我就拉潮州会馆那里的理事也来柬华协会这里当理事，他们都是柬华的人。那你进这个理事会，你不帮柬华，怎么样交代？所以他们一来，两个会都帮。你帮一边，不帮另一边，你这不是得罪人嘛，我就借助那边的力量。我当柬华协会的会长，帮柬华，照样也帮潮州会馆，这是我应该做的。以前两个会是不和的，现在我来当柬华会长，主张大家都是一家人，我为两个会的团结做了很多工作。我当这个会长当了十四年，潮州会换了四个会长，我跟潮州会每一届的会长关系都很好。因为我主张沟通、平等，大家互相支持。这个不简单啊。你要有说服他们的办法，这需要天赋。

我2000年来柬华当会长，台湾地震，柬埔寨大水灾，当时我跟潮州会馆的关系还很密切，两个灾难就捐了一万多美金，到2001年，内蒙古发生暴风雨灾害，我们跟潮州会馆联合办捐款，捐了六千三加币。2005年，印尼的南洋海啸，捐了四万五千。2006年，我跟张盛典去柬埔寨嗊吥省旅游，看到一个学校建了一半，学生在那里读书，它原先是法国支持修建的，建一半后没有钱就停了下来。张盛典很有心，问他们这个学校修建完工还需要多少钱？他们说十多个课室，应该将近三万就够了。我们两个就去找捐款，我们自己也捐了几千块，最后总共捐了2700美元。我们把钱寄到嗊吥省去，把学校建完。2006年，捐钱给柬埔寨磅清扬省挖水塘，这个省份没有水，人民耕田很辛苦，我就去帮忙找了四位有钱的老板，每个人捐1500元，挖了四个池塘。2008年，祖国十多个省份发生雨雪灾害，当时柬华协会和潮州会馆联合举办捐款活动，捐款数额高达二万八百多。2009年，台湾又有水灾，我们民间积极捐款，筹集到一万多捐款。2010年，海地发生地震，两会一共捐了六千多。2010年，青海地震，两会一共捐了四千五。2013年四川雅安地震，两个会捐了二万多。所以在这段时间，我也做了很多事情。如果你当不好这个会长，组织不好捐款捐，别人就会不支持你。

社会活动

现在我是全加华总会的第二个副主席，我当了两届副主席了，国庆等一些佳节，我们就当带头人。国家级艺术团的四海同春来，领事馆都叫我们去协助、帮忙。我还做那个世界越柬寮的常务副秘书长，越柬寮本身没有存款，每一届秘书长都要组织筹委会满世界地去筹款。他们说："要当筹委会副秘书长，一个人起码要一万。出五千，只能当荣誉顾问。但是林典，你不用出那么多，你的工作能力很强，我很需要你。你只捐两千就好了。"所以我真的没有办法，人家看中你了。

我在2009年去新加坡参加世界海南乡团联谊会的时候，我一直想跟海南会会长联合一起，因为我是海南人，虽然当了柬华协会的会长，但那个会我也有份，所以每两年一届，我都跟他们带团去。结束新加坡的活动后，我带一个由二十多个人组成的团队前往海南岛。我到海南岛，得到了侨联、侨办还有省政府的热情接待，为什么我能得到这种款待？那是因为我要出国的时候，大使馆工作人员说："林会长，你要去中国的时候，你给我资料、名单，我会把你们的行程寄给当地的侨联、侨办和政府，他们会负责接待你。"我说："不用麻烦了，我自己在那里也认识一些朋友。"他说："不是，我们大使馆介绍你去，人家接待你，会不一样，你自己去，好像朋友一样，不一样。"我说："哎呀，给大使馆添麻烦了。"他说："应该的，这十多年，你以为你为祖国作的贡献少啊？接待祖国的考察团，参与祖国的救灾活动，一直以来，你都有份，所以你这十多年，你以为你做得少吗？所以国家负责接待你们也是应该的。"所以我每次回中国，我都给大使馆名单。无论到哪个省、哪个城市，从头到尾，都有当地的侨联和侨办来接待我们。所以我回来后，就打电话感谢大使馆。

2011年，我带一个团二十多个人去香港开海南会，顺便又带了五十个人过去海南。今年2013年，我带一个三十九人的团去印尼，印尼有一个巴厘岛，我就带他们去那里度假一个星期，后来飞来棉兰市开海南会。今年刚好有四个大会，我们

10月26、27、28日去参加印尼海南人会，11月6、7、8日在重庆开世界越柬寮华人团体联合会，我带三十七个人去那里。离开重庆后，我就带一个二十七个人的团去澳门参加世界广东同乡联谊大会，12号，我又坐飞机去武汉，参加国际潮团联谊年会，这次我不是团长，所以我很轻松。人家带一个团队就累得要死，我带三个团队，要负责登记、汇款、订旅店，很多琐碎的事都要忙。

　　人家说："你这样拼命，得到什么呢？"我说："这个我也说不清楚，你说做这个是为了钱，那我年年都花钱，起码不少于一万。""那花钱，你还是喜欢做？"我说："有一些东西不是钱可以买到的，比如我今天的荣誉和地位，你拿一百万也买不了。到社区，人人都尊重我。我去中国，都有领导人来接待我。中国领导人来加拿大，中国大使馆都邀请我去帮忙接待。每到中国，大使馆都让我给他名单，不给我这样空去，是国家负责接待。我现在跟大使馆形成了这么好的关系，这个荣誉是钱买不到的。现在领事馆每次有事，都请我去帮忙。"所以做到今天。中国领导人来，我经常要去接待。2003年12月10日，温家宝总理接见过我，总理接见的人都是拟定名单的，要有大使馆的邀请函。2005年9月份，胡锦涛主席接见我，2010年6月，胡锦涛主席第二次来，我又被接见了。这边有上百个社团，只约一二十个被接见了。有时候你会得到什么东西，你自己都不知道。你说重要，也不重要，你说不重要，也重要。

林恭财

口述历史

林恭财

时　　间：2013 年 10 月 22 日

地　　点：加拿大多伦多戴斯酒店

受 访 者：林恭财，加拿大安省潮州会馆副会长

采 访 者：刘　进

录音整理：刘　艳

从柬埔寨到越南

　　我祖籍广东澄海，1960年在柬埔寨出生。我家住在柬埔寨菠萝勉省一个小城市巴南市。爷爷曾在中国大陆参加革命，被蒋介石通缉，才带整个家庭逃到柬埔寨，当时父亲很小，才六岁。爷爷在柬埔寨经营木炭生意，把木材锯后，拿去烧炭，当时家里一共有八百多个工人。1970年，政变一发生，爷爷的炭窑生意就断路，被分割掉了，也就没有生意做了。1972年，红色高棉和朗诺军队还在对峙，爷爷因为高血压突然去世了。

　　我当时家里通常都讲潮州话。我有五个兄弟姐妹，我最大，老二是一个弟弟，接下来是一个妹妹，再下来，是两个弟弟，最小的弟弟小我十岁。我奶奶的父亲以前是教书先生，小时候，奶奶就教我们《三字经》。小时候，下午睡觉的时候，她念一句，就跟她念一句，一路背到自己累了就自然睡了，所以小时候《三字经》都能背诵出来。六岁的时候，我上华文小学。1970年朗诺政变，亲王倒台，不让开办中文学校，柬埔寨的中文学校全都停办了，改去上当地的柬埔寨学校。因为父亲做生意，到处跑，他说柬文只可以在柬埔寨用，根本没用，就建议我们去读英文和法文。

到了1972年，我们那个地方被美国飞机炸毁了，家里全都被炸毁了，爷爷带我们到乡下，刚好美国情报打听游击队在那些乡村活动，就派飞机来轰炸，刚好我们就在那个乡村里，当时我才十二岁多，看见第一颗炸弹就炸到牛那里，我还喊说："哇，你看那飞机那炸弹炸得两只牛都站起来了。"然后我大姑妈说，飞机在轰炸了，赶快进屋。我们躲到叔公家里，第二颗炸弹就炸在叔公家里，就把那房屋炸烧掉，我们就逃，因为柬埔寨乡下的房屋，我们叫高脚屋，下面是空的，逃过一间，炸一间，逃过一间，炸一间。大概中午十二点就被他追炸，炸到晚上，差不多天黑了，五点多，他投放燃烧弹，全部的房子全都被烧掉了。由于在家乡待不了了，父亲就送我到金边去读书，读英文和法文。

1975年政变，大家被赶出来，出现难民潮，我们就一直步行，花了三个多月的时间才逃到越南。当时奶奶都很老了，七十多岁，但是我们还是把她背到越南。我们到了越南边境，刚好越南收到中国政府的交涉，就说跟柬埔寨抢居民，所以除了让越南人进之外，所有华侨都不让进，我们又被赶回柬埔寨去。在被赶回柬埔寨的时候，父亲就让我和我排行第二的弟弟两个人先过去越南那边，去找父亲的朋友。因为在逃难的时候，父亲曾经给过这个朋友半包大米，当时是没有粮食的，你有钱也买不到。过去以后，我写信给父亲的朋友说，我父亲、母亲、姑妈、奶奶，整个家庭一共十八个人，全部都被赶回柬埔寨了，就剩我和我弟弟。那个朋友一收到我的信，在西贡立刻跑到边境那边接我两兄弟过去，到西贡跟他一起住。

父亲就被赶回去在当地耕作了大概三四个月，刚好跟他一起被赶回去的另一个朋友的弟弟以前是在邮政局做文职，是高干，看到很多越侨回去都有通行证，他们借用假冒的通行证，夹在其他人中逃到越南。我们一家又团聚了。

他们不在的那段时间，我父亲的朋友自身难保，负担不起我们，初时在他家里吃饭，因为我们之前好像是当惯了少爷，都没做过工作，连锅碗都不知道怎么洗。在这个父亲朋友家住了大概快三个月，后来他让我们两兄弟搬出来住，也是父亲在越南做生意的朋友给了一间房间，没有收房租。

当时越南已经解放了，找工作，他们又不请，而且当时我们年纪又小，1975年，当时我十六岁，没办法，通过别人介绍，两兄弟在街市卖木须糕，但是当时不懂讲越南话，就请教人家应该怎么样叫卖，拿着那木须糕就一路卖。当时要一清早就走到三四公里远的一个地方去拿木须糕，没有交通工具，要赶回来，在人家早市还没开档的时候，人家还没吃早餐，就可以卖多一点。这些买卖就只够糊口。当时逃到越南的时候，母亲就给我们兄弟俩每人身上带着两个黄金首饰，那黄金很重，缝在裤头上面，一路走，一路响。到越南后，没有东西可以变卖，当时因为水土不服，两兄弟又都生病，得了疟疾，一会儿发冷，一会儿发热，就变卖那些黄金首饰，买西药吃。弟弟病好，就轮到我，可能是传染，隔壁帮刮痧，两三下，就从红变黑。虽然病了，但是还是要去卖那些东西，为了生计，所以知道生活不简单，而且自己也要咬紧牙根，生存。好在三四个月后，全家人冒用越南侨民通行证过来，全家人才得以团聚。

苦练偷渡技巧

1976年，父亲安排去偷渡，他的一个朋友以前在柬埔寨其他省份教书，他们想偷渡，父亲就嘱咐他们照顾我，让我一起去。当时就我一个人，因为一个人大概要十八两黄金，我们家里人又很多，没有办法负担得起，所以就只安排我一个人跟他们出来。当时偷渡，就是偷偷摸摸，打算订艘小船溜走。我父亲的朋友是个校长，他订好了船就过来载我到一个比较偏僻的码头下船，我以为像坐轮船旅游一样就可以偷渡，谁晓得下去的时候，那校长说，把衣服全都脱掉，剩下底裤，哇，那么样白，人家一看就知道你不是船民了，就要我冲凉，然后晒太阳，让它晒黑。晒不到两天，就发高烧了。皮肤脱皮，特别痛，晚上他就给我涂牙膏，一涂就很清凉，还可以睡，第二天还是要照晒。我跟船跟了三个多月，在湄公河当船民，那个船大约十二三米长，当时偷渡的时候，不可以多人，只有七个人。偷渡要看机会，不是一下子就可以溜了。当我们打算要走的时候，在薄寮，因为它拖的那个驳船的船主是一个旧军官，他杀了很多越共的人，原本是拉政府的木材，可是半途，他有阴谋，想干掉那个跟船的干部，那个干部知道后就跳水逃掉了。我们的船拉他的驳船，还没出公海，驳船船主被抓，驳船被公安扣住。那个城市特别有名，因为那里蚊子特别多，白天船在走，蚊子还在飞着叮着你，用手一打，全都是血。被关进去后，父亲还要找人帮忙打点，用了三两黄金才把我从牢里救出来。我在牢里也被关了大概有三个多月。那校长倒是挺讲义气，出来以后还是再组织偷渡，但没有再收我们的钱。可是1976、1977、1978年总共偷渡了三次，照样被人家发现，没有成功。被别人发现后，又被关，又要用黄金去救。后来从牢里出来后，父亲说，因为你要在海上漂，所以要我每天在游泳池练游泳两到三个小时。游泳池有一个转圈，是一个铁架，一上去，有人一弄，它就旋转，模拟水里面的漩涡，刚练很快晕掉，后来我可以在上面转一两个小时都没事，不会晕，练过之后就不会晕船。那时候是一种锻炼。

当时我们来到越南，为什么不敢谈恋爱？因为不晓得自己的命运会安排逃到哪个国家，这些都是未知之数。我们这一批逃难的柬埔寨华侨，不认为越南是自己的栖身之地，还是要走。越南也有一些人从南方逃到北方，然后进入广西，再逃到中国去。可以说，我们柬埔寨的难民去遍整个全世界，分布在不同的国家，各有各的去处。

错进印尼难民营

1979年，越南实行半公开的移民政策，就是向政府纳人头税一样，每个人向政府交12两黄金，就可以走了。当时父亲没有钱了，就只能靠介绍朋友，每个人半两，介绍得来的费用就供我两兄弟出来，当时介绍了百多个，都是我父亲介绍出来的。等于说，没有向我两兄弟收介绍费，当是礼馈，我们兄弟俩就这样出来了。

那是1979年5月份，原本那舵手是想到马来西亚那边。那天晚上有三条船一起出走，其中两条是铁船，那两条铁船都一百多米长；我们的船是木船，长24米，却坐了438个人，人挨人，而且那船分成两层，每个人跟沙丁鱼一样，脚都不可以伸长的，一个一个靠着坐，从头到尾都是这样。要上厕所的话，你就要借路，慢慢到后面的厕所。那两个船长有经验，出港出了一半，看到起风了，不敢往前走，都掉头回去了。我们船的那个舵手原来不是正式舵手，是假冒的。因为当时如果你是舵手，就可以免费和家眷一起出来。一出来的时候，我们的船长什么也不懂，就往直走，遇到风浪的时候，才知道，哇，糟糕，遇到风浪了，反而第二舵手，驾船的二手原来是捕鱼的，出过海，比那船长懂。遇到风浪的时候，船长都晕船了，不省人事，倒在那里。我们就靠那个二副驾船，当时船也进水了，很多人都晕船了，只有十几个没有晕，我也没有晕船，我弟弟晕船了，他以前没练过。我就跟那些没晕船的人到船底下用抽水机把水往外面抽，也用桶把船里面的水往外面泼。当时你可以听到，很多人念菩萨，阿弥陀佛，主啊，老天爷保佑这一类，念经的念经。船遇到风浪，特别危险。因为它一上，也是很高，一下来的时候，好像整条船被甩下去一样，你也时常听到船上螺丝发出"咦喔""咦喔"的声音，不知道几时它会散掉了。当时应该是遇上台风了。可以讲，险象环生，幸好最后大家都没事，风浪过后，大家还活着。很多人都许愿，如果死不了的话，会吃长斋或吃多长的斋之类。有些人上了岸之后，就吃斋，感谢佛祖保佑他。我有空，也会去拜庙。

我们在海上走了三天四夜，原本是去马来西亚，但是风浪平息以后，又遇到泰国海盗，看到那海盗开枪，叫我们停船。但船主以前当过越南干部，他带了十几支枪，就派发，家里人也有一百多个跟出来，就分好，在船的上面那一层，那时候是晚上，上好子弹，一二三也是往天上打，示意海盗，你过来，我们也有枪。船的马力也开足了，原本是一部机器，后来也开动了备用的那部机器。就冲，好像是跟海盗赛跑一样。海盗的船也不小，可能是渔船，有很多船都被他们洗劫了。幸好我们避过了。

风平浪静的时候，我们以为是到了马来西亚，原来是到了印尼。印尼的油田很光亮，就特别高兴，说到了目的地，后来才发现到了印尼，不是马来西亚。船长就一个人上去，船长上去不久，就被赶下来了，因为人家根本不明白他在讲什么，语言不通。我父亲的朋友知道我曾在越南学过英语和法语，还帮人家补习过英语，就叫我上去。我要求船主跟我一起上去，有事儿的话，我也可以跟船主商量商量。钻油田的有华人，也有本地人，但是华人也不懂讲华语了，都讲英语。我跟船主商量后，说，如果他们能够拉我们到岛上，我们就把船上那些机器全部给他，反正我们也拆不走。后来他们说可以。我们说我们船上没什么吃喝的东西了，然后妇女都上他们的船，男丁就留在我们旧木船上。他在前面走，我们在后面跟，最后把我们引到印尼巴西梅拉岛。那个岛原来是种丁香树，种榴莲、山竹等一些水果，我去到那里的时候，已经有从越南出来的两千多名难民在岛上居住，华人比较多，越南人也不少，我们到那个岛上后，也有不少难民过来。

这个岛可能是联合国临时的难民营。岛上有一些救济组织，比如联合国的红十字会都有接济，分派罐头鱼和米。我们在那里居住了六个月，白天帮他们补习英文，晚上去偷看人家怎么样做面包，自己做面包卖的钱可以买鸡，吃得可以丰富一点。

当时我在联合国设立的一个办公室那边当义工帮他们填表申请，他们填上自己的人名，家庭成员多少人，签个名，就可以寄到想要去的国家的领事馆。我逃到越南的时候，有个同学的父亲是代理德国VIG圆珠笔，他一到越南的时候，不晓得是德国政府还是公司，把他们整个家庭一下子接到德国去了。我出来的目的地就是要跑去德国，所以我就申请去德国，在我们四百多个人里面，有两百多个人申请去了德国。我们当时在难民营申请出国，不需要担保，你去任何国家，让红十字会帮忙申请，它把我们申请的名单寄到不同国家的领事馆，看哪个领事馆肯收留，就可以过去。我填表时写了我懂英法文、柬埔寨文、越南文和中文，中文里面，我写懂普通话，潮州话，懂粤语和闽南语。加拿大第一个就收我，因为我里面填写懂英法文，加拿大也是用英法文的国家，但是我当时没有来加拿大，因为我的目的是去德国，德国没有问我为什么没有去加拿大。德国一接收，我们有两百多个人去了德国。

后来，越南的家人要我担保他们去德国，但是当时德国政府不收家庭团聚性移民，因为我们都已经成年了，如果十八岁以下，就可以申请家庭来照顾，但是我们都超过十八岁，德国政府不收。我表哥、表姐他们当时也想过担保去德国，我说去德国，担保家人是没希望的。就叫我表哥、表姐在泰国难民营最好申请去加拿大，他们申请到加拿大之后，就找朋友联保，才一个一个从越南把我的家人担保过去加拿大。我父亲是1985年才过来加拿大，过来的时候，正好赶上我结婚，就从加拿大过去德国参加我们的婚礼。我奶奶在越南待了一段时间后，也有幸来到加拿大，住了六年后去世，当时八九十岁了。

在德国当跑堂

1979年11月，我和弟弟去了德国巴登符腾堡州，就是出产奔驰的那个省份。我们不到一个星期就被分配到不同的城市，我们六七十个年轻人，被安排在一个小城市，要读书，读德语，里面有七个人以前读过大学，我是懂得几种语言，就安排在那个速成班。在速成班读了大概将近两年，不到半年我们获得助学金，我们刚到的时候，一个月有两百九十二块半马克，获得助学金以后，就有八百多块，就到旁边的另一个大城市去读书了，我们七个一起考上大学，但是我是在柬埔寨出生，没有读过正规学校，所以它说我还要读三年高中才可以进大学。他们六个都在柬埔寨或者越南上过大学，就可以上。那时候我二十一二岁，我觉得读三年就年纪太大了，还要再上大学读几年，太大了，所以我就不读，我说我要出来工作。劳工部签劳工纸的领导收养了我弟弟做他的义子，他说不行，你还那么年轻，你要去读书，上多三年高中有什么问题？你要为自己的将来打算，不可以半途去工作，你工作十年二十年以后还是老样子，只是打工而已，不让我辍学。他说，我不发劳工纸给你，哪一家老板敢请你，我就罚那个老板。那我说，没办法，我就不在那里工作，跑到慕尼黑那边去工作了。当时考虑家人都在越南，我要接济他们，就没有再继续读书。

我去慕尼黑工作的时候，找的那家餐馆是华人餐馆，老板是香港人。我进去见工的第一天，见她老人家都差不多六十岁了。我就叫阿姨，早上好。她说，什么阿姨，我今年都还没结婚。我说，哇，珍姐，你还没结婚，如果你不来德国，你在香港去参加选美的话，肯定是冠军，非你莫属了。她长得不漂亮，都老了，叫她姨，她都不开心，说她还没结婚什么，不能叫她阿姨，要叫他珍姐。当时去做餐厅的时候，我奖学金是八百多块，那老板娘说你刚学，一个月一千二百块，你做不做？我说做。那你有没有做餐馆的经验啊？我说没有。她说你读书出来做餐馆太辛苦，怕不适合你做。我说虽然我没做过，但我逃过难，什么苦都吃过，那一点工作肯定难不了我。餐馆的营业时间是上午十一点半到晚上的十一点半，十二个小时。我刚去，她叫我早上八点半要上班，人家都是十点半才上班，问我可不可以，我说可以。她包吃包住，从餐馆到住的地方，要坐电车，坐好几个站，但是我当时为了省那几块钱，上下班都步行，步行要半个多小时。早上八点多钟去到她那里的时候，老板娘真的在那边等。八点半没什么事情要做，老板娘就叫我进去提一桶水，用抹布和肥皂液，抹那所有的台台凳凳、餐厅所有的角落，要抹得一尘不染。其实一抹下去，全都是黑的，我想，她开业二十几年都没擦过，都被我抹得干干净净。抹好之后，就去洗厕所，教怎么样洗厕所，洗好厕所就吸尘，然后到十点多人家来上班的时候，她就叫我进厨房洗那碗碟。到中午，人家三点到五点或五点半休息的时候，她就叫我代替他弟弟做酒吧。做酒吧后，她到开业的时候，就叫我进厨房，又帮那厨房。大概七点钟左右，跑堂的那个人说，阿财，你过来，我教你做跑堂，就又出去帮他，学做跑堂，一直做到收工。做了一个月后，突然发现慕尼黑有很多亚洲人去餐馆吃饭，因为我打工的餐馆叫中华酒楼，在慕尼黑火车站对面。我们做跑堂，所以跟客人聊聊天，之后才知道他们去参加展览会。我说，那展览会那里有没有中餐吃啊？他说咦，就是想找中餐吃，都没有，鬼佬餐他们又不喜欢。回去我就跟老板娘说，老板娘，明天你让我中午休息那段时间，你给我休息两三个小时，我帮你去兜生意。我就把餐厅的名片带上，然后我说，如果要卖快餐外卖，比如一份饭，两个菜大约要多少钱，老板娘说二十八块马克。我就帮她去兜生意，差不多接了两百多份便当，五千到六千块马克，又叫的士送过去，弟弟当帮手去那边帮忙收钱。晚上他们来吃，就安排他们吃套餐，套餐是一桌多少个人这样，然后多少钱。五点半到七点，七点到八点半，八点半又到十点，就安排三轮，又接了客，老板开心得要命，但是到出粮的时候，我那一千二的工资，她一块钱都没有多给。因为我也很老实，我帮她卖那些快餐，赚了多少，交多少，一分钱没加，一分钱没减。去到那里，不管多少钱都交给她。

　　隔壁一条街的大上海餐厅老板娘可能听说中华楼最近怎么那样好的生

意。我们那些跑堂就说有个越南仔在那边做，挺勤劳的，很不错。那上海楼老板娘是一个湖南女人，老板是上海人，老板娘会讲德文、英文、普通话、广东话、湖南话、上海话，在交际各方面也是挺厉害的，就叫我去见工，问我懂不懂做什么，那时候我就说什么都懂。她说想不想在她那边当跑堂，我说想。然后她问我懂不懂讲德语，我说没问题，她就用德语跟我谈。然后又问懂不懂讲英语，我说可以，她就用英语再问我。然后广东话、国语，就一路讲到什么话就用什么话跟我谈。哎，这小子不错。那你要跟人家辞工，也要给两个星期的时间让人家准备，是吧？她说，那你两个星期后可以来上班。然后我辞了那边的工，我在珍姐那儿做了三个月，之后就去上海楼那里上班。上班的时候，老板娘也没有说多少工资，总之她的跑堂多少钱我也是一样，我也没有问她是多少钱了。没想到，我去那边的待遇就跟那香港人跑堂的不一样。原来做跑堂，就是管多少张桌子，小费或者自己跑的那几张桌收的钱归自己，以百分率来算。就是说，我们做的有多少，那客人吃的餐有多少，就扣百分之十，我们自己纳税，老板娘报税后剩多少就是我们自己的。除了做生意赚的钱的百分之十，小费就自己收。我们五个跑堂的，每一天就有一个人做黑账，就是老板不报税，我们得的工资也不报税，那一天我们做多少，就直接扣百分之十，比如，我们做三千块，就直接扣三百，那小费也是自己的。三千块扣三百后就交两千七给老板娘就可以，那三百当天就拿走。没想到，第一个月算起来，连那工资、小费、黑账，竟有五千多到六千块。当时大概是1982年初。我收到第一个月工资，哇，很高兴。就寄了两千马克回去广州给我三姨，我小的时候，因为柬埔寨比较红，三姨和三姨丈高中毕业就往国内去留学，留学毕业后就在广州那边教书，一教就教了三十几年，当时一个月的工资是三十六块人民币，两夫妻一个月的工资才七十二块，当时一块马克换五块多人民币，两千块寄回去相当于一万多块，哇，她说她整个家庭跟中六合彩一样。我当时不管赚多少钱，每月我都存三千块到银行，剩下的要怎么样花、怎么样帮助人是另一回事。就一路做，做到1985年。

在慕尼黑自开餐馆

1985年我在德国结婚。我太太也是和我同一条船一起出来的，也是柬埔寨潮州人。1988年那一年可以说是双喜临门，我第一次做老板，五月份在慕尼黑自己开餐馆，六月份大女儿出世。我们开餐馆也挺辛苦，因为德国没有像加拿大或者中国那样食品都比较普遍，我们那边连发芽菜、春卷皮什么都要自己做，而且很多食品罐头类本地都比较少，买那碗碟，厨房用具，各方面我都要跑到荷兰那边去买。餐馆早上五点多要起身去批发市场买菜，来到餐馆大约九点多，然后切菜，作准备，凡事都要亲力亲为，我们请了一位香港师傅做大厨。岳父家是在法兰克福，他们都失业，我们就去把他们拉下来一起合股，我们合在一起钱也不够，我向银行贷款，向这个啤酒公司贷款，凑了之后才勉勉强强可以开那餐馆，差不多花了三十几万。没想到，一开业，因为我收集了所有多伦多好的餐馆的菜式，全部都集中在自己的餐牌里面，再加上每个星期都有每个星期新的餐牌介绍，每个季节也有季节性的新菜介绍，而且特别菜的介绍又不同。西人比较注重用餐环境的装饰，我们就摆些花，摆一些青菜。我们用芽菜做成沙拉，我们餐馆的芽菜沙拉比较特别。芽菜沙拉是熟的，但是你看上去像生的一样，你吃下去是熟而且比较脆，而且比较爽口，德国人比较喜欢，而且我们用大碟装，其实菜是一样，另外一半就摆那些花花草草，有些特别贵的菜，我们还可以加一些雕花，上面就是挖空后，装上电池，还可以开灯。西人比较欣赏这些艺术，所以餐馆时常爆满。没想到，餐馆开张的第一个月就做了十几万。除了付那些欠的账目之外，我们每一个股份每一个月都大概有三万块马克。当时人家在工厂打工，一个月也只不过是两千五百块，我们一个月赚的相当于人家一年的薪水。不过我也是很辛苦，早上我五点多就出去，晚上要十二点多，有时候要一点多我才回来。睡几个小时，有时候小女儿哭，就睡不了。早上闹钟一响，就又要出去。到了十月，我第三个弟弟在加拿大那边结婚，我就带了女儿跟我太太一起去参加婚礼。虽然短短两个星期，但是两夫妻大概用了三四万块，我太太初次来见我家人，她买了礼物，每个兄弟都有一只几千块的笔。几万块钱无所谓，很快就赚回来。

　　看到餐馆生意很好，原本是很开心，很惬意，可是没想到，岳父岳母他们先是要逼我将餐馆的合股名义转给我老婆，后来又生生拆散我的家庭。他们提出把餐馆股份作价二十八万出售，我本来得到加拿大我父亲兄弟的支持想买下的，但他们不肯卖给我，还派人威胁我，我只好把餐馆股份卖给他们，而老婆孩子也离开了我。

　　当时自己的餐馆没有了，我在朋友一家餐馆帮手，讲是帮手，其实是在那里打工。后来那段时间，我再也没有工作，就来北美洲这里旅行。当时父母在加拿大蒙特利尔，我父母和弟弟都已经过来了。我父亲1985年来，1989年在蒙特利尔开中国餐馆。我在北美呆了六个月，当时一想起，就没心情再工作，但还有一点积蓄。

　　当时我来到美洲这里，几乎想不开，那时我也是到处飞，经常坐飞机，从这里到美国，到很多城市，后来到第五个月左右，我想通了，就是说，也许是我上一世欠他们的，那个结好像解开了，就回去德国继续找钱，找工。在德国，因为我是政府收留的，是永久居留，所以随时都可以回去。当时市长都有叫他秘书让我入籍，他秘书帮我填写申请德国籍，当时认为在德国好像很自由，去哪里都没有什么分别，入不入籍也罢，就没有入德国籍。后期回去工作后，东西德合并了，我又跑去原东德那边开餐馆，下面是餐馆，楼上是开夜总会，可是家人又说，一个人在那里孤零零的，最好还是过来。当时我最小的弟弟在加拿大这里结婚，我过来参加他婚礼后，他们叫我过来。还没过来时，我见两个弟弟都在打工，我说你们为什么不自己当老板，自己开餐馆好过给人家打工，他们说，大哥，只要你过来，我们几兄弟想要做什么就做什么，我就为他那句话，德国那物业就放弃掉。

　　1995年11月份我在德国的餐馆生意结束了。那餐馆投资也超过六七十万，那时候每个月赚七八万，八九万，那些钱又再投资进去，前后也弄掉大概一百多万。可是想卖掉的时候，人家才给二十万。我说光楼上酒吧的那些杯都不止那么多钱，后来我回应不卖，送给了我弟弟的一个朋友，那个朋友叫阿宝，一分钱都没有收。我当时的主见，我楼上初时是开夜总会，后期我出租给人家去开赌场，是黑市赌场，那西人从荷兰过来，荷兰那边黑道比较多，开赌场那个人初时来问我说，你敢不敢租给我开赌场，我的租金一个月才五千多块，他敢给我一万块的租金，就租那楼上开赌场。我说，你让我考虑三天，三天后我回复你行还是不行。然后我去问我的律师，我的律师是前市委书记，开了一家律师行，又是油站的老板，德国人。当时东西德合并了，油站里面的工人全都是苏联的特务，统一之后，那特务不想回苏联，就被那书记收留在他那油站工作。他好几家油站都在那城市那里，等于说，他是黑白两道都通了。他时常来我餐馆吃餐，大家认识后，很多纸张都是他帮我处理。我就问他这个情形，打电话问他，他就到我餐馆来，他就说，Franklin（我英文名叫Franklin），你租给他，没问题。他叫我出一封信，给他签就可以了。那份合同就写上，我某某人现在出租给某某人当私人俱乐部，以后的纸张什么他们自己负责，与我无关，然后租金多少，让他签了一个名，然后交一个月的租金、一个月按金。租金一万块，可是它租金里面写一千块，然后全部以现金交易，这样就租给了他。后来我想过来，我想叫楼下的跑堂跟厨房他们进股，进空股，从我来加拿大那天开始，他们除了自己的工资之外，每一个月赚多少钱，有百分之五十是分给他们，剩下百分之五十是我的。楼上那租金也是我的，不用两年，我哪里止二十万，我当时就想这样处理。但是我父亲和弟妹们说，你人在这里，人家想吃掉你都吃了，员工买东西，自己放口袋，又不付钱，到时那名字老板也是你的，到时你欠人家的钱的话，你回去，那烂摊子怎么样处理，一定要我把那餐馆和舞厅处理好后才过来。可是，卖又那么便宜，我就干脆送了。订好机票，在律师那里过名后，所有权都转给我弟弟的朋友，就这样拿了一个皮箱就潇洒一样过来。

弟弟的朋友做生意后，觉得楼上租给那开赌场的人太复杂，他宁愿不租，就把人家辞掉了，我觉得他比较胆小，做不成什么，后期德国经济也一路萎缩，那时候他也做不成，没想到，我给他的全部被他做倒闭掉。他也是越南的潮州人。做生意需要胆量。我那餐馆，光是我留下来的货物、那些酒，地库我存了多少酒，我一分钱没有收他。我地库的那些食物、罐头、酒，酒包括欧洲的酒和国内的酒，我一分钱都没跟他算，全部给他。他现在还在德国，他跟我弟弟还有联系，还是好朋友。

我小时候也受爷爷的教导，时常要我写毛笔字，学下中国象棋。我在德国也有参加中国象棋比赛，全国十三个城市每年都有象棋赛，1993和1994年我都拿了全国冠军。

在加拿大开超市

1995年我过来加拿大，1996年跟弟妹合股开超市。在朋友的介绍下，1996年跟我现在的太太结婚。1997年，这里的二女儿出生。后来我觉得应该扩充那家超市，但他们认为只要守住小店就可以了，意见不合，所以我就觉得要分。那时候我想出来单干，但是兄弟公司都有言在先，如果谁想要出去，钱要等公司变卖掉之后才可以分。如果还没变卖掉，你出去，你在公司有股份，是要等变卖后才可以拿钱。那公司没什么钱赚，只好不久之后卖给人家，还掉外借，剩不了什么。

大概是1998年底才出来做批发，由三千多英尺开始，做三年后就换了大概八千多英尺的货仓，做了两年多，隔壁那个单位倒闭，有一万多英尺，我就拿了隔壁的那店位，加起来有两万多英尺。到2009年金融海啸的时候，刚好一家美国卡夫食品工厂的货仓想变卖掉，就被我买了下来。多亏江秀平先生，我们潮州会馆名誉会长，他借给我五十万做首期，大力支持我，才买了。借了大概两年多，没有收利息，我把钱还了。当时出来做批发，身上大概剩十几万，目前的货仓当时买了两百多万，连同手续费大约三百一十万，现在人家也出了四百一十万想买。

自从做了贸易之后，每年我都有回去中国，每年都参加广州春秋两季的交易会，今年也有去四川参加当地的食品交易会。在中国，东莞、深圳、汕头、江门、肇庆、中山、佛山、惠州、广州、天津、青岛、上海都有来往。除了中国，进口生意，东南亚那边从南到北，我都有做。泰国、越南、马来西亚、新加坡、印尼、韩国，这些国家的食品我都有进口。

柬埔寨我经常回，比如今年我都回去了五趟，其中有三次是去修祖父的坟墓。在生意上，目前发现柬埔寨经济方面，它的政府特别贪污，很多经济都搞不上去，它只有把种植出来的农作物当原材料，很便宜地卖掉。我回去发现目前的柬埔寨比我小时候在的时候还要落后，我记得我小时候，我们小城市路边晚上都有路灯，现在柬埔寨，你一进到边境，整个柬埔寨都黑乎乎的，一个路灯都没有，而且那电有的是从越南拉上来的，靠近泰国的就从泰国接过去了。本国什么也没有，目前中国有援助它建水电厂，可能要两年才能建成。现在那边工业各方面都很落后，而且人民的收入都很低，一个月才五六十块，不到一百块，这种现象很普遍。我看到觉得很伤心，因为很多同学在那边，都过得很苦，也有很多人都做得不错，独当一面的也有很多，总而言之，觉得如果当时自己没逃出来，就像现在他们在柬埔寨的生活，可能没什么两样，所以我们这里能做得好了，就想帮帮忙。

柬埔寨盛产腰果，可是都被越南当原材料收购再加工后出口。我原本也找了在柬埔寨的朋友，想在那边投资腰果，因为腰果生意也是不小，在那边可以请当地人加工后弄到这边来卖，但是发现当地的政府太腐败，我们中国、越南等很多国家都有扶植小生意，希望他们能够出口，把外汇、经济带上去。可是柬埔寨不同，那些贪官就不理你死活，最主要是他自己的荷包能够装满，所以他们不但没有帮助那些商家去发展，而且杀鸡取卵，你死是你的事。比如，有一家在那边盖了一个工厂，只要批那个电，弄那电进工厂，工厂没电是运作不了的，但是它就是要你两万块美金，你不给，就不发、不签、不盖印。这种例子很多。我有个在澳大利亚的朋友，当时柬埔寨刚开放的时候，他去那边弄虾米出口，在那里加工后再运去澳大利亚，初时是好赚，后期政府一个个问你要钱，他说，卖多少都不够，就很贪污、很腐败。我们觉得很伤心，想要帮助，也不晓得怎么样帮助法。

我曾经回去柬埔寨跟他们高层的人开会，我说，柬埔寨是一个国家，在外国为什么没有领事馆，我说，我目前这个地产公司楼上有六间办公室，我可以迁出来，让柬埔寨能派人来楼上开柬埔寨的领事馆，楼上那六个房间的所有电费、水费，所有费用，包括房租、地税，全部我包，我希望能够为柬埔寨做一点事，可是他们说，不如让国家委托你在那里为我们办。我说，我是商人，我绝对不想参与任何政治的官职，我只希望能够帮你们国家做一点事情。

我回国内肇庆，他们带去肇庆乡下看那些学校，乡下那些泥路，小孩子上学，一下雨，一跌倒就满身都是泥，我们捐钱，让他们修水泥的路。他们说

要放上我的名字，我说不要，那些都不用。我们也有资助国内小孩，我资助了两个小孩，到现在都有十几年了，一个在广西，一个在内蒙古。每一年，他们都有寄相片给我。也曾经资助一个到出来社会工作了，就再用那笔钱资助另外一个，就这样继续下去。

马桂安

口 述 历 史

马桂安

时　　间：2013 年 10 月 22 日
地　　点：加拿大多伦多戴斯酒店
受 访 者：马桂安，加拿大安省越棉寮华人协会中文秘书
采 访 者：石坚平
录音整理：方丽纯

进端华当老师

　　我 1947 年在柬埔寨金边出生，祖籍是广东普宁汤坑乡双凤围村，我前年刚刚回去，也是第一次，六十几年了才回去。我听讲，我祖父先到柬埔寨，不住金边。后来我祖母跟我父亲还有叔叔什么的才过来柬埔寨，我父亲过来的时候才 14 岁。

　　我父母都是潮州人，我母亲是汕头郊区叫澳头的地方，他们在西贡经过人家介绍认识的。我父亲大概有跟西贡做生意吧，所以才会去认识到我妈妈。所谓西贡，现在叫胡志明市，其实分成两个大区。华人比较集中的是叫做堤岸，行政区、行政机关都是集中在西贡。但是在初期的时候，大概在中间还有一点什么间隔，现在已经完全是连成一片了。

　　我们家是做那个拜神用的香，自己生产，从我出世就是这样。这个做

144

香也不是我祖父那个原本职业，我听说他有做过餐馆之类。我父亲的时代就是做香的生意。大概我七八岁的时候吧，那个屋子被火烧了，之后家庭就开始没落了。香还是有做，但是就规模就小很多了。后来到街市改行卖杂货。金边1937年建成了一个新街市，非常美，像飞机那个螺旋桨的，那个建筑群中间一个很高的圆顶，有四条臂，四条臂中间有一个亭一个亭这样子，就好像那个螺旋桨在打转，我们叫新街市。大概是我读小学后面几年，五十年代末，金边重新美化装修新街市，所有摊位就要先搬开，美化后再重新申请摊位。我家的生意到最后也做得不成功，所以干脆趁着那时候就收掉了，我父亲就去一个酱油园做财务，就是管账。那个时候家里经济就比较差的了。我有一个哥哥，比我大五岁，他就因为家庭经济差了，就读到小学毕业，但是后来他去读夜校，函授什么的。

1960年，我就到端华中学读书，读到高中毕业。端华有正校和两家分校，从初小到高中都有，但是我们的高中不叫高中，叫做专修。因为柬埔寨政府不允许你办太高的华文学校，所以我们就变通一下，申请专修，不是高中，其实只是一个名称的改变。那时候我家庭经济是差，要缴这个学费是相当一笔负担。我记得一年要三千块钱，三千块钱有时候一个最低工资的苦力要做十个月才有那么多钱。那高中应该是三千六了，这个数字我记不太清楚了。我整个中学过程，除了初中一年上半年从外校转入端华，我是缴费，之后我都是读半费或者免费，是跟学校申请的，那个时候那个张闻山老师在那里教书。我们组织校友会的时候，有些人就说我都没有读到中学，所以校友会开始叫端华中学校友会，考虑这个问题，就改为叫端华学校校友会。

1966年，柬埔寨举办"亚洲新兴力量运动会"，当时为了对抗美国右派势力，一些比较亲社会主义、亲中国的国家，就自己搞一个运动会，全名叫做"新兴力量运动会"。当时柬埔寨是一个比较落后的国家，要举行那么大的一个运动会，很多设备是不够的，但是中国就大力支援嘛。要建一个运动员村，还有一个体育馆。当时派了两百多个专家、技术工人过来援建，就选了大批的翻译员。结果呢，就从各个单位吧，主要是从各个中学，金边好几间中学，我们端华是其中一个规模最大的，抽调一些学生去做翻译。我就被抽到了，最后半年就没上课。去了以后我跟的专家是财经部的，我当时在工地那些工人很欢迎我。为什么呢？一到星期五的时候，我去收集他们的工作记录，然后隔天那个财务专家，就拿大皮箱的钞票来，按照名单来发。所以那些工人一看到我去就"哦！"知道明天后天有钱了。工程完了，我们的学期也结束了。

华文教育的发展，各省乡下都需要很多教员，这教员很多是我们学校培养出来的，所以我们专修班毕业一出来很多都是教员。我就比较特别，因为去做翻译，欠修半年课程，没有毕业证书。结果就差半年，很多同学被分配去教书，我当时学校就没有分配我去教书。

援助柬埔寨建体育城的工程完成以后，接着中国要兴建大使馆，有一批专家就被调过去建大使馆了。我原先跟着的那两位专家，还要带我过去继续做翻译。但是，因为家庭经济不好，我总是想要多一点收入，所以我就向我的母校、向我的班主任提出，是不是也让我教书？结果得到同意，就把我叫回母校去。所以很多同学到外省去，而我留在母校教书。果然，教书的收入比我当翻译多两倍。

进入解放区

柬埔寨在1953年独立。印尼万隆会议，周总理跟西哈努克认识，之后就建立了很好的友谊关系。西哈努克对周总理非常非常敬爱，可以讲有点崇拜，简直把他当成父亲这样看。中柬关系就一直很好，1958年两国建交，之前已经有互相访问了。左派势力老早在金边活动，五十年代后半期已经开始，六十年代几乎全面掌握了文化界。中国"文化大革命"开始后，"左"倾思想影响得更加厉害，"文革"时期有的侨社里面有些人的表现是比较偏激。另外呢，他们的右派势力作怪，1967年中柬关系变差了，那年封掉所有的中文报馆。

我哥哥原在《棉华日报》工作，《棉华日报》是左派控制的报纸，封报馆的时候，最后出一份告读者书，当时政府已经不允许这样，我哥哥就在报馆开汽车把这份东西硬带出来去分发，结果就被政府抓去了，抓去外省一个偏僻的地方，被囚了两三年，劳改。1969年出来后，他帮我姑母卖家私。

1970年3月18日政变，好像四月份封了学校，我跟几位住校的老师不愿意离开，一直等到五月份还是六月份才离开学校。我们准备镇守学校，对抗那些反动分子来攻击，不过，这种事情没有发生。

所有学校都被封了，大家都散了，那么我就回家啦。我就在家附近那个街市摆了半年的地摊，就在金边现在一个蛮有名的叫做奥林匹克运动场附近，卖那些小孩子衣物，还有其他杂货。

政变发生后，中国领事馆就指示那些比较抛头露面被认为很"左"的朋友都要撤，撤进解放区里面去。解放区有各种路线，有跟柬共方面有联系的，有跟越南越共有联系的。在政变初期，柬共的势力还很微弱的，他们的基地其实都是越共帮它打出来的那个解放区。我们叫做左派的教师或者文化人就往解放区或者越共的根据地撤了。我只是爱祖国爱和平，支持中柬友谊这样子，所以并没有谁通知我进去解放区。

我哥哥是1970年三四月份第一批被通知进去解放区。1970年十一、十二月份的时候，我哥哥是想我也进去还是什么的，总之他写一个短信，托一个朋友再转托一个侨胞从解放区带出来金边给我。可是在半路这个带信的侨胞就被查获了。被查到了以后，大概叫做组织吧，就有人来通知我说，你现在要离开家，不离开安全自负。那时候在金边是杯弓蛇影，曾经我有一个同事的父亲是个商人，无端端地就被抓去，然后就失踪了。因为我哥哥的关系，而我在端华教过书，很多人都把端华当成是左派的大本营，那边的教书人基本都会有这个安全顾虑。然后接着有人来通知我，你应该进解放区了。我一直到年尾十二月二十几三十号了才进去，一进去就是1971年，大家一起在里面过年了。

最早期进去的叫做西南区，西南区有贡布省、实居省。我进去是进西北区，是西南区派一部分人上去开辟的。西北区包括马德望省和菩萨省。我在西北区那边也只有几个月，然后西南区代表上到西北区，要带一部分人下来西南区，结果我就被指派下西南区。五六月份我从西北区到西南区，当时我们也不知道要做些什么工作，基本上就是搞一些医疗工作，扎针啊，帮村民看病啊这些，然后就做一些文化宣传，还有的地方办教育。

华　运

　　到了西南就突然听说起"华运"。我们这个组织统称叫做"华运"，柬共自己有一批华人也搞了一个华运。等于是两个华运，一个是柬共的华运，一个是我们华侨进步人士搞的华运。当然柬共是政权嘛，他们是主啊，他们有优势，所以我们所有华侨的华运就全部给他们，华运工作都由他们自己来做，柬共的华运取得了华运的领导权。当时我们这个组织也不愿意归属于柬共的华运，有一些主要领导起来反，就被集中在一个点，应该等于软禁。那我是个小兵卒，没有人看上眼。反而他们在改组的过程，柬共的华运还把我拉过去，跟他们的单位生活了几个月。我也不知道怎样拉不拉，总之宣布你留在哪我就照做了。西南区容不下华侨的华运，但在东北区还是华运自己在运作，最后华侨的华运总部在东北区。

　　转移到东北区的华运领导人主要是端华学校的刘主任跟《棉华日报》的潘炳，但是最大的头头叫做郭明，他不太出面，所以不太有人知道。但是，柬共相当强调他们的主权和自主性，所以最后东北区和另外的西北区、东南区什么的，活动都受到相当的限制，只是有些地方抓得紧些，有些地方不太紧这样而已，总之是绑手绑脚的，做不了什么工作，不外就是教书啊搞医疗什么之类。后来就转为求生活而已，因为你这么多人从金边跑进去，几百成千人，没有饭吃不行，所以就组织搞生产，自己解决生活问题。

　　我是1970年12月份进西北解放区，1971年5月下到西南区，1971年12月就往东北那边去。那个时候华运虽然是受限制，但是通过秘密的联系找到越共，通过越共交通线，把我们十来个人带到东北区去。因为在西南区被束缚得太紧了。去东北区时，十几个朋友一起，沿湄公河上，沿途我们原来也有好多个点，就一路丢下一些人，我呢就一直上到桔井，就是最北的那个总部那边去。我在学校时候，我是当书记的，主要是刻写钢板，开会时做会议记录，为什么会有做这个职呢？当时学校看中我写得几个字比较端正，所以去到东北去桔井的时候也就分配我去华运所办的一张解放区报纸《前锋报》里面工作。

　　柬埔寨东北有个省叫桔井省，省会也叫桔井。我在桔井的时候是1972

年，那时候我记得大概就是刚好春节的时候。我在桔井总部大概逗留了几天，然后就调我离开，要在一个很秘密的地方工作，一般朋友都不知道，即使华运里面自己人也不给知道。我记得那边离桔井大概十三公里的湄公河边，就是到《前锋报》工作。

1974年4月28日，柬共或者叫红色高棉就把东北区整个华运的系统，包括亲近我们这个系统的当地青年，全部一网打尽，全部集中到一个偏僻的山村去，从湄公河往西进最少走两小时才能够到的森林里面。那是一个非常严重的疟疾流行区，去到那边的人百分之百都要中疟疾的，即使当地的土人也不能幸免，那边住的主要是少数民族。当然他们也懂得高棉语，还是能够沟通的。柬共的中央区，叫做五零五七，在这个区，所有华运组织的朋友都抓起来集中到山林里面去。那边呢生活要讲艰苦的确是艰苦了，疟疾，当然这个是不能讲了，但是吃方面，基本上还可以吃饱的哦。当时集中在一起九十个人左右，包括所有东北区华运系统的人。在那里要干活，干活就是没日没夜地干，这个是真的。住高脚屋，一下来总是踩在水里，烂泥里面，我的脚都被泡肿了，农村生活基本是这样。我们原本是住城市的人到山村里面去，他们都是耕田的嘛，耕田啊、种那个玉米之类。

我们那里没有囚禁，没有卫兵，他们有个游击队小组住在我们附近，但是你没办法跑，因为他们所谓合作社就是吃饭都是集体吃，全村的人搞一个大饭厅来吃，你要过村去别的地方，你要申请通行证，没有通行证寸步难行，他们不怕你跑的。你跑到山林里面你迷失路了或者碰到野兽什么是有危险。我们有一个朋友后来神经不太正常，在无端端地失踪以后无消息啦。你不可能跑的，除非你知道往哪个方向跑能够跑过越南，但是我们那地方离越南很远。我们在那里待了四年多，到1979年初跑出来。

根据我后来碰上我的姐姐、妹妹她们，了解到她们的生活状况才知道我们那边还算是幸运。为什么幸运呢？我姐姐妹妹她们那边，她说吃粥就分配一碗粥水，其实里面有几粒米是可以数得出来的，她们饿到要死。我姐姐原来是胖的，跟她见面的时候，那个皮这样吊着，可以摇动的，瘦成这个样子，惨不忍睹。不过她们倒是厉害，在磅湛那边还能够做生意，她们就寄住一个人家高脚屋底下。那时候磅湛跟南越打通了，越南有些人拿东西来卖，她们就靠着身上还藏有一点金饰，换一点东西做起买卖。

逃到越南

一般人只知道1979年越共打进柬埔寨，其实在1978年12月尾，越共就打进来了。我们就从那个山村一直跑到河边，再一起渡河往西跑，一直跑到西北那边的磅通省。磅通省是在柬埔寨的中部。到那边的时候几乎都还没有喘息，越共已经打到了，我们跑去那边的时候还是红色高棉的政权，但是差不多两三个礼拜，就说越共打到了，你们可以各自跑了，我们就各自找出路了。

最初从村里面跑出来还是很有组织地跑到西北，来到河边的时候，桔井那个城市还没有被占，那时候还是1978年底，看见柬共政权开军车拉大炮往城市那边去，要去守城嘛。但是到了晚上以后，炮声响，看到火光什么，那些大炮又往回拉，桔井被解放啦。被解放的时候我们离桔井只有八公里，可以看到火光。怎么办？那大家商量，不行啊！要渡河才行。渡河时那些重的东西都不能拿了，牛车啊什么就丢了，沿公路一大堆都是，结果后来那些没有渡河的当地居民，沿路捡，变成发财了嘛。你有牛有牛车，去仓库，任你自己占领，我们跑过河就什么都没有了，然后隔河这边的越共要打炮过去，还是不安全，结果就往西面一直走，走了几天几夜才到磅通。在磅通那边也大概只有两三个礼拜，我住那间屋子，屋主是村干部之一，叫我去挖防空壕，我都还没有挖成他就说不用了，现在四面八方都已经是敌人了，你们各自走吧！

然后我们当然找回自己这帮朋友，大家商量着怎么办？那时候的路线基本上是这样：我们先在北边渡河过去，渡河后就往西一直走，然后下到比较南部这里来，来到河边以后，就大家商量了，各自找出路。当然你首先想到要回家，找亲戚啊，或者要下越南。我就跟几个朋友商量，我认识当时在桔井的一位侨领，这位侨领有他的看法，他讲，越共跟柬共都不是很好的。可是呢，柬共没有文化，越共算是还有文化，基本上应该还是越共比较可靠一点。他是当地的侨领，据说在和平时期，越共已经常常在那一带活动了，那么我们就想，那位侨领既然这样，或者跟他回去桔井，看看能够通过他的关系跑下越南，结果我们又再跑了回去，走了几天几夜回到桔井。我们沿途靠人家施舍一点米来煮饭吃，我们就希望通过这个当地老侨领与越共联系，跑下越南。可是这个愿望达不到。在桔井待了大概两三个月，他们又不允许住在桔井市区了，又要赶去郊区，真的被赶到郊区去了。然后他们又再组织什么政权啊，又帮你分配啊，分组啊，去劳动啊，去开荒啊。

打进柬埔寨来的除了越共，他们还有个叫做09部队。09部队就是现在柬埔寨首相洪森的部队。当初因为红色高棉内部清洗，他跑去越南，越南就收编了他，让他把他的残部收集起来，组成一个部队叫做09部队，按照红色高棉自己人说，打越共不难，难的是打09部队。因为这是自己人出去的嘛，知己知彼。可是，越南部队的实力优势压倒你一切了嘛。越南要做些表面功夫，就由这个09部队的人来组织政权。他们当然也是套用以前红色高棉的一些老方法，要你组织起来，去劳动，去哪里都要申请通行证的。

当时我就找了个借口说，我太太身体不好啊，要去医院，结果申请到通行证了就跑出来，回到桔井市区，再去找那位姓张的侨领。我们的目标最后就是要跑下越南嘛，因为我听说我哥哥已经下到了越南。我哥哥下越南我老早知道，1975年他跑的时候有过消息给我。我母亲原本是住在西贡，我的两位舅父也在西贡。我太太的哥哥、弟弟、姑母也在越南。当时来到那个老侨领的家里的时候，就刚好广南那个地方有一位华侨自己有船来到桔井，然后就通过他介绍我们坐他的船下去湄公河偏南一点的那个地方，然后在那边就想办法往边界去了。

大概是1975年3月份吧，我们就想办法向南边，再往东才能接近越南的边界，在一个小城镇，我们叫做选市，华侨叫三洲府，在那边先落脚，在那边有中文学校，我就跑到中文学校去打听我的姐妹的消息，结果很巧，有老师告诉我她们住在磅湛，我就坐越南军车赶去磅湛就去找她们，真的很顺利就给我找到我姐姐跟两个妹妹。

找到我姐姐妹妹她们以后，我们一起再到三洲府，暂住一小段时间，筹备下越南。刚好碰到从越南来的一个基本上算是相识的人，通过他就接洽到越南一些人，就说可以送我们到西贡，当然这个就讲钱，一个人要几钱金几钱金的。我记得一个人当时大概要三钱金，我夫妇和三个姐妹五个人，就花了一两多金吧，小孩要不要我记不住了。其实是好多人下越南呢，都是要花钱这样去的，但是有几个年轻又够胆的，跟着人家做生意这样子，就不用钱的，我们不敢，就给了钱，由人带，中间又给他们骗了些东西，这些不谈了。他们讲，你们要去西贡，一路人家查啊，你们那些东西让我们帮你寄，然后我们帮你们带过去才收钱。好在我姐姐一点金不肯给他，带在身上，那些比较好的衣服就托给他们了。但是到了西贡以后，好的东西给他们骗去了。他们带我们到了越南，黄金是先交一些，到了那边才交足，当时因为我们的东西领不到，我姐姐就不肯给钱，他立刻就发誓啊，如果我真的是偷了你们的什么，我就出门给车撞死之类，但是这些呢，他们等于唱歌一样唱啦。

我记得刚好是柬埔寨的新年日，1979年4月13号，我们就到了西贡。我们很顺利就找到我哥哥的家，找到我妻舅，我太太弟弟的家。大概一个月左右吧，我就开始跟着人家沿街去收购面粉，越南政府按照户口发粮食，当时他们很多商业都禁止做。他们的粮食中有一种是面粉，有当地居民户口的人可以去政府的那个坊那边去买面粉，我们南方人哪里习惯吃面粉，所以他们多数买了以后就卖，我们就去收，然后卖给那些做面包的，因为私人做面包，要面粉，可是又买不到，只好靠这些。我们就沿街沿路去街市收购这些面粉，然后卖给做面包的，就是这样过活了。当然这些其实也是犯法的，国家禁止买卖粮食，被抓被罚是常有的事情。

花钱进难民营

1975年越共攻下西贡，南越政权倒台就发生难民潮。到1979年和1980年还是很多人往外逃，这中间有很多人来找我，走吧！但是，我觉得我的胆量也太小一点。当时跑有几种方法，一个就是坐船，一个就是跑回金边再往泰国跑。我的哥哥和妹妹就是通过从越南跑回金边，然后在金边再跑到泰国，然后在泰国过来加拿大。我有一个小弟弟，在红色高棉解放之前，已经跑去泰国，他在泰国打工到1979年，就选择离开，申请来加拿大。我妹妹先回金边，然后再跑过泰国，由我这个小弟担保她过来。

我哥哥已经是被越共政权无端端地抓去坐牢了，到1983年，对他的监视有点松动，将他从监狱调到乡下一个地方软禁，在那边劳动。1985年，他有一个老同事从金边回到越南，然后把通行证给我哥哥，这个老同事原本是住在越南的，我哥哥就趁着这样子偷跑上金边，然后再跑过泰国，然后也才由我这个弟弟担保过来。

我一个姐姐跟一个小的妹妹，她们是住在越南的柬埔寨难民营。那是因为已经有三个人在加拿大嘛，他们就申请担保。1987年我大妹做担保，担保我的姐姐跟小妹过来，这就变成这里有五个人了。最初，我姐姐、几个妹妹一起住，现在因为我姐姐没有结婚就跟我大妹住在一起。我小妹结婚后有自己的家庭了，我哥哥当然有他家庭，我弟弟也是有自己家庭了。当时在越南，就剩下我一家。本来想跟人家跑过泰国，但是大家都相传一路上很辛苦。我就想，大人你再辛苦还是可以忍受，1980年时我又有第二个孩子，怎么可以带他们去忍受那个艰苦环境呢？当时自己的生活又基本上过得去，就算了。另外，我太太那边，她妈妈，妹妹，两个弟弟也都先后跑到美国去了，所以变成我有两个选择：要接受美国方面的担保，还是加拿大这边的担保。后来打听到美国那边的担保太难，所以最后我还是申请来加拿大。那是1987年，那时候我姐姐刚离开的时候，我就决定要申请来加拿大。

那加拿大要怎么样申请呢？你在外面住，这样是没办法做申请的，我要申请进难民营去住。这个难民营最初建立的时候，大家都不情愿进去的嘛，是要靠抓进去的，我就是为了避免被抓，我都这里藏那里藏，藏过好几次。等到1987年了，我想出国的时候，要进去难民营里面登记了，那时候就进不了，又是要花银子。那时候好像要花了接近一两的黄金，我一家人才进得难民营去住。就是为了能够登记成为难民身份，接受担保嘛。

其实在进难民营前一段，我已经申请入了越南籍，我不走也可以，已经是越南籍了。可是那么奇怪，他们只接受我，不接受我太太，这样子怎么办？变成我是双重国籍的哦，你要出国你要承认你是中国籍或者柬埔寨籍，现在你又有越南籍，双重国籍是不允许的嘛，结果我就只好变成要跑的哦，那时候我买了房子，当时很便宜，大概一二两金就可以买到房子的。那么我就只好烂卖了，快快把我房子丢掉，然后就去难民营了，我在难民营住到1991年。1987–1991，四个年头，然后我才能够来到加拿大。

1991年7月2日，就是加拿大国庆的第二天我就到了，也是我大妹担保过来。为什么都是我大妹担保？因为她的经济条件比较好，她找到一份汽车工人的工作，普通人的时薪等于她的一半。我1991年来，我的时薪只等于她的三分之一。她在嘉士拿那边的汽车装配厂，做皮座的缝制工人，跟汽车装配厂的工人一样。

简单的生活

我刚来的时候，去一间做床褥的水床厂当工人，因为有个亲戚在里面做经理。水床厂工资只有6块7毛，是最低工资，我做三个钟才等于我妹妹做一个钟。做了一年多以后，一来工资太低，二来这个厂其实也是做做停停，一个礼拜做三天两天；我妹夫生意做大了，他做的旧方便店就让我去顶下来做，结果我就接手了方便店。1993年10月开始做，一直开到2000年，七八年时间。最初接手时候可以卖私烟，就是人家走私的烟，不纳税的烟，我们有厚利的哦，所以开始做的那一年是很好赚。但是后来，政府大幅度地降低正式烟的价钱，变成卖私烟的价钱跟政府的差不多，所以何必去冒险卖私烟，可是不卖私烟了就不大有利润。

1997年，我哥哥工作的汽车零件厂开设一个新的分厂，当时我就申请进去做了。因为那个方便店不太安全，我们做的那段时间被打劫了三四次，这里黑人白人都有打劫。尤其到了晚上，其他商店都没有开门，只有我们开门。他们打劫，有时候很早的，晚上九点钟就敢来打劫了。我进了这家零件厂工作，工资比普通好一点。到2000年，就把方便店卖掉。那时候我大孩子大学毕业，开始去工作了。

卖掉方便店后，就靠我孩子的工作跟我这份工作维持生活啦。2008年金融危机，我就被停职了，没有工作啦。那时候年纪也大，已经六十几岁啦，就干脆就不做了。我就领那个失业金，还没有到退休年龄，那时候我只有六十一二岁，失业金跟工厂的补偿金，领了一年多吧。2009年我太太不幸过世，我就再申请福利金，就是鳏夫金。靠这样的福利金一直到去年（2012），我六十五岁，我就转申请退休金，直到今天。

王速飞

口 述 历 史

王速飞

时　　间：2013 年 10 月 15 日

地　　点：加拿大蒙特利尔王速飞办公室

受 访 者：王速飞，加拿大蒙特利尔柬华协会副会长

采 访 者：张应龙、吴金平

录音整理：谢杭峰

移居泰国

我是1959年出生在柬埔寨桔井省的乡下，我父亲是从中国去的，我母亲是第三代，我母亲的祖母是广东人，过去很久了，大概一百多年了，我母亲的父亲是潮州人。柬埔寨华人大部分是潮州人，就像那个林典会长是海南人，但是他不会说海南话，只讲潮州话。我们潮州人在桔井那里有一两百家，潮州人大部分是普宁的，有一个家庭先到那边，然后亲戚朋友都到那边。

我在柬埔寨桔井中山学校读到三年级，到泰国后在泰国的学校学泰文，读到中三。柬埔寨有开中文学校，在乡下都是没有政府支持的，都是我们华人自己组织的，有钱就多出，所以我们大部分柬埔寨华侨都会说中文，是这个原因。泰国就不行了，所以柬埔寨华侨到国外后就会习惯性地组织会馆。

美国大部分柬华华侨，都很热心，各种会馆都组织比较好，这是我们的一个习惯。我父亲在桔井中山学校做财务，同时也有批发杂货。有些杂货在很远的乡下也是来找他，他们种玉米等农产品，他们收来就是交给我父亲，我父亲有卖酒的牌照，所以他的生意做得比较好。他收农产品来到金边，赚多一次，还有酒和杂货，所以生意做得比较旺。等到红色高棉进来，我们就先解放，因为我们桔井接近越南。我们知道不可以做生意，这没有问题。有一次他们叫我父亲去开会，到比较远的森林，叫我们把车给他们，我们看到这种情况，感觉生意不可以做了，但我的父亲看得开，很开朗，认为财产不是很重要，人身安全才重要。

我们的家在1970年末就移到金边，我父亲还是做塑胶生意，所以我们就到另一个城市马德望，就接近泰国了。我们做塑胶生意做了大概不到一年，因为战争经常断电，所以生意很难做。刚好我有一个叔叔在香港，他听说我们接近泰国，他写信要见我父亲，我父亲就来到泰国见他。我叔叔就跟一个在泰国做批发胶带生意的堂兄说，我父亲有经验，想跟我父亲合作。于是我们一家在1971年就搬到泰国，那年我11岁。泰国华人百分之九十也是潮州人，都会讲潮州话。我们到泰国的时候没有身份证，我去做别人家的孩子，身份问题可以解决，我父亲就没有身份。后来做的生意很旺，我的堂伯说要买我们的股，我们没有条件跟他竞争，就让给他。对我父亲来讲，不是为钱去。因为我们在柬埔寨，生意都做得很好，我们都放得开。后来我们认识了一些朋友就开始做洗衣粉生意了。我们做不同行业了，就没有竞争。我们在感情上放得开，所以我们的关系还都是不错。

变身难民

1978年红色高棉倒台了，有一些难民过来，然后在曼谷有柬埔寨华侨过来，再后来国际收难民，大部分人就跑，当时1979年超过一半去美国、澳大利亚、新西兰、法国，特别是去法国的很多。当时我也是年轻，知道西方发展快，等到一批朋友出去，我也想出去，我父亲也是支持我。本来我们是有泰国纸的，也有法国纸的担保。我们第一次是要去比利时，他们也收，但我们是做生意的，要把东西卖掉，耽搁了一些时间，我们当时在曼谷等飞机出国的时候，一个星期后泰国的法律改变了，你要经过难民营才能出国，所以他们就送我去难民营。送到难民营的时候只有三个星期，这个时候加拿大去收难民。我当时没有工作，他们来的时候，我会泰语，加拿大的代表要泰国人，我语言通，我就跟他说我要报名，拿那个申请纸给我填，起初他收教师，要会法语、英语，但是我父亲都不会，他就去见加拿大的代表。很奇怪，一个星期后我们的名字就出来了。我们当时是第一批、第二批到加拿大，当时包机来加拿大，飞机上全部都是柬埔寨难民，有三百多人。

到加拿大

我们全家在1979年12月14号就到加拿大蒙特利尔了。到加拿大后我被分到天主教报馆，这报纸是专门登天主教的，他们担保我的家。他们当时也是担保了很多人，最重要是有四个人来帮助我们。他们在金钱上支持我们，帮我们交了一年的房租，他们供我读书七个月，后来我父亲和母亲找到工作了。

我来到之后就读书，我报的时候就比年纪少了三岁。我也是很幸运，当时有个修女会讲国语，她就带我妹妹去报名，就连我一起带上，因为我妹妹不会讲国语，我要做翻译。当时我爸爸妈妈去报名学会话，我超过十八岁，我妹妹才十一岁，报名的时候报我妹妹，那个修女也问我的名字，叫我也报名。虽然当时我已经二十一岁，但在西方人来看才十四五岁。我告诉她我已经超过十八岁了，而且已经报名学语言了，她说我还年轻，最好还是要去学校学习，我说没办法，我已经在那边报名了，她说没关系，然后就帮我打电话去那边，取消了我的报名，所以我才去学校报名，她就帮我报名了。这对我来说是很幸运的，如果我当时只学语言的话也不会有今天的发展。

刚开始学的时候很吃力，一句都不会，她就给我去学一年的法语语言方法。1980年的夏天，我的担保人介绍我到乡下一家西人家庭生活，以便我更好地学习法语和了解西人的文化。第二年我就学读中四，也是很吃力。那个修女在功课方面帮助我。因为我的担保人是天主教报馆，它要我入教，就派修女来帮助我。不止一个修女帮助我，有三个帮助我，一个是中国人，两个是法国人。一个修女姓包，我叫她包修女。她们教我法文的时候也会花二十到三十分钟左右教我经文，这个没问题，因为我也是要了解宗教。他们对我也是很热心。

我读到中五就毕业了，我跟父亲说要去打工，我父亲说不行，因为我的体力也不是很好，所以要我继续读书。我就选择去选择读修理电子，两年毕业，因为我的性格很难找工作，但我要真正找也能找到，没问题。当时周末的时候我在厨房帮工，那个经理被派到北部发电厂，毕业的时候经理说：你要是想去发电厂工作，我可以安排。我说我就是读这个的，经理就说：你去试试吧。因为去一次要四个星期，然后回来休息一个星期再去。坐飞机去，包吃包住，我的工资也是很高的，一年有三万多。北部的房屋才八万，但是工资高，纳税也比较多，我存的也就只有一万多。人家打普通工一年才七八千。经理说你试试吧，不喜欢就不去。我回来后我就找工，但是找的工都很便宜，一个小时三块多，我到那边就十块多了，我在那边做了一年多就回来了，那个公司每两年就要签新合同，后来因为经理没有拿到新合同，我就回来。

我父亲也是在做生意，我就拿失业金。我朋友给杂货铺送鸭、香肠，但是他还打工，有时他叫我帮忙，赚的钱就分我一部分。后来生意比较好，需要一个冰柜，我就帮他去买，为了能比较便宜买到那个冰柜，我跟那个卖冰柜的售货员聊天，开玩笑说我在这里读书，有介绍很多人来这里，我会很多语言，会泰语、普通话、潮州话、粤语、柬埔寨话，你这里连一个翻译都没有。那个售货员立刻去找他老板，他回来说老板要见我。我当时也是年轻人，也是失业状态，什么都不怕，就去见他。老板问我会不会写字、开单，我说我在这里读书的，这些都没问题，我是读电子的，会修理电视、微波炉、洗衣机。我当时也是年轻，什么都不怕，显得很自然。老板就说：明天你来试工。我半信半疑。第一个星期老板也没有给我做什么，只是叫我管理微波炉，他那边生意很好。他当时让我做星期四、五、六这三天，不到一个月我要我做六天。我就说：我要做六天就不能只给这些工资，因为别人赚的很高。我当时是九月份开始的，老板说：没问题，你做到明年十月份，你只要做好我就给你和别人一样的工资。当时的工资也有三万多。起先录影机、电视的订货都是他的孩子管理，我做了三个月后订货的时候都要经过我，一般是一两个礼拜订一次，先问我哪个销量比较好。原来是他的弟弟和他的孩子负责订货，后来他升我做负责。我在那边做了四年。有些潮州人做车衣，来我那边买电视、冰柜之类，我当时虽然有挣三万多，除了纳税和家庭生活，我存的钱就不

1979年12月20日到加拿大，王速飞（左二）与父母、妹妹合照

多了。我问那些人一年存多少，他们说最少七八万。我说：我打工几年才相当于你一年。我一个表弟也是做车衣，但是我不做。后来我去做西人的杂货店，做了八年。开店的钱都是朋友帮忙的，两年后我就感觉到家境比原来好。后来有加油站，生意也很好。

办老人院

1990年我开始做房地产，做到2000年，利润比较高。对我来讲，在加拿大这边你要做长期还是要做地产。譬如，一百万你就可以在银行贷款百分之五十。但是做地产有升涨，十二年来每年平均升百分之七。只要它上涨百分之五，就有得赚。你贷款的时候如果是二十年还清，后面还的就越来越少，但是地产是在升值，平均七年到八年你就可以多买一栋房。银行在这个空间内还可以给你贷款。我对西人的经济方面很了解，有个朋友他也是做老师的，他给我解释。

养老院有个朋友对我很好，我尊重他，虽然他很直。在做生意或者人生上面，讲的是很容易，关键是你要做得到。第一，你要人家对你直（真诚），你要直过他。第二，你要人家尊重你，你就要先尊重人家，然后你要满足自己，在赚钱的时候你不要只顾自己，你要去分享。有机会人家就会先给你。对于西人的了解大概就是这样。

起初来到加拿大的三年，在天主教里，它教我做人要和善、有诚意。刚来到加拿大的时候，我什么都不认识，为什么人家会帮我？这点我很感动，

所以我想将来有机会要报答他们，这就是我为什么后来要转到养老院的原因之一，想在生意方面有一点报答。

2005年我办第一家老人院，2012年办了第二家。为什么我这里一百个房间都是满的，可能说第一的优点是我的医疗，也不止这个，我对工人从来看得像亲人一样。我从来都是用诚意、好方法来解决。连那个老人，虽然我包吃三餐，现在这个时间可能在餐厅还有几个人在那边吃。特别有些老人快去世的时候，他需要咖啡、水果、饼，我就叫工人给他，因为别间老人院就没有，其他店有时间限制。你要咖啡、饼都是要钱的，但是我这里自由，就像家一样。我对工人像家庭一样，对老人服务也像家人一样。有一些人搬出去，不习惯了还是会回来，有一些老人去了新的地方虽然环境很美，但是不自然，不像家一样，我这里不是很大，也不是很小，刚好。大的地方有它的规矩，小的地方服务不够，我这里就是刚好。七天都会有护士，有时候活动的时候还有护士在。我跟我父亲一样，都不是看钱，最重要是开心。做什么事，只要是为人家服务我就满足。一年多赚几十万这个数目对我不重要。那些修女、担保人都是很热情的。我的思想百分之六十都是跟西人一样。

第二家老人院有一百二十二间房，买的时候是人家倒闭的，所以很便宜就买下来了。我当时都没有想到能买下来，但是试试就成功了，他当时是亏本，跟银行拖，但是银行的钱可能也不是他自己的钱，银行是属于加拿大政府担保的，如果他倒闭了，那个保险是要赔给银行的。那个老板是中东人，中东人的脾气比较暴躁，在这方面你不可以。我对老人，他怎么样做错我都不会生气，虽然他老，我看他就像小孩一样。我跟那个修女和担保人几年，我学会比较平静，不然会忍不住发脾气。我那第二间屋人家买的时候是八百万，但是我花了两百五十万就买下来了。当时没有人买，他就卖给我。那个地很大，有六万多英尺，接近河，环境也很美。我买的时候一百二十个房间就租出四十二间。我的计划是一年可以租出七十多间，这样的话我就有点赚。我也要花几十万装修，我做的时候知道什么样的服务什么样的方法。起初也是亏本的，现在租出去的有一百零几个房间。我的目的是租出九十个房间我就满足了。特别我们是亚洲人，跟西人语言不通也是很难的。但是我在这里读书，我们要尊重他。好像这里的经理，他帮我弄。但是你有钱大家一起赚。我看得很开，所以他们看我很清闲。蒙特利尔没有华人老人院，只有中华医院，是属于政府的。

老人院

我有两个孩子，长子今年23岁，大学三年级了，学习金融。我两个孩子都会中文，我在柬埔寨从小就读中文，多了解一种语言，跟人家交流比较自然。我们是潮州人就讲潮州话，我太太有个姑姑在北京，老二在北京那边的语言学校读了两年，所以国语不错。特别是老二在Facebook上面都是用中文。

我的担保人现在还活着，现在八十八岁，没有孩子，她现在需要什么，我尽量帮她，她说她有钱，但是我给她是我的心意，我把她看做母亲。我来到这里她帮我很多，她是真心真意的帮我，在这个世界上很少有这样的人。

王速飞一家

许长坤

口述历史

许长坤

时　　间：2013 年 10 月 22 日

地　　点：加拿大多伦多戴斯酒店

受 访 者：许长坤，加拿大安省潮州会馆监事长、安省越棉寮华人协会监事长

采 访 者：石坚平

录音整理：乔志华

官商

　　我叫许长坤，祖籍广东潮阳，出生在柬埔寨金边。我爸爸好像是1932年离开中国，先到了当时的安南，就是现在的越南，然后1934年才到了柬埔寨。家族中并没有人在柬埔寨，爸爸一人先走出来。爸爸的具体工作不知道，只知道是打工的。我有五个妹妹，三个弟弟，我家里有九个孩子。全靠我爸爸一个人做工，我妈妈就在家做家务。爸爸一个人做供养我们九个人，他那时候收杂货、收旧货，拿一个扁担两个箩筐收旧货。红色高棉政权之前我家生活很好，没有问题。

　　我于1937年出生，读的是华文学校，我弟弟妹妹都在端华学校读中文。就是我们穷家的也没有什么压力可以读书。1953年我中学毕业，1954年在一个进出口公司里打工，1955年老板就派我到香港，因为我们代理那个书，是中国教科书。要开学了，他们没有付货过来，所以我代表我们公司去香港同他们公司联系，就把书寄回来。1955年底，我老板派我到日本。那次我到日本，日本人不让我进，说我是个小孩子，还年轻，不能过去。日本公司签给我要我去签合同，但是日本大使馆不让我去。1957年，公司关门了。

我自己搞了个公司，做供应政府物资的生意，政府需要什么我就提供什么，生意做得还好。1961年我就到日本去，政府给我一个大订单，我要到日本去订货。后来订不到货，全给香港人吃了。1962年，我跟别人合作开一个旅行社，还开一个酒吧。我1961年结婚了，1962年才有一个儿子。我做政府供应的还在做，我跟政府关系很好，我在那边很有势力。我的朋友是中校、上校，还有当将军的，省长、国会议员我都熟，我以前是很有名望的。朗诺政变我没有受到影响，我那时候发大财，朗诺的时候生意很好，那个军官一大早上八点钟就来找我了，晚上五架吉普车在我门口了。讲老实话，我没有害人。我认识军官，公安局的部长，我还有国会代表的杯子。我做生意，我靠他，他靠我，大家利用来利用去，我给钱叫他们去做工作。

黑暗时刻

到那个红色高棉进来之后就惨了。1975年4月14—15日，红色高棉进入金边了，他们把在金边的人全部赶出去，他说你们该走了，因为美国飞机要来轰炸金边；你们走了，不用锁门，到时候拿两三件衣服，两天就回来了，个个都是这样讲的，但是却是一去不回头。

后来情况就惨了，我带着五个小孩子，带上老婆，以前逃难是什么样的我们当时就是什么样的。我一家人后来跑到我太太的家乡磅湛省，到乡下那个叫金利的地方。在金利并没有住下来，因为金利他们说我们是新乡民，就把我们送到那个新营里面去住，那个地方叫做铁索。去的时候不是我一个人，同去的有2800多人，全是金边来的。我的家人，我太太的父亲、姐姐、姐夫他们被送到另外一个地方去。到铁索住了六个月，后来出来的时候，2800多人只剩下700多人，死了2100多人。我们缺水、缺米、缺药，完全是受到瘴气病死的。后来他们送我出来去金利，就是我太太的家乡。这表示我们磨炼好了，读书好了。送到金利以后我家人都活下来了。在铁索那里，剩下的700多人个个拿拐杖出来，很惨很惨。死了的尸体用那个竹子，一个竹子开四边，两个竹子开八边，就用那个沉了。人家说八片竹死，就用竹子抬他们埋了。很多人是饿死的，另一个是没药，最多是那个瘴气瘴死的。

我以前很有钱，我给我儿子买一个收音机。我到乡下去的时候，我太太的二姨叫我把这个收音机换了，换那个治瘴气的药，换那个消毒药、消炎药800粒。我就救了很多人，人家很多是用很多钱买两粒，我说不要钱，我给你。除了收音机，我还带了黄金，还有手表、美金、日币，那时我做生意，我什么东西都有。我太太他们拿出来的，他们不要药丸和饼干。我拿2000万放在桶里，纸币没有用，纸币都被扔掉了。一点点的黄金啊、手表啊都可以换吃的。没有这个，他不会跟你换的。因为在那个时候，红色高棉他不用钱的。你没地方挣钱，你要去别的地方都要首长签名你才能吃饭，在那个大食堂吃饭。我拿这些手表、黄金跟那些乡民换，换药、换鱼。我们家虽然当时条件艰苦，但是因为带了一些东西出来，相对来说还是有吃的。而且因为那个地方靠近湄公河，湄公河有鱼、有饭。那时候他们分给我做工就是看那个香蕉园，甘蔗园，我知道他们这个刑，我做得很苦的。我一个新乡民，配三个旧乡民，他们做我的头。每天我就在那里干活，他们就玩去，去钓鱼去什么。我在那边一年，我差不多做4000多株香蕉。我当时还是很卖力的，不卖力就死了。人家说我在香蕉园偷香蕉，在蔗园偷甘蔗，在那个麦田偷麦，我没有偷。后来我要没吃的话，我就把带来的东西拿出来换糖、换鱼。别人不知道我带了私货，知道会砍掉我。

还有一个最愚蠢的事是我带了一个手表，我去看园子我要用手表看钟。有个本地人，他是个老乡民，他说你给我看啦，多少钱啊，你拿开给我看啦，就把我的手表偷去了，跑到森林里面，我不敢走进去，走进去杀掉我完了。我知道他拿刀，我知道他偷懒。后来那个省最大的红色高棉的一个州长，叫社长，他说我，你这个从金边来的笨蛋，我说我想不到你们的同志会这样，想不到解放了还会这样。他说以后你小心，人家要看，你就让人家看，你不是工程师。意思是说我笨，笨就不会死了，你太聪明就快死。我是装笨，我什么都懂，哈哈。

后来我看到很多同来的人都死了，没吃的，也没药，还有很多被打死

的。他们说你是资产阶级，他们不直接公开打你，他们晚上单独叫你出去，就打你，就回不来了。他们做大食堂三年哪！到越南打进来解放之后才散了。他们知道我懂得算数，懂得做什么，叫我到大食堂里面去帮忙，1977年的时候我去种菜、挑水，1978年才去做大食堂，我帮他们算分配鱼。他们有一组是去打鱼，打了鱼就拿来分给乡下几个大食堂，一个人有多少。那个时候我家里条件与以前一样，还是被控制到大食堂吃饭，各人都是一样。我大的小孩继续到那个好像是青年组，他们有个青年组，到那边去做工。我老婆就跟那个老年的去做工，小孩子就没有，在家里。妻子去收果、去种豆啊、种米啊，那个年轻的去做水库啊。

1978年底，大水来了，他们有一些在树胶园的人跑到我们那边去，我们那边有很多树胶园，还有中国的专家，他们邀请我去那边做翻译。他们跟我们的县长说要请我去做翻译。我说不可以叫我做，要叫我全家去才可以。我一个人我不走，后来我没去。

从柬埔寨到泰国到越南

越南军打进来了，就散了，个个逃了。我们全家跟他们乡民一起坐船过对面河，从湄公河东岸跑到西岸去，在那边我一直带一组人跑路，一直走，好像难民，一直走到泰国边境，四个月零五天。我那时候挑了两个孩子，1979年再生了一个女儿，我一边挑东西，一边挑女儿，有水的地方就停下来，四个月零五天就跑到柬泰边境。在那里住了十多天，再跑到泰国去，进入泰国境内十公里，泰国人都不知道。我们四千多人一起逃，越南人放我们进泰国。越南人已经打到边境了，战争打完了，但是越南人仍然放我们逃到泰国。

走进泰国十公里，泰国军队不知道，后来泰国的人民去告诉他们的军人，他们用军车来抓住我们，把我们围起来，这是最惨的时候了，很惨。围住我们的时候有个在泰国来的华人，他跟我们讲："现在有钱、有黄金、有钻石你给我。明天后天他们查了你后，你要被打。现在泰国人要提你们进去，他们军队要搜身，要拿你们的钱，你们现在先把钱给我，两三天后还给你们。"但是两三天后我找他要属于自己的钱，没用。钱、黄金、钻石都给他了，结果他不承认。这是一个骗子。

泰国把我们送到那个亚兰难民营。一进去，一个泰国的华人移民官，这个人不错，正义，不贪不占，他把我叫来，说："你，我这四百多人给你做组长。"我说："我不懂得什么。"他说："你不要怕，我看你懂得，我知道你懂的。"于是就叫我做组长，四百多人的组长。一共十几个组，一共四千多人，那时候吃的有，那时候朋友亲戚可以来看你。他们把你围在好像一个禁区一样，那个不错。难民营不用干活，还没有到难民营之前，我觉得到外国做猪做狗也是可以的。在难民营我分配他们干活，一组要洗厕所，还有政府，联合国给饭，给米吃，要一组十几个人来自己煮饭，他们听我安排。我在里面待了快一个月。

后来因为泰国把我们再赶回来，那时候就是最惨的时候。它不给我们做工，不让我们出去。将十几个营的难民完全送回柬埔寨。它用军车，两天呢，送了四万多人回柬埔寨。再由原始森林抛下去，自生自灭地活下去，这是最痛苦的时候。在原始森林那时候一下去，下面全是地雷。最惨就在这时候，在红色高棉没死的人就死在这里，在这儿死了两万多人，在这个柬泰边境叫做扁担山的地方，因为地雷死了两万多人。还有一部分人，懂得那个泰国话，就跟他们上面军队讲，他说放我进去，我给你点钱。泰国军队说好，然后大家就按人头把钱给泰国军队。泰国军队说天蒙蒙进来，结果泰国军队开枪打死很多人。这个泰国人呢，发难民财啊，我们被泰国军队骗了。还有我们在扁担山那边，一小部分人是被泰军打死的，因为地雷死的就多了。还有越南人啊，我永远不会忘记他们！我们要出那个原始森林到柬埔寨，被困在那个叫铁山（音）里面，越南军不放人出去，越南人认为有泰国的间谍、中共的间谍在里边，到了两个星期后才给出去。

我出到半路人家就说，到西贡好啊，西贡你有钱就可以出来了，一路就是走路回到柬埔寨，然后再用钱给人家带到西贡去。差不多15、16天回到金边市，那个时候金边已经解放了。接着就用钱，用黄金让人带我们到越南去。我把家人全部带到越南的西贡花了差不多一两万，全家总共一两万，大概是1.5两黄金。还没到越南我就知道我受骗了，因为我看到他们人民在那拿个胶袋挖垃圾。我看到越南人民这样穷呢，在那个垃圾桶捡垃圾，我说我被骗了。我就知道糟了，我就知道西贡也很穷了。

我1979年11月到西贡，生活好像没有什么，我有钱就用那个钱，还有亲戚在外国寄邮包给我们吃。寄钱给我们，寄东西。我在西贡没有干什么。因为我知道，看到他们政府不敢叫我做什么，什么都不敢。我就靠我的朋友、我的亲戚在外国寄东西给我生活，政府没有捉我们进难民营。到1981年，好像4月、5月，我才用钱去申请进入难民营。为什么要用钱申请进入难民营呢？因为你不给当公安的钱，他会批准给你进去吗？花了一点点，这个不要讲。我这个人很有义气，我懂得跟公安他们喝酒，那个眼科医生，我也跟他做朋友，有什么事情他就通知我，我就把我的家人交代给他。后来为什么让他们抓我的原因是要进去难民营才能够出国，你不进难民营不能出国，所以我申请进去，被他们抓进去难民营了。我在难民营好久，我就在我家后面种田。

多伦多

我1984年11月21号从越南飞到加拿大。从越南飞加拿大的原因是我一个朋友担保我出来，我的兄弟，说白了，因为我以前救过他。他在柬埔寨不能够出来，我帮他找空军司令、航空公司总经理让他出去。我以前在柬埔寨很有势力的，坦率地讲，我不害人，我不怕，我也漏税，哈哈。我一家人都出来了，来到加拿大多伦多。1984年11月21日来到这里，11月28日我去做工。在一个画架进出口公司做，一个小时四块两毛半。我爱人她在家里做家务，我大女儿、大儿子去做工，我一个儿子、三个女儿去读书。后来我再找到一份好工，可是1985年我到那个工厂做，是中班，从下午四点到十二点，而我原来那家公司的时间是上午八点到下午四点，我没法做两份工。后来我就跟我老板说我不做了，要去读书。老板挽留我，他是南斯拉夫人，我帮他做生意撑起半边天，帮他做了几百万，什么东西我懂。因为在美国过来的画架里面很多坏的，坏了的可以打电话给美国要求赔偿，七天之内寄钱给你，他不懂得这样，而且还可以修改处理一下再卖。他说为什么你就懂的这样？我说我是做生意的，后来我就修改画架的尺寸，把坏的大的剪成小的，然后再做成成品卖掉，后来他们很多人都来找我这样弄。我第一份工，我在他那里做一小时五块多，我在另一家画架公司做每小时七块七，我一直做到1996年。我工钱很高，那个时候是十二块九了，后来公司没有生意，我就从那里出来了。出来那时候59岁了，我就找到一个汽车零件公司，开机器的，做到2004年，我早应该退休了，工厂不给我退休，到2006年才退休。我现在没有打工，靠那个养老金，我在柬埔寨一天就可以赚几万块钱，现在不可以了。

一路走过来不容易啊！现在我两个女儿在警察总部做工，做翻译，一个做了二十年了，就在多伦多警察总部，一个在刑事部那边做了三十年，一个在警察署做。我的大女婿在海关二十几年了，中国人。我的小孩结婚的对象都是华人。我四个女儿，有两个女儿没有结婚，她们不想结婚。一个到中国去做义工刚回来，做环保工程师的。一个女儿不做事了，因为她丈夫做工。我的大女儿有三个儿子，两个儿子刚读大学。一个儿子去开手表店，一个在这里给人家谋杀了。

我在潮州会馆做义工做了二十五年，在越柬寮华人协会做了二十多年，我的小孩都懂中文。我的另一个孙女在潮州会馆做司仪。一个孙子，他准备读法律，做警察。这里很多国会议员都懂中文，我认识很多人，我们帮忙他们召开一些会议，我们帮

他们翻译，去华人家庭帮他们竞选宣传，有钱出钱有力出力。但这些人并没有回馈给我们什么东西。他们利用我们帮他，他们帮不到我们什么。我们请他吃也是白吃，没用。外国人还好说，中国人更没用。中国人很贪的，他利用你的时候就利用，他不利用你的时候呢就假装听不见，他们选举时候我帮过很多。

杨丁香

口述历史

杨丁香

时　　间：2013 年 10 月 15 日
地　　点：加拿大蒙特利尔金发超级市场
受 访 者：杨丁香，加拿大蒙特利尔金发超市老板娘
采 访 者：张应龙
录音整理：乔志华

舞蹈老师

　　我叫杨丁香，祖籍是广东揭阳，出生在柬埔寨桔井省桔井市，我是第三代移民。从我祖父开始，他就是从揭阳渡船过来的，但是不知道一开始他在哪里落脚。当时我爷爷带了很多人，侄儿、外甥这些人一起来谋生，大概五六个，后来爷爷帮助他们娶老婆成家，爷爷对他们都很好，很照顾他们。然后我的伯父跟我爸爸在柬埔寨出生，但是都在国内上学，祖父是很传统的，嘱咐记得我们是中国人，一定要子孙们都懂得自己祖国的文化，就这样不管自己再怎么样辛苦都好，都要把他们带到中国去读书。后来因为总有土匪诈钱和绑票，觉得不安全，所以他们读了小学之后就送回柬埔寨。祖父跟他们老一辈在那里生活得都很好，他们在当地做一些小店谋生，直到我们长大。

我在桔井中山学校上学，1960年中学毕业，之后就不上了，这在当时已经不错了。当时学校有1000多个学生，中学有十几个班，一班有四五十个学生，有小学也有中学，桔井中山学校在桔井是很有名的。一个侨社不可能建一所很大的学校让我们读书，60年代的时候，上到中学在外面已经够用了，已经很幸福了，有的人连一年级都上不了。我们寄居在别人的国家，样样都不自由，在谋生方面也有很多限制，说中国人不可以做这个，不可以做那个。等到1955年周恩来总理访问柬埔寨后，我们的国家我们的人民地位稍微提高了一些，因为周恩来总理和西哈努克亲王是好朋友。我们都有去欢迎周恩来总理，当时我们读小学五年级，都排着队在学校里面，然后去欢迎，现在我都还记得。

读中学的时候很开心，因为柬埔寨那时候就有很多老师，我的老师包括我的舞蹈老师、体育老师都是人才，本地没有人才，他们是从越南过来的。越南知用学校、义安学校很多逃到柬埔寨来，他们都很年轻，有的还是大学毕业，当时越南是有大学的。当时柬埔寨比较落后，越南比我们进步，城市比较大，人口也比较多，所以人才也多。他们也有地下工作者，我只是在小时候听过这些，我们学校里的老师都是鼓动我们同学进步的。在那样的教育下我们都很纯洁，凡是侨胞或是我们自己的国民有什么事情我们大家都很配合，那时候思想很简单，什么都不懂，别人是什么政治方面我们都是一无所知的，不关我们的事。只是说我们很热情，人家说要支援或者援助什么的，我们就捐一些钱去，这样而已。我们都是储蓄零用钱，寄钱支援别人，从小就有这个观念，就这样长大了。我还想起，我的班主任和舞蹈老师很年轻，都是从越南过来的，后来我长大了才知道他们是来这里避难的，有黑名单要抓他们，他们就跑来桔井，很容易坐公车来，几百公里就到了。他们就到我们的桔井中山学校。

我们的校长张德祥人很好，可以说是柬埔寨第一好校长，几十年都是这样，一生都献给了文教界，他家庭环境很好。他跟我们比较有感情，校长人很老实，很少开口，但是教导方式很好，全校几乎90%的学生都很尊敬他。1970年的时候，朗诺上台，他是美国一派的，上来专门捉知识分子，迫害中国人。桔井就开始迫害文教界的人，有的被捉去坐牢或者打死，他们就逃到越南，因为他们是从越南来的，所以多数逃到越南，有的逃到了香港。校长全家逃到越南之后，参加什么华运的就不清楚了，一直没有消息，解放后才听他们说的。1975年后校长在越南受到迫害，他被捉后很可怜，当时很多人被抓之后又给放了，只有他们几个不放。越南解放了，柬埔寨也解放了，他还是没有出来。过了一段时间之后，世界各国都在响应联合国的号召，把难民收容到各个国家。当时他的一些同事都出来了，他还不能出来，他可能就有点自卑，觉得自己没有希望了，他的女儿反而来到加拿大了，在温哥华。他女儿要担保他太太到加拿大来，但他太太不肯，一天天地等着校长，可是校长觉得自己没有希望了，精神崩溃了，就想让老婆和女儿团聚，好好生活，不要连累她们，所以就在牢里自杀了。我们在海外的学生听说后都很可怜和同情他，都觉得他很好，很多人都很尊敬他，有一些很坏的学生不听一般训导老师的话，但是都会听校长的话。

我1960年就毕业了，1961年去波萝勉省巴南市一个小学当舞蹈老师。我们在学校里从小学到中学都有老师一直培训我们，是舞蹈员，一直到中学毕业。学校穷，经费不够，就靠每年的春节初一、初二、初三这几天表演的祝庆节目，通过收门票这些钱当学校的经费，校长教导有方，在他的带动下那些老师在一起都很配合和团结，都很好。我们这些新任的舞蹈员，春节的时候校长就很爱护我们几个，我们负责舞蹈多的节目，他怕我们还小，春节这几天贪玩，骑单车、去旅行之类的，所以他就要求我们不要出去外面玩，不要骑单车，在学校里校长都会找人煮一些甜汤，让我们在里面玩就可以了，因为我们要保护好自己不要摔倒了，影响到表演节目，这样到演出的时候就不怕了。那大家都听他的，所以我们跟他的感情很好，很怀念这一段时间。

我们几个都是被训练出来的舞蹈老师，初中毕业就可以教小学了。去那边教小学一年级，我住在桔井，要坐船、坐车，先到金边，要一天多才到教书的地方。当时那边要我们去当老师，我们也很独立的，父母也不反对。我兄弟姐妹五个，我最大，还有两个妹妹、两个弟弟。父母是做家具的，我教书赚来的钱就帮助弟妹，贴补家用。我小时候很喜欢运动，打篮球、乒乓球和跳高是我的拿手，在学校里我是跳高冠军，乒乓球也是冠军，打篮球我是左手，最后一场球靠我发球，打胜了柬埔寨国家队。我在巴南市的时候也代表他们波萝勉省，带领他们的队员打胜，他们的省长也很善待我们。我们的童年生活很好，我是一个活跃分子，又热情，又关心人，今天你望我我跟你点一个头，明天再看见你你就是我的朋友，我就这个性格，一直延续了几十年到现在。当我创业的时候，我成功的因素之一就是我的性格，我很好客，觉得朋友越多越好。我不是那么寡言的人，有很多朋友，世界各地都有，我也不会觉得寂寞。我出去他们接待我，他们来我这里我也接待他们。

在那儿当老师的时候一个月两千二百柬埔寨钱，钱很少。膳食费四百，交给厨房，住的不用交钱，都是学校配给的。我们的学校是华侨学校，因为城市小，所以学生比较少，只有小学，就四五百个学生。我不会一直在某个地方待着，哪里需要老师张校长就把我们分配到哪里。有时候各地找不到老师就找张校长，然后介绍老师过去。我大概走了四五个地方。我在第二站菩萨省教了两年。西哈努克亲王的时候没有关华校。柬埔寨分为五个省，都给他们红色高棉占领了，我们学校没有关过，从来没有停课过。朗诺就抓那些进步分子，关闭华校，连老师都抓。当时红色高棉还在森林里面，外面没有势力，我们是处在朗诺势力的统治之下，生活一切照常，他没有对普通人民做什么，这只是政治上的问题。

家庭主妇

1970之后我就没有教了，我已经是家庭主妇了，我是1965年12月25日结婚的。我的先生叫叶黄智，祖籍广东东莞，他们家是做米谷生意的。结婚之后我还当老师，我又到一个地方教舞蹈，就是马德望市的一个地方，接近我先生的家乡。我在东他在西，我们是千里姻缘一线牵，我们在同市，他也是当过老师，只当过六个月，就娶到了一个太太。我们是在学校认识的。我住的城市在越南边境，他的城市在泰国边境。我在菩萨市教了两年，教书的时候我也不认识我的先生。后来学校突然缺了一个体育老师，这个城市离马德望不远，一百多公里，我有一个同事魏老师是我先生的体育老师，1963年，那个学校缺了一个体育老师，魏老师就没有办法，找不到，因为当时没有人，就拉我的先生请他去那边代课。我先生说不行，他要在家收谷米，因为他们家是做谷米的，跟农民打交道的。秋天的时候谷熟了要打牛车，到田里跟农民收购谷米，这时候他要帮家里，如果他来当老师的话就不能帮家里了。而且他只能帮六个月，从一月份开始到秋天收谷的时候就一定要停，但是魏老师接受了，因为没有老师，暂时半年也好。之后他就到我们那边教书了，我们才认识。因为他喜欢运动，我也喜欢，所以早上大家就在球场上一起投篮，他也不太喜欢讲话，但是时间长了大家就熟悉了一些，就互相聊天，后来就有了感情，之后我们1965年就结婚了，结婚之后还是把那一段的教学工作完成，之后才不做了，专心做家庭主妇。

我先生的家庭是个大家庭，他在家排第六，全家中就我们两个读书最多，他的哥哥姐姐都是读了小学一两年而已，他读到高中，在端华读的高中。那时候他打篮球也很厉害，投得很准，只要他不去，团队其他的人都不肯去。他在学校里是班长，他不做的话其他人都不敢做，他有一批自己的好朋友。拔河比赛的时候他是冠军，但是他不去领旗，他也调皮。在学校里不是全部老师都好，有些老师的太太也教书，可是老师很懒，学生的作业都不改，让太太改。他们是寄宿学校，后来他们发现情况不对，他们就很不服。他很有领导头脑，在宿舍是舍长，协助一位老师负责寄宿生，有些老师不好，让学生吃的没有营养，他就领导学生们罢食，所以在学校里很有名的，可是他又很喜欢打抱不平。

逃难路漫漫

1975年4月17日，我们听电台说红色高棉已经占领了首都，在之前我们已经有所准备了。因为我的家乡是在桔井，在越南的边境，已经解放了，1970到1975年红色高棉已经占领了各省，我的妹妹们就慢慢地偷渡到我这边来，然后我把他们送到泰国，他们就告诉我，姐姐，你好走了，我们那边的政权都不给家里住。我们那边是老解放区，他们不会赶，可是他们的政策是将来的城市要种香蕉，人民就到森林里面去，城市不给人住，听起来很奇怪，所以大家都慢慢地逃来。到这个时候我们也准备逃了，柬埔寨不可以再住下来了。我们的生活很好，虽然不是资本家，但是在当地也算是富裕人家，而且我们不是靠投机倒把，都是靠勤劳起家，他爸爸靠给别人砍柴、做饭什么的一点一点积累起来的，赚的都是辛苦钱。我们都是很勤俭的人，虽然有钱，但是从来没有乱花，我们对公益事都很乐意做。佛教也好，其他宗教也好，我们都有在做，一直到现在我都还在做。

1973年的时候我就有条件到泰国去，到寮国去，我带着小女儿去看什么地方比较好谋生，我们小家庭要搬了，不可以住下去。这时候，我每次到泰国去，我有个好朋友就是我先生的同学，是泰国华侨，他到我们那边去读书，就是我先生所在的省读书，同在一个宿舍，很好的朋友，叫黄光华，他的爸爸也是个慈善家，在边境做买卖，所以我们第一站就是到他家去。我去泰国我就了解，到曼谷去，到寮国永珍去，有什么地方好谋生，好落脚。结果走一天回来就决定到寮国去，寮国人比较好。当时生意太好做，因为在战争年代，一个地雷隔断一个地段，那边没有货的时候东西就会涨价，所以我们就做糖、绿豆什么的，在泰国，我是跟人家合作的，我出钱他们去做的，把整船整船的货卖到越南去。一直做到忽然解放了，我们那里一直平平静静的。

马德望市靠近泰国边境，解放之前一直都很紧张，我提前买好了19号的机票飞泰国，飞到边境我们步行都可以到泰国去。可是等不到，17号柬埔寨解放了，我们走不了，因为牵挂老妈妈，能拖一天是一天，结果就走不及。22号那天我们走到边界之后，我们有一辆车走到半路就被红色高棉的人没收了，他们还穿着黑衣，那时候叫做"挣钱"，东西就属于他们了。我们的车被没收了之后，我们就租了辆三轮车，一家人，就是这样和几个朋友一路走到边境，结果边境立刻就可以过，很顺利。

人算不如天算，我就跑过去换钱，以便换些支票带到曼谷，方便到了泰国可以用，但钱要第二天才到手。我们就躲在朋友家，可是万一泰国兵来抄屋的时候，发现我们这些没有身份的人，无国籍，是难民，不可以在这里。所以有这个思想，我一定要有本事自己负责自己的家庭，我就先不过去泰国，我先生他们先过，我等着拿这笔钱再过去会合，这笔钱不是一个小数目，足够我们生活一段时间了，大家都没有主意了，只有这样处理，我先生和两个孩子他们当天就顺利过了边境进入泰国，我和其他小孩暂时留下来。

可是，第二天就过不了。我们就躲，躲了一个礼拜还是过不了，没办法就只能回家。当年秋天11月份，我生下个小孩，当时我的命都快没了，因为在农村，条件比较差，没有医生、医药和医院，连接生婆都没有，后来打听到很远的村庄有一个以前帮人家接生的人，就去她请过来，我还是难产，胎儿不正，几乎命都快没了，但最后还是生了出来，孩子还昏迷了，后来就打他，打到他醒，总算好了。

当时在农村根本都吃不饱，大家就一起到大饭堂吃，有几百人。这个时候没有时间想外面的丈夫和孩子，想目前的三个小孩怎样把他们养大，其他的就都不敢想了，留得青山在不怕没柴烧，我要保护好孩子圆圆满满，总有一天我们一家人一定会团聚，好人一定有好报。这个是全国性的，你不可以去埋怨谁，只有接受这个环境去生活，要很灵活地想办法把孩子养大。我的伯父很有钱，他不走，他一天可以走三国，做很大的生意。他早上在越南，中午就在柬埔寨金边，到晚上他就可以去寮国。很有钱，财产很多，但是没有飞机走不了，结果一家人饿死在了没有农田的地方。我的堂妹夫是教师，被拖去打死，我的堂妹也是饿死的。

后来等到越南兵打进来，我们就逃去泰国。当时泰国就搞这么一套游戏，把我们送回来，他们不从正面送，把我们丢在山上，专给全世界看，意思就是这个时候联合国把钱丢来泰国我才会收你的难民，他们的目的就是这样，所以说我们是受害者。又或者是被赶回来，一开始他们说要用大巴把我们移到另外一个地方去，我们还很高兴，准备去出国呢。赶回来之后，那个山很陡，还背着小孩，一天行二三十公里路，从天亮开始走，走到傍晚就睡，在山里面转了一个礼拜也没转出去，结果带路的人带着我们转到柬埔寨。我们又是逃，我逃得最先。我们逃出来的时候看到大家都跨过尸体走。我在菩萨教书的时候有个姓黄的同事，逃跑中他太累了，又很口渴，所以就找了颗大树靠一下，之后就"砰砰砰"打过来了，死了，我就赶紧背着我的小么跑了。我是很幸运没有被打到，他太太跑过来问我怎么办，我就说赶紧跑要不然就没命了。他们碰到越南兵，我会讲越南话。他们见小孩很可怜，一大群人，又帮我们渡过一个大河，我们逃下来，边境上有一个很大的湖，越南兵直接带我们老少渡过，然后来到柬埔寨吴哥的暹粒市，之后又逃到了马德望，我们又再偷渡过来。

1979年10月份我第二次入难民营，我先生已经知道我们已经逃过来了，已经有信息说我们在难民营了，泰国的朋友写信给他，他就崩溃了，感觉完了，他的朋友很可怜他，后来他的好朋友告诉他立刻写担保，要求政府立刻把我们一家人优先送过来。

重聚加拿大

1979年12月12日我们来到加拿大，是政府把我们接过来的，然后就为我们安排担保人，就是我先生，然后负责供应我们的一切，吃住什么的。他本人怎么样苦怎样累都觉得无所谓，一天做二十四小时他都没有怨言，只要一家人能够团聚，这是最可贵的。他在泰国许了一个愿，如果有机会见到太太和孩子他就把头发剃光，结果我一到，他隔天就把头剃光了，还了一个心愿，他是一个守信用的人，所以就这样。

我到了加拿大后，隔天就去申请我两个孩子从香港过来，他们就安排飞机把孩子送来了，大概是1981年还是1982年左右就来了，很快的，当时全世界都在响应接收难民。我的兄弟姐妹经过红色高棉也都没事，很幸运，全家都活着出来了。我先生也是没有损失什么家人。

当初，我家在边境分手时，我先生带着两个孩子先逃难到泰国，他们在泰国没有身份，不敢在他朋友家里，怕连累。他们起初是睡在庙里面，睡在地下。宁愿睡在庙里，因为政府不会去庙里捉人。然后我先生的那个朋友就介绍我先生去找他的好朋友的工厂里去做鞋，就是拖鞋，去那边上大车送货。那这孩子怎么办呢，我有个表弟正好娶了个泰国太太，就叫她来商量，帮我的两个孩子作假的护照，那时候泰国有钱就可以通了，两个小孩子，一个六岁，一个八岁，就给人家带过去香港给我的叔叔，让他们在那边受中文教育，读到小学六年级。

他有一个朋友黄光华，人特别好，原来我有准备一些钱、金什么的，我常过边境，我一天早上去晚上回来，很近的，我们就寄在他那里。当沦陷的时候，我们逃不出去的时候，他逃来，大家在两个国家是没有音信的，我先生不知道我寄在他好朋友那儿的美金，因为我懒得跟他说，我们妇女比较懂得安排，把钱寄到他那里，万一有个什么事我还有些便钱。国家完了就要逃亡了，也好有些准备。这个时候我先生去到加拿大，不然惨死啊，没钱什么都惨啊。然后他就在泰国等我的消息，觉得自己再怎么苦也不能委屈了孩子，一定要安心，之后他才下船，出国才是他的正事，到他逃出来，我这个姓黄的朋友就把一整包的钱给他，把他给吓了一跳，问是怎么回事，我的朋友就说：是你的太太放在我这里的，你不知道吗，他说不知道。所以这个钱就可以让他们在外面暂时解难，在接下来的六年还可以邮给在香港的孩子。所以我很敬佩这个朋友，很好，有的泰国人就会说没有寄。

老大是个男孩子，12岁，就在家做饭，照顾四个弟妹，我们两个每天早出晚归，十点十一点才到家，然后孩子们就自己有分工，洗碗、扫地，都有自己的工作，老幺最小，不懂什么，当时我们没钱买洗衣机，就拖去隔壁街洗衣服，老幺小小的，才七八岁，也拖着一袋子衣服去洗。

来到之后我们没有新衣服，也不敢去买，就有人带我们去教堂，教堂有好多好心人，有钱人家过时的衣服，春夏秋冬的都有，有些外国人他们买了新的之后原来的就不想要了，就拿去教堂，教堂的人就洗干净，挂在那里，好像在卖一样，我们去的时候他们就说有合适的你们就拿，送给我们。碗柜也有，家具也有，什么都有，我们就是选那些来用，茶杯、碗、筷子样样都有，我去选了一条被子，那条被子我用到1986年搬家的时候才丢掉，很值得纪念的。房租两百块，自己要买家具，我们没有冰柜，一些新来的人呢都是

1980年杨丁香（后排左三）、叶黄智（后排左四）夫妇和5个孩子在加拿大

同乡，柬埔寨人他们很有远见，来这里读书的人很多，他们人很好，见我们孩子多，有四五个，他们就载那个冰厢来给我，没有拉手了，已经坏掉了，是人家要买新的丢掉的。还有那个炉子，人家丢了我们就拾来用，我们就是这样一路走过来的。

金发超市

那时候我先生在一家手表装配厂工作，一个钟薪水是三块四毛五，一星期做四十个钟，缴税后存一百三十五块，一百三十五块那怎么养我们全家呢。我没有优惠，因为先生在这里要养妻子和孩子，政府的政策是可以养你七个月，让你读书，然后去找工作做。然后我们很开心，他一个礼拜一百三十多块，我们一家七口，就这样生活。我就在学校读书七个月，政府免费给读，每个礼拜给二十块坐车买车票。我读到五个月，心里就已经计划要常旷课。一个星期读三天，偷偷出去找工，有一点语言基础了就去找工作，看人家工厂需不需要人。为什么，因为我觉得我们一家人一个星期才一百三十多块钱，孩子一年四季各有不同的鞋，冬天冷的时候，还有夏天的鞋，最低也要两到三双，在加拿大春夏秋冬四季分明，还有衣服，怎么办呢，想起来还是觉得快点找工作，两个人都有收入比较好，结果就去先找工，所以还没读完就去工作。

第一份工作就是在工厂缝袋子。去找工作的时候那个人问我懂缝吗？我说懂啊，其实我不懂，他说既然懂就试试看，我很大胆，就拿一块那个皮来裁，我就知道不可以快，我就慢慢做，而且他那个是插电的，我们那个年代国内从来都没有这些的，所以我就慢慢地去转那个针头。也可能是很有缘分吧，那个工头说：可以啊，很不错啊，我收你啦，我就很高兴，结果我就在那边做，做了一年。我1980年去读书，1981年就开始做，白天做工。

我先生就想到说还是找一点小生意来做吧，因为他是商人，就能想到这一点。碰到一个老乡，他之前来了很多年了，他在仓库有米卖，我们就跟他聊聊。我先生问他如果去拿米去卖的话，怎么样算，因为我看到当时难民有很多，每星期都有四五百个，他们柬埔寨人不懂得去哪里买米，他们也没有车，我如果是拿米来卖，我赚一点点，下班后送到人家家去，也会有收入，会让孩子生活得好一点。我先生跟我商量，我说不错啊，这样可以试一下。以前我们生活富裕，当时首饰、钻石、链什么的，我们结婚的时候都有，少女少妇都喜欢这些，自己有一些首饰，有钱就买起来。结果我逃难到这里来，我是一个幸运者，没给贼偷，没给红色高棉去抄家里面，我藏得好好的，一分一厘都没有损失，最后把它带过来，这是我的财产，我到泰国的时候就把它卖掉了，我已经计划到泰国之后把那些不太需要的东西卖掉，只存了订婚戒指这个最重要的，自己留做纪念。卖掉后就存了一笔钱，我就托我朋友的爸爸妈妈先拿来给我的先生。我是想我们到这里来就是要吃苦、要拼的，要去工作，他们个个都在工厂工作，所以有钱来做生意，我们从头起了，就不需要这些奢侈品了，有纪念意义的就留起来，就托我朋友的爸爸妈妈带来给我的先生。我先生就说：我可以把你带来的这个钱买辆车，有车才能送货啊，我白天在表厂工作，吃完晚饭就去送，那你就在家，那些难民来之后，你就一个一个问他们住家的电话和住址，然后问他们要不要米，我们给他送家里去。说了之后他们个个就都很高兴，他们也不懂去哪里买米，要吃米就跟我们订，我们给他们送家里去。

我们两夫妻就这样地送起来，刚开始就有58家，后来越送越多。送到180家的时候，隔壁就有人打电话告我们，说什么我们整天都把米往家里送，而且每星期都送这么多，不对呀，在加拿大住家就是住家，商店就是商店，不可以住家又放商品，这样可能会有老鼠影响住家，所以是不行的。那个人也不告诉我们，直接告诉政府，政府就叫我们来上法庭，我就到法庭去。到了法庭之后就找了一个翻译，因为我们只懂得一些很平常的生活用语，不懂得太深奥的，我就哭了一场，不晓得上法庭会是怎么样，不知道这边的法律，只知道吃饱，给孩子过得好一点，就这样去做，经营好自己的小家庭，其他的什么都不想。当时那个华协会有个机构是帮华人解决问题的，我就去求他们，里面的人说：不要紧，我带你去，我给你当翻译。上了法庭，人家问，他就说，她是新来加拿大的，法律什么的不太懂，话也不懂，什么也不懂。法官看到我也挺可怜，有五个孩子，就说以后不要这样了，要遵守这边的法律，以后如果还要做的话就去租一间店面，不可以在家里又住又做。我说可以啊，谢谢，以后我不再这样了。就这样才没有被罚。

我先生说这样不行啊，如果是这样，我们就去寄货在人家那里，就隔壁街我们常去买的越南店、方便店，他还有地方，我们租你一个月，给你几十块钱，每个星期我进好就出。那个老板也很好，就给我们寄存，但寄久了也不好。

我买来一包米三十块，这包米一百磅，很重的，有运动员可以一起抬。一包米送到人家家里去不要油费，人家要买我们就送，每天下班吃完饭之后我们俩就一起去送，每次两车，因为我们买那个车是小车，可以坐人也可以放东西，一次也就装七八包而已。送到人家家之后就卖三十块，然后收小费三块。有时候送到四层楼，有的没有电梯，就只有走上去，累得要命。人家问有面吗，我说有啊，一包五毛。后来慢慢做，又有酱油那些食鲜，有时候送到的时候，有的人就说：阿哥啊，我叫你两天都送不到，我现在没米，我去买别人的了，我又送去，那才累啊。就好像一个老牛拖车一样，没办法，任劳任怨。但是很开心，我一个礼拜就赚三百块啊，一百包就有三百块收入啊，我先生的工作一个星期才一百三十五的，我比他在工厂工作多了两倍，所以说怎么会没有利呢。一个星期三百块，一个月就有一千二百块，这是不用纳税，是自己偷偷做的。当时生活费方面，我们是比较省的，餐餐吃鸡蛋，因为便宜。我们在家里都相互配合，老大很听话。从我们住的地方过两条街有希腊人在那里卖鱼，我就每个星期带着孩子去，都不敢看大鱼，挑些比较小的鱼，因为那些比较便宜，然后看他们标九毛九的，是隔礼拜的鱼了，没有那么新鲜，但是也可以吃，我就把它煎一下，就可以给孩子吃了。我每个星期都带几个小孩子去，他们很喜欢小孩子，加拿大人都没有生这么多，看我生这么多，有四五个，所以老板就半送半卖地给我们了，也挺好的，所以每个星期大概就七八十块就可以过了，另外还有水电费之类的就有一百块了，再加上房租一个月是两百块，我们也很省，所以说每个月也都是还有剩余的钱。有人不工作也都有钱剩，有政府养啊，好过我们很多，养一个家庭也是一千块啊，所以说加拿大养懒人啊。有的两夫妻都不工作的，二十年三十年直到老啊，我同学也是这样子的。他们是这样，可是我们不欣赏。所以是很有利做的，很有精神，就这样我们就开始创业了。

最先开始卖米，后来做了一整年，有一天这个车突然坏掉了，要换新车，买新车要花好多钱啊，原来的磨损很严重，装的东西太重了，但是也好，买一个经验。后来就想到租一个小店来做，有人主动打电话来找我们，因为我们懂柬埔寨话，他们不懂去哪里买东西，我懂越南语、柬埔寨话、寮话、泰国话，我算是语言天才了。我跟别人谈话很注意听，他们听我说话发音很正，就说我是越南人，还问我是不是住越南生长在越南，我说不是，我是做生意的时候听客人讲，我就慢慢地学，我先生就不像我这样。所以我就比较适合在门市做生意，我比较善于交谈。到现在我上班，都不用员工叫我，我都是先跟他们打招呼，他们就会觉得很亲切很舒服，他们有问题我会帮他们解决，他们经济上有困难的时候我也会帮他们，之后慢慢还就可以了。

1982年1月1号，跟我一同坐船出来的一个朋友在中国城开店，他条件比我富裕，比较有钱，他搞批发，就叫我跟他合股，他供应货，我这边有客人，然后大家一起合作。我们没有想到要开，只是想找一间小小的方便店就可以了，又可以放米，没有什么野心。当时我们资本比较少，起初我们每个人就两万五，当时我自己有点储蓄，然后再卖点其他的东西，然后把钱投进去，把那间店做起来。他做了六个月受不了了，就不要了，他让我们自己做，我们就接下来了。我们当时不敢请人，我先生到外面去送货，我在店里收钱，把二十五公斤重的米扛到外面给人家，当时还年轻可以做。而且你不送去人家还不要，我一个人在家，请不起工人，就让他的一个好朋友来帮我们，这样就三个人一起做。他们两个人都不在的时候，我一个人又收钱，又包菜，又做零零散散的事情，还送货到门口。我们就一直这样做下来。

一直到1985年，这期间生意一直都很好，我们也很开心，而且也不知道累的。做到1985年之后我们觉得累了，我先生说店附近没有停车场，又已经饱和了，那我们也该外出走走了，太辛苦了，我们休息一年吧，有朋友要就让给他，就是那个股东他的一个弟弟从台湾来要找生意做，他想请我们卖给他弟弟做，我们就退出。我先生就说不可以再做了，这个地点很小，只有九百尺，不是很大，可是我们有特色，泰国、越南的特色，都是空运过来的东西。

之后我们就去旅游，去中国，去各地旅游回来之后，我们想到什么能做再去做。1986年七八月份，我们就开了第一家金发，1987年就在唐人街租了一间较大的地方开第二间，到了1990年我们在南岸开多一间，是第三间，然后1999年又开了一间，总共四间。2002年又开了一间仓储，我这个仓是1998年买下来的，当时很便宜，100多万，当时我们只有二三十万，没有钱，就去银行贷款，分期付款，就用赚的钱慢慢地还，现在这里已经没有贷款，完全是我们的了。自己的店给地产公司钱我们才好做，我们分两个公司做，一个地产公司，一个商业公司，地产的租给门市部。然后我们2008年就在南岸买了一块地，建了最漂亮、最新鲜、最好形式的店。都是做主流社会的客户比较多，60%都是他们，很喜欢我们的中国食品，烧鸭、烧猪、中国式饮料这些东西，做得很好。

从第一天开门就赚到钱，没有做过亏本生意，做了四五间店，从来不会说没有生意，人山人海，就这样做起了。同时呢也是靠大家，亲戚朋友、同乡和侨社他们的帮忙，就商量说怎么做才能让他们买得舒服、买得好、买得便宜，不单是要货好，人的态度也要好，你要礼貌，各方面一起配合。做生意要天时地利人和，不是你有钱就可以做的。还有员工就是我们最大的本钱，没有好员工，整个家庭有十个人、很多双手你也做不了，有员工配合你，他们明白他们也是这里的一分子，我只是领导他们，带动他们，我是

杨丁香（左二）和她的先生叶黄智（右二）在金发超市

大姐姐，是妈妈，你有什么事我们会帮你，会经常跟他们沟通，跟他们谈谈心，问他们的家庭有什么困难，我就是在人事部做这些工作，我也比较擅长。

做超市就会有些辛苦，一个是自己习惯了，二是自己也有感情，跟客人打招呼、为他们服务感觉很开心，他们如果要是找什么东西，我不会指给他们，而是亲自直接带他们过去并且拿给他们，他们也很开心。我这样做一是我自己想做，也是想给员工做个榜样。如果语言还不懂的话，我就会去找个翻译。

现在除了做超市，还在做房地产，就是买商场去租，是这几年慢慢才有的。不能把所有的资金放在一个行业里面，那个就不用太辛苦。最近我们在市中心跟一个很好的年轻人合作，也是同乡，打算建一个38层楼的建筑，我们可以建四个这样的建筑，一个可以有三四百个单位。上个月刚开幕拍卖，我们会到北京、上海这些地方去卖。

现在老大是领导，也很辛苦，每星期要做六天半，老二也是在那里，在饼房负责，老三是个女生，协助老大，在南岸负责一个店，老幺是会计师，就是几个孩子都在我自己的店里帮忙。他们都是大学毕业，只有一个读到高中就来帮忙了。现在主要是他们来负责店里的经营，他们如果有什么不懂的就去问他们老爸，给他们一些意见。现在他们都成家了，我有十几个孙子孙女，我跟老大住在一起。

第一次买房子是1986年，要六万块的，面积不是很大，三房一厅，有楼上楼下，一家人可以住得很好，比以前好多了。1984年的时候我想买房，就求老公，说个个都买房了，为什么我们不买，政府补贴，五万块送五千块，一间房五万。他说我们买它做什么，我们留点钱来做生意买货，买这买那，以后几年后我们赚到钱你想买多大都有，他常常跟我这么说，所以就只好听他的。后来孩子长大了要结婚了，所以1993年就看上了现在的屋子，要七十二万。当时他们建造完可能要一百万，但是他便宜卖，因为他做生意失败了就卖给我。住到现在二十多年了，我跟老大住，别的孩子结婚后就搬出去了。

现在我退休了，已经不做舞蹈这方面了，他们有什么活动我也不参加了，全心全意投入在这个工作上，因为商场如战场，很复杂，你不积极不努力做好它就是退步，就是不进则退，因为竞争也很厉害，我们要赶上，要很高地要求自己，我们最大的敌人就是我们自己，要努力地做好自己。

我的弟弟妹妹在法国，跟中国做大米生意，做得也很好，几十年了，最近两年没有大米做了。我弟弟也是个高材生，他在法国都是由我来供应他，因为他跟我妈妈那边就隔断了五年，都没有来往了。我们桔井那边1970年解放，我们在外面，我弟弟高中毕业之后就读法文，他读书很厉害，他的法文老师很喜欢他，解放后就介绍他到寮国永珍再升级，他去到永珍读两个月又是解放，那他就跑来泰国。他在联合国难民署工作，难民他们每个人都要先出国，怕不能出去，就常拿钱给我弟弟说让他们先出去，但我弟弟说不可以，每个难民都一样，人人都要出去，我怎么办，不可以这样。所以到最后我弟弟真的一分钱都没有收，自己没有钱也不要那些钱。这些事情不是他告诉我的，是他的同事跟我说的。在法国的时候，他在一个荷兰大老板的食用油公司做，然后就派他到中国负责中国的事务，去买山东的花生这些东西，然后他跟中国的关系就很好，所以省粮油就跟他合作，做了十几年，中国北京粮油的领导我们都很熟。那么大米是怎么做到非洲去的呢，我们的大米不是长米，是那种短米，是最便宜的米，把它销到非洲去，当时因为国内懂英

加拿大蒙特利尔金发超市

语和法语的人还不是很多，那些做上级的人都不是很懂，就靠他在外国跟人家谈判。他现在法国，是我培养他成才的。

到现在这个样子我们已经很满足了，然后做些事情回馈社会，做一些应该做的留给后代。我免费送菜给这里七八个庙，不是我人太好给他们送，而是他们有来让我们支援，这星期卖剩下的但还是好的菜，可能一包里面会有一点黄的，我就把它们选出来放成一箱一箱的，等他们来我就送给他们，每个月我们都送两包米给那些庙。他们到庙里去拜佛，去拜祖宗，有的都把祖先的香炉放到庙里面去祭，然后每星期都去拜，他们还去念经，每个星期天都吃斋，我们就供应这些，几十年不变。这里有很多庙，有越南庙、中国庙、柬埔寨庙，我们都有供应，我很喜欢做这些事情，所以我这边人事很好。

张茂川

口述历史

张茂川

时　　间： 2013 年 10 月 15 日

地　　点： 加拿大蒙特利尔柬华协会

受 访 者： 张茂川，加拿大蒙特利尔柬华协会常务顾问

采 访 者： 石坚平

录音整理： 方丽纯

一出来就当校长

　　我是广东揭阳古沟人，1938年出生在越南芹苴乌门市。我有一个姐姐是在国内出生的，她比我大十五岁。我祖父先到了越南，我爸爸大概20年代先到泰国，后到越南，当时二十来岁。1991年他九十岁时，回到中国落叶归根。我爸爸妈妈都没有文化，都是农民，我爸爸在越南的时候，靠体力过活，三餐都比较难解决，所以没有办法积累一笔钱去把我妈妈跟我姐姐带来。等到我姐姐十五岁的时候，在1937年，我爸爸才叫人从家乡把我妈妈跟我姐姐带来越南。大概我姐姐十六岁那年，我就在越南出生了，那时还是法国统治印度支那联邦，纸币都是三国通用，三个国家都有法国的总督。那个时候的越南共产党叫做越盟。在我小的时候，日本鬼子打进了印支半岛，把法国赶出去。1945年日本投降了，法国又重回印度支那。后来1954年日内瓦

协议签订后，越南分为北越和南越。过后不久，美国势力侵入了越南。

我是在十一岁的时候，从越南去柬埔寨。我爸爸没文化，一直靠着苦力，过来柬埔寨做码头工人，我妈妈在家织麻线，这些麻线就可以织那个蚊帐什么的。我姐姐已经嫁到柬埔寨来，有这样的一个依靠，我们才从越南来到柬埔寨。当时整个家庭，父亲母亲，我和一个妹妹。

来到柬埔寨以后，我就开始读书。我爸爸就去做他自己的工作了。我读中文，全日制的。柬文、法文是兼的，每个星期六节，后来就有英语，也六节。那个时候学校的教师都是国民党的，因为国民党在大陆战败了，就撤去台湾，有一部分就进入了金三角，有一些来到了柬埔寨。有一些是教授，进入这里就当教师了。这些人当教师当然宣传的都是共产党怎么不好，但是教出的学生却变成了共产党。我一边读书一边申请半免费。我家庭经济不好，星期六、星期天我要去卖冰淇淋，拿着冰桶沿途去卖，帮助家庭减轻一些费用啦。

我读到初中毕业，自己一直刻苦学习。我出来后去教书，同时就读厦门大学中文系的函授，没有回国。我一出来就是一直做校长。在一个小农村开始，后来就在一个县做校长。整个柬埔寨只有我，在两个地方做了15年的校长，建了两间中学。我就是一边教书，一边做校长，一边读那个中文的函授。那怎么样说我是建了两间中学呢？是这样的，我去到那个地方，一个是马德望省吴哥比里，一个是磅湛省三洲府，这两个县做校长，这两个县市在整个柬埔寨是出产谷米最多的的县。如吴哥比里一个县，一年丰收，就可以养活整个柬埔寨，所以它的经济情况好。三洲府，除了谷米之外就是五谷，什么黄豆、白豆、绿豆什么都都有。

进解放区

1970年柬埔寨政变了，朗诺把西哈努克亲王推翻了。因为我是一个教育工作者，特别是学校的校长，所以，我不得不离开了白区跑进了解放区，因为那个时候各个学校都被封了，去解放区了。

到解放区后，我们就发动那边的华人群众，支前巩后。在这个区内有一些不是真正的解放区，是游击区。我们在里面办学校、办医疗站。医疗站就是针灸呀各方面，来帮人家治病，药是没有药的，还有帮人家接生。还有发动群众支持军队打仗。我们还有文工团，时不时搞一些节目，抗战的节目，爱国的节目这些。把侨胞的儿女集中在一起学习中文，不要让他们忘记了自己的祖籍文化。柬埔寨同胞就最欢迎我们，因为那个时候解放区没有药。我举几个例子吧。有一些妇女呢，生产后她过早去劳动，所以她们很多都是子宫脱落，这个针灸啊就把那个子宫拉上来。一些感冒、头痛等小病，都针灸好了。

在解放区，我们就是跟这个柬埔寨共产党政权联系，希望他们能够允许我们做好这工作。他们不是很欢迎，把我们这些人看成白区来的，都是属于资产阶级，都是剥削阶级。我们进去后，开始的时候，没有见到柬埔寨共产党，他们还是在山上，开始时人家叫他们为土匪。美国在越南打了十多年不能够搞掂越南的解放军，所以就发动柬埔寨朗诺集团政变，推翻了西哈努克，就把战场扩大到柬埔寨来。但是在还没有扩大到柬埔寨的时候，越南共产党的解放军已经进入柬埔寨来了，一路势如破竹，解放各个地方，帮了柬共，组织这个地方的民兵，帮训练军队。越南解放军再继续向前推进。但是，越南跟柬埔寨不管是伪政权还是共产党都有世仇。为什么？因为当时法国统治印支联邦的时候，曾把柬埔寨的国土割给越南，所以柬埔寨有一种深仇大恨，所以伪政权也合不来，共产党也合不来。

慢慢地地方上的柬埔寨政权开始建立起来了，慢慢它的战事推到接近金边了。柬埔寨共产党的政权也开始慢慢地巩固，那么就开始他们之间发生纠纷了。他们虽然发生纠纷了，这个时候的越南解放军，只要你是打击美帝国主义，我们华人都支持。但是越南解放军越南干部是反中国的，明明这支枪是六四式的、五六式的机关枪，我们看很清楚是中国制造，他们说是苏联制造的。那么很多侨胞就有火，因为他们这个解放军经过的话都是住在民间的家，老百姓都养他，给他们吃饭。所以老百姓严正告诉他们，假如凡是什么都讲中国不好，什么都是苏联好的话，我以后不给你们吃饭！

越南共产党跟柬埔寨这个内部常常斗争，有时开枪打。那么我们华人惨的地方就像三文治夹在中间，因为你越南部队来，你是打这个柬埔寨伪政权的军队嘛，我们当然是支持你。至于你的内部的问题，我们不能够参与。

我这个干部不是属于柬埔寨共产党的干部，也不是属于你越南的干部，我是属于我们华侨爱国的组织。那么我们因为越南解放军一进来势如破竹打得很快，你这个柬埔寨的共产党还没有呢，那我们当然就是支持他们啦。

被囚禁在森林里

后来，他们的矛盾就白热化了，结果怎么样呢？就有一个晚上，他们封锁了我们那个农村的几条路，因为我是那个区的负责人，是负责跟政权联系的，所以柬共就把我们两三个人抓了。柬共抓的时候是晚上，把我们绑了眼睛，两边手绑在后面，拖着走。我们觉得，凡是柬共抓的都是九死一生。他们把我们拉到了柬越边界一个原始森林，即那个时候英国电台常播说的鹦鹉嘴地区，就囚禁在那边。囚禁不是说有一间什么房给你，没有！他就随便地砍那个木，架得高低不平的，就是床了。上面呢，就盖那个森林的树叶，有的一大片一大片的，就随便盖，下雨淋就淋了，蚊子咬就咬了。我就给他们打得半死，用铁圈把我锁了一年。连在一条木锁住，一年啊！只要你是要拉屎啊什么的，你是要求他，他就把你绑起来，才给拉去，回来又是锁。我是想干活，锁还惨过干活。锁了七八个月，后来就是白天给你干活，晚上又锁。那个时候呢，我老实跟你讲啊，打又打得半死。我想：凡是人，失去了自由，才感觉到自由的可贵。

那个时候，他们时不时就来调人，把你调上去省级。其实不是！其实他以调人的名义，在半路就敲死你，他不开枪的，他就用木头敲你死。我们是很想早一点死，很辛苦的，早死早好！谁都是这样想。后来他抓我去审，审的时候他问我："你来做什么？"我说："我来革命。我是来支持柬埔寨革命党革命。"他说："我们不用你，不用你。"我说："因为人民需要你们领导，我们是能够来帮你，尽量帮你。"他说："你现在不是人民，你不用教育我！你中国呢，比我们柬埔寨还要差！为什么？我们柬埔寨用了很短的时间全国解放。你们呢？一直到现在台湾都没有解放。"那我也没有话讲了，任他。他就用那个单车锁，那个头有一块锡这么大，他剥掉那个皮子就从我后面这样打，抽！我穿了两层衣呢，都抽到连那个皮都破了。我现在有病不可以刮痧，刮痧我就咳，就是有这个后遗症。

等到一年后，他觉得也没有发现我是什么，就把我放了。放了还是在农村的那边参加劳动。但是我们看到金边解放了，那些被赶出来的群众步行来到我们在的农村。他们说："金边解放了，我们被赶出来了。"我不相信："解放了你们为什么被赶出来？解放就好了嘛。"他们说："不是啊，整个城市都是没有人啊。要赶出来啊！"我说："你们要去哪里？"他们说要去越南。柬埔寨是4月18号解放，越南是4月30号解放，1975年，相差十多天。那个时候呢，我们也跟着要逃。

赶到开发区

我们不是一整家，我们家已经分散了。我爸爸他们在白区，我跟我太太，还有一个在森林里面出生的小孩在一起。我两个男的孩子跟我分散的，在柬埔寨。我爸爸、妈妈、妹妹、我孩子什么都分散了，谁也不知道在哪里。这个时候是我和我太太还有一个孩子，一起要过境去越南。

1975年4月，要过去越南。越南解放军守在那边，我有很多米啊单车啊那些，那么我两夫妇还有一个孩子，不用那么多。带我们过境的人，要我们一个人一钱黄金，我两夫妻要两钱，但是我没有。跟我们一起去的同事，他说他有。我说好，就拜天拜地借给我，我去越南赚还给你。我的米啊单车啊就送给一家从柬埔寨金边被赶下来的家庭，老老小小十个人。我说，你们没有办法走的话这些就给你在这里过活。我就要过境的时候，越南解放军就问这个问那个。我说我们要回乡，因为我的确我的祖母是在越南嘛。他说，好，你就在这里等，等啊等。奇怪？在我们背后的家庭，一个家庭一个家庭都过了。

我们家没有得过，我跟几个同事都被扣在那边。后来就来到越南，我们来到一个区。因为当时我们里面的同事有的是在越南，有一些人在抗法时期来到柬埔寨，所以他跟越南共产党领导阶层是有关系的，所以他就说，你们这些人呢就应该要呈报，你们在柬埔寨是属于什么职位什么名字？嗯，在白区的时候你们做什么交易呀？什么什么什么。他是一个老同事，也是我们土生土长的，参加越南抗法的。他问我什么，我就讲什么，将这些名单交给他了。因为没有怀疑什么，他就说好，你们这些呢是先进分子，我把你们送到一个开发区。

开发区那边是没有人烟的，是森林，叫我们去砍伐，自己去建屋子。把胡志明市，就是以前叫西贡，那些人赶出来，叫他们去自力更生，说你们就做一个榜样给他看。那么我们就说好吧！我们是先进分子，当然要去做榜样。吃就没有得吃，做呢要做死，那个蚊子一叮就疟疾了。水土不服，来到那边挖井啦，建屋子了什么，我们什么都懂，都可以的。

我们是个体的难民营，你自己建你自己住，但是不可以随便离开。在越南有两个"华运"，越南他自己有一个华运叫做华侨爱国运动，属于越南领导；另外一个华运呢属于中国的，所以这些人就被赶到开发区。在还没有解放之前还承认，解放之后跟中国关系不好，就把他们赶下去开发区，但他们在越南没有受什么损失，还保住一些资产带下去。他们叫我们帮忙建房子，我们就拿费用来过活。这样有很多衣服啊、日用品啊，他们也送给我们了，因为大家都是兄弟。慢慢的我们就各奔前程，你有什么路跑出西贡你就跑。

跑到越南南方

我首先跑到西贡的一个郡。我们组织比较复杂，以前越南跟我们中国关系很密切，他们越南的干部被抓时跑去柬埔寨当教师，他们都是由我们去照顾了，后来他们就回去越南了。我去的时候，他们就照顾我，他们在私下照顾。有一对夫妇是越南华运，是越南共产党领导的。他们有五六个孩子，他家养了十几只猪。他有一间小房子是储藏室的，他收好了给我们夫妻住。我太太在那边帮人家针灸，她是考了针灸证件的，原来在省医院工作的。这对夫妇在出差的时候，把儿女跟几只猪都交给我们照看。我太太去针灸，一次针灸拿一块钱。那我跟这个朋友养猪、煮猪饭、养他孩子、洗衣服、煮饭给他孩子吃。我整天穿一条短裤，连背心都没有穿。为什么？那个时候很危险，越南开始大量排华，特别是早期你这个跟中国有关系的教育工作者。

我们1975年4月到越南，在越南从1975年住到1978年，在越南开发区大约住了一年。1976年到西贡，住不到几个月，下半年我就到南方那个乡下的省份。为什么呢？有个朋友他是在东川市，在那边是中级干部。我在西贡期间，有人叫我说："你是做过校长？好吧，你现在是不是可以当一个高中学校的校长？有一万多个学生。"我说，"从今以后，我再也不教书啦。我希望所有知道我教书的人，那个口都要闭，不要讲我教书。因为有生命危险。"那我到东川市的时候，我的打扮就是一个什么都不懂的人。

我有一个姑母在越南抗法时期是省委书记，那个时候越南跟中国的关系很密切，等到越南解放后他们就被开除了。因为我姓张，越南没有姓张的，张是外来姓，你们是中国的。所有什么省委书记，什么公安的全部撤职。后来我姑被派去做市的红十字会，没有什么权。当初，我祖父来到越南后娶了一个越南人，生了两男两女，她是越南的姑姑，没有中文名字。我爸爸和一个叔叔是跟我祖父从中国来的。越南祖母生的孩子全部参加抗法斗争，在抗法时期死掉了一个叔叔，另外一个叔叔跟两个姑姑都是干部，后来也被撤了。他们的子女都在越南，叔叔和姑姑都去世了，这些人现在基本上都没有联系。因为有这些亲戚，我们才去了越南。但他们没有办法帮我们，因为他们是党的干部，我们这些在柬埔寨来的来历不明，怎么能够相信？

大概是1978年前后吧，那个时候就大量排华，我们这些人就首当其冲啦。胡志明市那边就有名单下来了，要捉拿我们这些人。因为当时我入境的时候不是说填干部什么什么吗？那么凡是在胡志明市的全部抓了，一抓坐牢十一年！那我在哪里呢？他们是知道有这样的一个名字来到这个地方，但是呢，不知道在哪里？当时我来东川入境报名时，我改名改姓了。

因为我太太是针灸医生，就有很多特务、公安人员整天在我们那边针了又不用钱，有时候就给他们一些中药也不收钱，关系很好。这些人也不知道我，因为我整天吊儿郎当，什么都不知道。他们常问我太太，说："三哥以前做什么？"我太太说："哎呀，他这个人很傻的，什么都不懂，懂得养猪。什么都不懂。"因为我看过《三国》，刘备落难在曹操的营中，整天要去看他有没有反，要种菜。所以我最怕人家知道我教书，我就整天啊装什么都不懂。那么他就跟我太太讲，有这样的一个名，人家要找这个人，问我太太知道吗？她说，不懂。但是人呢，是有一种虽然有原则、党性，但是也有一些私人情感。因为我太太医好了他公安局的局长，整家人也给我太太医好了。他说："现在你有什么需要我帮你？"

当时越南解放军打到柬埔寨的时候，整个师团疟疾，是我太太救了。第九师团的指挥员的家乡也是在东川那边，他就碰到我，他也不知道我是教书的。因为我是在解放区嘛，那么就跟我很熟，那公安问他："你知道他做什么？"他说："他这家人支持革命的。哦，帮助革命很多，我整个后勤部队都是他医好的。"有一天，公安部请他从早上去谈话，谈到下午，他当然有他的原则、党性啦，他回来跟我们讲："你有多远跑多远。"我们说什么事，"你也不要问我什么事，你有机会就走"。

我那个时候也不是很清楚，是师团的指战员这样告诉我。我跟公安说："我们要想回去柬埔寨，回去柬埔寨找回我两个失踪的孩子。"他说："好吧，现在我叫内政部发了一张通行证给你，你就拿这一张通行证。"因为越南的部队他侵占这个柬埔寨嘛，他的军队已经打进柬埔寨了，把柬埔寨共产党赶走。他还说："如果你要离开的时候，你要先告诉我，我那几天不来，免得影响我，你就说你是去找你的孩子。"那就好，我们拿这张纸。他说："这张纸是我们越南政权发给你去找孩子的，假如你碰到柬埔寨共产党还有一些军阀的残余，你不要显示这张纸，否则你死定了！假如是碰到越南解放军的话，他为难你，你可以显示给他看。"我就有了这个老爷符了。

找回孩子

我有三个儿子，有两个大的在逃难中失散了，那个小的是在磅湛出生的。失散的两个小孩找到了，但不是在马德望省找到的。我在东川的时候，我跟我妹妹住在一起。我妹妹原来是在白区，后来她来到金边找不到我。人家说，个个活着都是回自己的家了，你哥哥这个时候没有回来就死了，所以过年过节她都在拜我，因为说我死啦。后来人家说，这里生活不了去越南吧，在越南有朋友，就去越南投靠朋友。我妹妹来到越南后那个朋友告诉她，"你哥哥还活着"，所以我们就在越南见面。当时她带了她的孩子，我的孩子找不到。因为这些十三四岁的孩子都要去做做工，做那个水坝啊什么的。我妹妹说，当时你不在的时候，没有照顾好你的孩子，很对不起我，她说一定要帮我找回孩子。所以呢，她就独自找人骑着单车过边界到柬埔寨去，一路去，一路找。我的孩子已经知道父母亲不在了，他们是跟着一个柬埔寨的老人家，她也是死剩下一个人，就认那个老妇女为妈妈。柬埔寨有一个习惯，男孩子到一定的年龄要去做和尚，做和尚还父母之恩，好回来结婚。所以我孩子就准备这样，帮她耕田，收割。那天晚上，我妹妹来到路边的时候，在井边打水时碰到很多妇女，就问说："你们知道不知道这邻近有一个中国人的孩子？大概多少岁这样，是我哥哥的孩子。有没有见到？"她们说："有啊，有一个啊，他说他爸妈是教书的。"我妹妹说："对了，这样是。"就问"距离这里多远？"她说："一公里，已经很夜了。"我妹妹就骑着单车，找到了这一家人。那个老太婆不愿意给我孩子离开，说，"他离开我怎么样活，我都没有亲人。"我孩子也是可怜这个老人家，我妹妹跟她讲："我假如没有带回孩子去见我哥哥，我是对不起他。因为我丈夫也是饿死了，我孩子也饿死了，现在我要带回这个孩子。"就给她了一个戒指，有这个就离开了。另一个孩子呢，他自己脱离了柬红（红色高棉），自己跑到金边我们原来住的屋子，他先跑来金边碰到他的姑姑的。孩子找到后带到了东川来，那些公安他整天来，"你说你有孩子在那边啊？是事实吗？"后来真的带来到，"我的孩子找到了"。我们找到了孩子，当然是要拜神啊，谢恩啊！

逃到泰国难民营

我拿着师团指战员给我们的"老爷符"，就从东川过去朱笃市，坐小船到金边。这个时候我就带了一批人，一起坐这个小船。里面有报社的人员，有广播员，有教师什么啦，每人花两钱金。来到金边的时候，我们身上还备有一些金片，我们要吃什么东西就拿剪刀剪去称，然后买东西吃。那么我们一路就大家同舟共济，你有多少我有多少一起称这样。因为有一些以前教育界的人，后来当了越南特务教师，我们最怕见到这些人，所以白天我们就藏在一个地方，晚上我们就开始步行。后来有越南解放军载米去给他们的军队，要向北那边去，我们就买通他们，好像我们这么多人要给你多少费用，

张茂川（前排右一）在泰国考依兰难民营

然后我们就装在米堆上面坐车去。

到马德望省，我们就找时机看看怎么样过柬泰边界。我们了解了，有一批人搞走私，晚上他就出来。因为有一些柬埔寨共产党的残余跟越南部队还是有炮轰的。我们就了解到哪一天晚上有一批走私的，我们就跟着去。我爸爸八十高龄了，我们用那个尼龙布跟两条木片，一起慢慢抬，一路去。一路上，又碰到柬埔寨共产党的部队，在森林里面，越共也碰到，各个路段不同，还有其他的军阀。那么我们也是很幸运应付了。来到边界

张茂川一家在泰国考伊兰难民营

的时候，开始就听说这几天可能联合国在泰国的考伊兰那边设一个很大的难民营，要接收柬埔寨的难民。所以我们在边界那边游荡了几天。后来，就看到联合国派那个汽车来到边界接难民，那我们就被接上车来到难民营了。在

难民营就有联合国的救济品过活啦，我们也不担心了。我们这一批人，叫做脱离虎口，拜天拜地啊。

在考伊兰难民营，我们还收留了几个孤儿，父母亲死光了，假如没有收留他们，他们就很难一起来，就把他们认成儿子啊，女儿啊什么这些。我有两个孩子，还有三个这些呢，都是孤儿，那么我们就收留在一起，一起把他们带来。后来呢，过来加拿大后呢，长大了他们各有各的去了，久久有联系吧，也是各忙各的。

在加拿大做清洁工人

现在呢，在美国、澳大利亚、法国，都给各人通过各人的关系接收去了。我为什么来到这里，我什么亲戚都没有。我就到处登记，哪里收我就去，即使是非洲来接我，我也去，中国接我也去。但是那个时候中国还没有来接，那个加拿大宣布人道收容，就是政府收容你。

1980年，大概是一二月份吧。他们就来叫我的名字，就去问话。本来我1979年整一年都是在考伊兰，因为我父亲他肺部有伤，所以他们说你有病不能够，喝了一年药觉得有好转，加拿大才接收。

我们坐飞机来加拿大，几个人的机票加拿大政府先出，三千块。到我们到加拿大有工作之后慢慢还。加拿大人道收容我们，那么在泰国难民营来加拿大的时候，人家送我们一些衣服，是亲戚朋友送给我们穿。在泰国要起机之前，难民营和加拿大政府也有派衣服给我们。我太太是针灸医生，在难民营给很多人针灸，很多外面的人也申请进来针灸。我们没有收费，他们就送东西送衣服什么什么的。我们在加拿大刚下飞机，特别特别高兴，就在这蒙特利尔

张茂川一家刚到蒙特利尔，1980年。

的兵营里面照了一张相，在里面暂时住一个星期，刚好是十月份，已经有落叶了。

我来到加拿大呢，他们给我去读语言学校，读法语。一个人给七个月，你读了七个月之后呢，要出来找工作做了。孩子由于超龄，我们在难民营报他的年龄都是一个人减少了五岁，所以他本来这里六十五岁要退休，他将来每一个人都要做到七十岁。我太太，我爸爸，我妈妈，我都也降低了，假如不降低的话，你们这些来都是来等吃的，那怎么办？都降低就能够找工作，希望能够收留我们。

我读了七个月就出来了，孩子照去读书。起初我做了几份工作，去那个牧场那边做杂工，后来失业。失业后，朋友介绍到学校去做清洁工，做了十一年，从晚上十一点做到天亮七点，晚上干活，白天睡觉。我从一间学校的校长来到这里，落到这个地步。开始工作的第一天，我去打扫那个办公室，看到那些办公台，我流泪了。

张盛典

口述历史

张盛典

时　　间：2013 年 10 月 15 日
地　　点：加拿大蒙特利尔魁省潮州会馆
受 访 者：张盛典，加拿大魁省潮州会馆名誉会长
采 访 者：张应龙
录音整理：陈镇杰

移民柬埔寨

　　我1940年11月出生于广东潮阳县谷饶南门，后来在越南时要做出国纸张（证明），我朋友为了担保我去澳大利亚，将我的出生年龄改大了，改为1月份，变成他哥。1949年我们谷饶解放那年，我爸就过世了，我母亲跟奶奶在一起生活，我当时有三兄弟姐妹，最小的妹妹还没出生。我们是贫农出身，父母都是耕田，土改后就住上堡的土楼。

　　1956年，我当时17岁，跟我奶奶移民来柬埔寨。因为我的叔叔在柬埔寨，他叫我祖母过番，但是我祖母说她出来要叫我一起出来，我是长孙嘛，她是最疼我的，这样我就和祖母一同过番来柬埔寨。

　　当时移民的时候，我有托一个在柬埔寨去花乡的客头的朋友，他就带我们一起出来，他是普宁人。我和我奶奶从谷饶来普宁跟他这个客头一起，他带我过来柬埔寨。那天出门刚好我们农历中秋节，早上从流沙坐车来到惠州，惠州讲广东话，我们说潮州话，话都不通，所以那天晚上在惠州的酒店没得吃，服务员听不懂潮州话就走，没有理我。隔天，在樟木头坐车去广州，当时的交通还不是很方便，然后在广州坐船去澳门，从澳门再去香港，在香港坐飞机去越南，在越南坐飞机去金塔（金边），再去到乡下，历时半个月。

我当时来的时候，在柬埔寨做张假护照，客头通过旅行社做一张假的入境证。到柬埔寨机场下机后，就立刻带去乡下藏起来，躲避就对了，没正式身份的。当时是花钱进去，我一直住在乡下，跟叔叔一起，在磅湛省一个小乡镇，住到1964年。我叔叔的名字叫张镇记，他做生意的字号叫振裕，是杂货店，做食用品和土产，什么都有。我叔1939年就去了柬埔寨，他当时为了躲兵役，跑去开铺，在磅湛省一个乡镇叫实返市创业。他自己有十一个小孩，他太太是潮阳县贵屿南洋人，在柬埔寨出生，属于柬埔寨华侨。

我很晚才读书，在谷饶读到小学五年级上学期就出来过番，到了柬埔寨实返市后，我继续读多两年书，读到小学毕业。当时实当市华人有两百多户，基本是我们潮汕人，城市不大，是小城市。中文学校叫实返华强学校，只有小学，没有初中。小学毕业后，就在我叔那里干活，在他店里帮忙。

张盛典（左一）与叔叔一家在柬埔寨

张盛典结婚照

我1965年结婚，我太太是潮阳铜盂胜前人，她是柬埔寨华侨，柬埔寨出生的，我们是朋友亲戚介绍的。1967年我自己出来创业。我起初做小生意，来金边大城市买一些东西去卖，做走水，水客。那里店铺和餐馆需要什么跟我们订，我就去走来卖。我住的地方距离金边170公里，开始做这些生意，还有和我叔兼做土产，做一点土产，因为我在我叔那十多年，也是有做过这个土产，也熟悉。

到1970年，柬埔寨政变，政变后，我们在金边路的断了，生意没得做。当时路断就没得做生意，我房子后面有个面包炉，我就做面包，面包炉当时就依靠从越南边境运面粉来，做了两年面包，开面包店。后来面粉没有了，我就再做酒饼，做酿酒的酒饼。在柬红（红色高棉）的时候，我专做酒饼，名义是供给他们，其实我们自己有卖一些。

我奶奶六几年过世了，我叔他1974年去了金边市。他当时要走，我就给他提议说，你要走不可以全家一起走。因为我叔他在那里好有名气的，我说你要走就要卖东西，要卖家产卖什么，你一卖就影响出去，一影响你就走不了。他就听我的意见，1974年先走，留一个已经成家的孩子和我在一起，他走后我叫他孩子卖东西，卖好我就带他孩子去金边和我叔会合。可是，金边不能进出了，边境也已经紧张。我叔在1975年金边解放后被赶出来，才出来三四天就去世了。他家当时总共有11个小孩，死剩下5个，这5个，现在有3个在澳大利亚，一个最小的在柬埔寨，没出来，1个在美国洛杉矶，他家死了6个小孩和两个大人。

我没有遇到红色高棉统治时期那种情况，虽然在越南跑来跑去，但总之就比他们好。生命比较安全点，不过我在红色高棉的时候，也是经历了很多次的危险。我走货，载货载来载去，飞机轰炸。我一次我刚过后，就来炸，炸完了我才出来。一次打死人在路边，刚打完，我才到，看得很清楚。有一次一架飞机来轰炸，炸了几次，我也避过。

战争时是相当危险的，1973年，有一次，我拿一只车芯去一个市叫人车床修，那条车芯长长的。刚好当时越南军在退军的时候，我要过去，越南军就不给我们经过，叫我们先入那个森林，越南军退军后很久，我们听到坦克的声音一直在后面，等得太久，就在森林里面钻出来看，只见前面几架坦克，高射炮全部对着我们，是美军。我们赶紧举手，站在那里不敢动，他们就下来搜了，没有什么东西他们对我们也就没什么。好几次很危险。

我家后面没多远有兵营，柬红和越解（越南解放军）经常来打兵营，当时越南还没解放，晚上战斗打来打去，烧红红，看得很清楚，很害怕。我就在屋里做一个战壕，他们母子睡在战壕里，我就在战壕旁边睡，有什么事我再钻进战壕。每天晚上，我都在战壕口那里睡觉。刚好那晚，我不知怎么地，有什么灵感，我就没有睡那里，我睡在床上，趴着，还没睡，一个照明弹的壳，掉在屋顶，铁皮屋"咚"一下，弹壳掉在我平时睡的地方，水泥地被砸出一个坑来，这是叫做注定的。幸好那晚没有谁在那里，要不就麻烦了。

当时我住在解放区，但金边没解放。我那里离越南边境才20公里，越南边境先解放，我们属于解放区。所以我就做酒饼卖给他们，我以酒跟柬红联系，我才了解到他们内部不怎么和睦，有多派。所以1975年金边没解放我在边境就先走了，我走的时候，不止带自己家庭，我带了38人，11个家庭，全是亲戚朋友，听到我要走的时候，他们要我带着一起走。他们看到我和柬红那些人的关系好，知道我要走都知道形势不怎么好了。柬红他们内部一些干部经常出来喝酒，晚上不敢在办公室睡觉，半夜跑来我房子睡觉。他敲门，我说你怎么了，他拿纸条文件叫我全部锁起来，绑条封印，吊在门边那里，我看到这样几次后，知道里面是不对了，不怎么好了。当时他们内部有斗争了，但没有打死人。我说你帮我做张纸张（证明），我要走了。他是本地官，属于我们的乡长、县长那些。1975年2月份，刚好唐人过了春节我就走了。当时柬埔寨还没解放，越南也没解放，我们就跑来到越南的边境，等到越南解放后，才过去越南。

滞留越南

我原本跑来越南，要从越南过境回柬埔寨金边市，但是来到边境后，政局一直变，接着越南解放，柬埔寨也解放，那我就住在越南了。原来住在越南边境西宁省，差不多住一年，在西宁省时我第三个男孩子出生，当时越南政府鼓励人去下农村，要抓人去下农村，我就害怕，我是从农村跑出来又要去农村？我就再跑到禄玲，在禄玲住了一年，1978年我倒回来西贡。一起出来的人在西宁时就分散了，有人住西宁，有人跑去西贡。当时刚来的时候，我在路边摆地摊，先买部摩托来西贡买一些货，那时小孩很小，为了生活，没办法。我在柬埔寨生了四个小孩，两男两女，到越南生多两个男孩，一个是1975年生的，一个是1976年生的。我的大女儿是1966年的，最小是1976年，相差十年。

我1978年来到西贡，1980年，我就登记在一个和尚院里，难民总署去登记难民的时候，我就去登记。难民总署叫了一批、两批人出来，叫一批去奥地利，一批来加拿大，很多去美国。后来他们说要集中去难民营，那我们就集中去难民营，准备等难民总署来带走。谁知道后来难民总署没来拿人，只有来救济，再没拿人。那就只有依靠外国担保，我本来是依靠一个澳大利亚朋友担保我去，把我做成亲兄弟，帮我改姓改出生时间，后来时间太久就不要了，去澳大利亚太慢。我一个亲戚是在加拿大，他就要求那边的教会担保我来加拿大。我们先后住了两个难民营，一个在美拖的难民营，一个荒岛；到我有纸张出国后，便转来西贡的难民营，总共前后在两个难民营住了五年，

张盛典一家在越南

张盛典的越南出入境证

从1980年到1985年。

我们在难民营里，我家和我丈母娘、我妻舅住在一起，十个人，都没什么收入，吃什么都吃完了。我太太她是一个好内助，她就一向来和我同甘共苦，从来是做多少都没有一句怨言，我是幸亏我有这个好太太、好内助。当时在难民营里做点小生意，她半夜起来煲粥，早早去市场卖，有什么好赚就做什么，包括小孩子的零食。难民总署一个月一人发七公斤米，还有一些油啊，火水（煤油）什么的，越南政府没有资助，吃菜就自

张盛典一家的越南暂住证

己在屋前屋后种一些，还有买一些。在荒岛那个难民营，靠近海边，就去海边抓鱼抓虾吃。荒岛原本是越南关囚犯的，后来那些难民是有几百户，我们是坐船从西贡去难民营的，离西贡有二十多公里。那时，小孩都还很小，我要应付这个家庭，我们也没有外援，有一些人有亲戚在外面的，有寄邮包或者寄钱，我都没有。难民营平时可以出来，要申请纸张出来，可以出来买东西。西贡难民营比较大点，人也多点，近城市，平时没有限制几点起来几点睡觉，自由的，总之你自己的事，你自己去生活。米是一个月发一次，难民营里面有药，但要自己付钱自理，学校是难民开的，我的小孩就在里面读外文。

我叔的儿子就去澳大利亚，他去申请他自己，当时在越南等太久，他就倒回去柬埔寨，然后偷渡去泰国，在泰国入人家的难民营，成为难民，然后去澳大利亚。

制衣和超市

我们是爱明顿教会担保来，在爱明顿我有个亲戚，是我丈人的外甥，我们差不多在那住了半个月。后来他说蒙特利尔制衣业好做，爱明顿经济比蒙特利尔差，就提议说要不就来蒙特利尔这边做制衣业。我太太她对制衣业熟

悉，就提议我们过来这边。刚好这里有亲戚，我太太有一个弟弟他先到这里，所以我们就过来了。

我们来到加拿大不久之后就可以去读书，加拿大政府叫我们去读书，有钱补助，去读语言，读法律，一个礼拜补助一百多块，我天天去读，差不多读半年。太太也去读，小孩子也去读。加拿大政府对十八岁以上去读书有补助，十八岁以下的就有牛奶金。

我来时赤手空拳，没有什么了。每天上午读书，下午就到餐馆兼职打工，

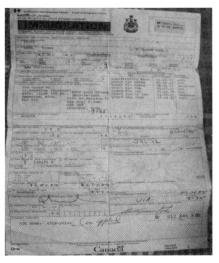

张盛典加拿大移民签证表

一个月赚百把块，那时的钱大。但是，读书可以读六个月而已，补助也是六个月。六个月后就各人去找工做，学校可以介绍你去做工。我读书后就在餐馆打长工，当时唐人街第一间潮州菜馆叫东南酒家，柬埔寨华侨创办的，我在里面做厨师，一天几十块，做正式工了，一个星期几百块。我太太她就去制衣厂做工，她一个工头是广东人，看她不会广东话，对我们的态度非常不好，看不起难民。我太太她做一段时间后，她就说不要做了。刚好有人介绍说有个制衣厂要卖，我在东南酒家做了一年多后，家庭存有一些钱，万把块而已。儿子在唐人街的东方财富打工，做珠宝，工资一天几十块。我太太说要接手制衣厂，我说好，叫了我太太的妹妹来合作，我就暂停餐馆的工去做制衣厂。加上大女儿，我们四人在做制衣。制衣厂到1992、1993年就停了没做。

制衣厂我们两人就不懂，但我太太的妹妹，从安省那边来，她会广东话，我们就叫她一起来合作一起来做。当时的制衣厂接手两万多块而已，总共有十几台衣车。工人当时里边已经有了，有十几二十个工人，接手后我们就让他们继续做下去。我们刚去做的时候，那些台山华侨的广东话我们不懂，那些老工人说，话又不会，不知到时候有没有工钱给。一段时间后，我们和工人的感情非常好，语言慢慢就会一点。制衣厂我是做高级时装，给人

加工，成批货弄过来加工。当时算是好赚，我做高级的，一件可以赚几块钱，出货做得出我们就赚多，一个礼拜差不多出有一千多件衣服，一个礼拜赚几千块，制衣厂做三年赚到本钱，我的资本是从制衣赚来的。我原本就是白手过来，去做工，节俭出来。后来我太太在超市坐张凳子时给摔倒，加上她有风湿，天天回去都很辛苦，我说赚钱多多都没用，主要是身体要好。一段时候后，制衣厂就交给她弟弟去做。

唐人街八十年代制衣厂比较多，八九十年代的制衣业很旺，百分之九十靠这个制衣业。一些人开厂，一些人就买两台缝纫机在家里做，像我去大厂拿批发来，我不是全部在厂里做，我还放去外边，给人家家庭做，人家车（做）好，我再收来厂加工，打纽扣啊、熨啊，挑脚，来这边加工。我的厂在这个唐人街下去差不多四五公里。当时唐人街没有制衣厂，唐人街的地方太窄了，不够，都在外围的。现在受到中国国内制衣厂的冲击，生意不好了。

1990年，我就去接手一个超级市场，跟一个朋友合作。当时我不是要做超市，原本我是朋友招呼我去买，他资金不够，那我就出资金给他们去做，但他做不了，没办法，我就去叫一个姓徐的朋友来做。他原来在难民营是我邻居。我出国之前，我要担保我以前一个朋友，他刚好新西兰有担保，住在隔壁的姓徐朋友刚好听到，他说那担保他可不可以，我说哪个保得出来是一件好事嘛。但是超级市场他一人管理不来，没办法，我就去管理超级市场，我太太就管理制衣厂。

以前超市没多大，好像几千平方米，以前小，营业额我一天差不多一万元左右。我的超市开在东部金瓯超级市场再过去一点，专做东南亚的食品，顾客主要是我们中国人，东南亚华侨，安南人，寮国人，柬埔寨人。生意好做，不过我太太做得太过累，还有子女大了，全部有创业，我就可以退休了。1995年，我把超市卖掉，我做了五年超市而已。

大儿子就在唐人街这个东方财富打工，做珠宝，打工的时候他在做珠宝，他那时是没多少钱，但是一日也是有几十块钱。四个人在打工，两个在读书，攒了一年两年，攒了有几万块来就做这个制衣厂。

我大儿子在这唐人街做金融珠宝，已经上轨道，那我就没必要再去那么辛苦了。他在越南就学珠宝这一行，来加拿大后刚开始在唐人街那边的加华金融打工，做珠宝，1994年出来自己做金融，就在金发超级市场旁边。第二个儿子来了之后读到高中，然后在我的超级市场帮忙，超级市场里边有餐馆，我当时就让他去餐馆帮忙。到我卖了超级市场后，他就说他要自己去发展，去做餐馆。我大女儿原来跟我们一起住，到她结婚后，她就跟她先生在这里做制衣，差不多两年的时间。女婿的家族在爱明顿集资做塑胶厂，那他们就一起去爱明顿做塑料厂，目前住在爱明顿，塑胶厂也是已经结束了。第二女儿以前跟她大哥在做珠宝，后来她有家庭了，就自己出来做，也是做珠宝。第三个男孩，以前他读书后就让他去做一个餐馆，做日本餐，在乡下，乡下我买有一个房子让他去开日本餐。后来他说餐馆业做太久，他不要，目前在做保险。最小的目前在贝尔电信公司做技术人员，两个小的都读到大学毕业，那些大的过了年龄就没有机会了。

三个媳妇是华侨。一个是越南华侨，一个是我们柬埔寨华侨，第三个是越南人，真正是越南人，女儿全部嫁我们潮州人。在家里我说潮州话和广东话，因为我媳妇是广东人，讲广府话。我有十三个孙子，会讲潮州话，几个大的就会，我的外孙就会，这些内孙却不怎么会。他们跟他妈妈说广府话，讲普通话，家里雇的工人是国内来，从小在带他们，他们就学会说普通话，潮州话反而懂没多少。

我来到爱明顿就觉得，英国人比法国人会更歧视。来到这里，我也觉得法国人更亲善，比英国人更亲善。当时政府对难民没补助，来到爱明顿也没补助。我是教会的亲戚担保的，没钱的，当时也没去申请他什么钱，我一直没申请救济。我刚来的时候我每年都有寄一些钱去赞助爱明顿教会，我知道它的功劳。

建设潮州会馆

1994年我就踏入潮州会馆，那个时候潮州会馆内部有些分歧，我在社会上就没和哪一些人有矛盾，所以当时一班前辈经常去叫我出来帮忙，我说我在做市场很忙，没有时间。一次两次经常去叫我说要出来，说我不出来，这个会就要散了。没办法，就应承了，就出来，奉献给社会，做社团的工作。

我是1999年做建馆主席，我当时买这里的时候是悄悄地，因为多人知道就会竞争购买，老房子就会起价。我就跟几个人商量，谈了价钱合适，就把它买起来。买完之后我再找他们来开会，有人就讲你没有开会，没有通知，没讲什么你就去买了，我说没问题，情况不一样。我是要买好货，你认为说好就买，你认为说不要，我就自己私人买。因为你们太过多人，一个消息传出去，怕有人抬价，我们买不起。当时买会所的时候会费只剩八万块，这个房子买了三十二万多。会里都没钱，我有办法筹款来买。买后一段时间，几个老人先来看，见到是一个破房子而已，几个老人他们说，如果能建新的就好。我说你们这些老人要支持吗？一个在种菜的老人，他说需要多少帮忙，没问题，来支持。我说有你这句话就放心，有这个精神，我就来发动。我一个晚上筹款四五十万元。

新会所建了七八十万，加上装修要一百三四十万，包括佛堂、礼堂和这楼上装修什么的，全部靠筹款是不够的。当时加华银行方侨生他就借了十万，我拿几万块，李进文儿子李国贤拿几万块，这些都是没利息的。要建的时候，潮州会馆先借钱，还有欠银行一点。等到我不做会长后，全部还清了还有剩钱，到目前，潮州会剩有好多钱。

潮州会馆的收入就二楼有一些香油收入，二楼佛堂的东西全部是我一手去潮州买的，订了用集装箱寄来。还有楼下有活动，跳舞收入，我们每年有什么活动全部都有一些收入，还有乡亲捐款什么的。有乡亲做红白事，白事我们潮州会馆做得好，潮州人有什么事都来找潮州会馆去帮忙。有人去世，家属打电话过来，我们就给他办事，包括找殡仪馆，看地买地，给他请和尚，给他买什么，全部给他家属打理完。事后，家属就一千两千拿过来报效，多多少少啦，我们这没这要求，是他们自愿的。

我1995年结束生意后全身投入社团工作。在建会馆的时候，我是副会长和建委会主席，建好后我才做会长。我2001年开始做会长，两年一届，做到2007年，做了三届，是第七、八、九三届的会长。本来会长是做两任而已，刚好要建会所，所以我们特地延长当时会长王和协的任期，多做一届，以便把事情做完。等到我做两任会长后，他们也不肯让我停，就说叫我要做多一任。那我就说好啦，因为当时我做第二任时，建这个会馆欠的债还未还完，我说我完成好再退也好，所以我就做多一任。 现在新会长比较年轻，我就是主张老的要慢慢退，你没有年轻的成长起来继承，将来后继无人。我就说要找一些年轻的出来，年轻带年轻的来。这个许展雄会长是个律师，当时是我们潮州会青年组的组长，第二届在法国开潮青会的时候，他领队去法国，原来这里没人要去参加潮青，我就鼓励他们去，我说我出张机票给你们去法国。我就吩咐他，你们认为说你们有兴趣，你们把第三届潮青会拿来做，我支持。潮州会馆当时就有一些年轻的过来，其他会馆都没有年轻的。我们老的最好放年轻的出来，鼓励年轻的出来，没有的话，你将来青黄不接了。他年轻就有年轻的伴，他年轻就找些年轻伴来，自然就有年轻人来。

温哥华同乡会请我做名誉会长，当时他们买会址的时候，我是有帮助。后年他们要办国际潮联，有来请我，但是这里刚好做中秋节，有一个老人100多岁，出来参加。我们潮州会专请那些老人出来照相，他的家庭几十人一起来，五代一起来，所以我就没办法去温哥华。他是100多岁，五代相见，他的子孙全部一起来集中，一起在酒楼照一张全家福。

亲情永在

我1989年才第一次回国内，1989年到澳门参加第四届国际潮团联谊年会后，我就顺便回去谷饶差不多半个月，看我母亲、弟弟、妹妹。我老母亲刚过身两年而已，今年12月我要回去"做三年"。

从1956年离开到1989年回乡，整整三十三年。最辛苦就是在越南十年，1975-1985年，其中1975年至1980年这五年失去联系。我在柬埔寨时一直有写信联系，1965年我寄猪油，一小小桶，寄鞋拖，收人家的旧衣服，经常寄回去，托客头寄回去。我在我叔那没有工资，吃住穿都是他的，自己不用怎么花钱，他一年给我400元压岁钱，我就寄350元回家，自己剩50元。当时的柬埔寨钱很大的，100元港币就42块多人民币，350元柬埔寨钱等于一百多块人民币。从我出来的第一年开始寄，我叔也有寄，当时我还有一个姑母在谷饶，也就每人寄一点一点钱。到我自己做生意，就自己寄，一年寄有几百块港币，寄有几次，遇到客头来就寄。1970年政变后没办法寄，就没了。应该是1978、79年的时候在西贡才有办法联系。

来到加拿大就更加方便，我1988年就寄钱回家建房子。我来到加拿大隔一个月、两个月就开始寄钱，以前我赚多少就寄多少，后来寄一部分。到后来，1988年我寄钱去建房子，建座"下山虎"，那时便宜，几万块就能办到。直到去年，我弟、我妹一人建一座四层楼房，我每个人给他们几十万人民币，总共一百多万去建房子。我跟他们说我现在老了，七十多，没赚钱了，以后没办法一直照顾你们了。

从1989年第一次回家，后来几乎年年都回去，到1995年，我停了生意后，我年年回去。我回去都是静静的，没去找当地干部，今年我就回去了两次。

我自己在谷饶没有生意，我的弟和妹就有生意，我弟在做文胸，我有支持他开厂，还是我叫他去做的。我姑和我妹的儿子在深圳卖手机，也都是我一手支持，帮助发展。我弟他有生意可以做，我就不用经常去支持他，他有能力生活，我也不用担心，他做好可以给他儿子做，儿子又可以扶持起来做，就不用一直依靠我们，我就少一些负担。

我的小孩我有带他们回去中国，大女儿和小女儿不曾回去。当时我老母亲在，我带回去让她老人欢喜。我大儿子结婚后，我也是带他回去，第二、第三的孩子全部都带回去给老人看。剩下我大女儿她明年要回去，今年她的生意说要结束掉，明年有时间我就要带她回去。她以前有生意走不开，不是的话，她都回去好几次了。我这个大女儿算有些家乡情，她每年年节经常有打电话和我老母亲说话，拜年什么。还有和她叔、姑拜年。我这个大女儿虽然她不曾回去，但她从小也有受到我们那边人的影响，就有一些家乡情、亲人情。

张闻山

张闻山

时　　间：2013 年 10 月 19 日

地　　点：加拿大多伦多安省越棉寮华人协会

受 访 者：张闻山，加拿大安省越棉寮华人协会中文秘书

采 访 者：吴金平

录音整理：耿　龙

在越棉寮教书

我出生在越南，祖籍是广东潮州。我小的时候父亲就去世，我是跟着我的姨母住，是姨母把我养大，一直到读书。大概十几岁以后，我再回到母亲的身边。在越南我是受中文教育的，但在吴庭艳时期，限制中文教育，中学毕业后我就转读越文，一直到高中。刚好那时候越南南方战争很紧张，要抓我当兵，我们那时候可以讲全部被逼入籍了，是越南人了，所以家里人叫我离开越南。

1962年，我离开越南逃到金边，然后转去老挝。我在老挝百细市华侨公学那边教中文。我们学校应该说是属于左派的学校，但南寮那边属于右派势力很强的地区，所以我们学校又发生了事情，吴校长给手榴弹炸伤了。我就在学校任教一个多学期后离开老挝，回到金边。回到金边以后我就在马德望

210

的民强中学那边教书。

西哈努克亲王真的是中立政策，同我们中国关系很好。等到朗诺政变的时候，右派起来掌权了。当时柬埔寨受到的冲击不大，它只是报纸停办，学校封闭，没有正式排华，没有受到大的冲击和迫害。1970年朗诺政变的时候，我又逃回越南。如果到1975年我还留在那边的话就比较惨。

逃回越南后我就没有教书了，就在一个公司任文书，一直到南方解放。南方解放以后，越共政权逼害我们华人。越南的排华主要是中越的关系恶化了。本来越南还没有解放之前，南越政府就要我们华人全部都入籍，当时越共不承认这个伪政权的做法。但是解放以后，其实还是一样的，要我们华人遭殃。越共来了，说是人民当家作主啦，无产阶级专政啦，做生意什么的都是不行，主要是中越关系恶化，所以把所有人当作怀疑对象，如果怀疑你是爱国，你心向祖国的，他会抓你，当时被抓的多数是金边来的教育界的人，还有一些越南干部，如果被认为思想上有一些亲华的，都会抓你。我的大妻舅原来是越南干部，解放后他也是给抓走了。如果解放后我还一样去教书，可能也逃不掉被抓。我们这些人一向以来都是热爱祖国的人。我们已经是越南籍了，但是解放后我们希望能够恢复我们华侨的身份。越南解放后没有马上排华，他不敢做，他要稳定，最终中越关系恶化了，他就排华。

逃到马来西亚

1979年，我们坐船逃出越南。以前很多人都要出多少两金才可以，我们也一样，我们每个人我想是四五两金，就是给中间人，因为那时候坐船是通过一些中间人去办的。我们那时候坐船也是九死一生的，应该说很危险。我们坐了两天两夜，中间又碰到泰国海盗。我们幸运一点的是船上的人都安全，船里面的东西海盗全部抢光了。

我们的船到马来西亚的时候，马来西亚不给我们上岸，要赶我们出来，我们靠近海滩的时候，知道这个消息，就从船上跳下海滩，全部跳下去。全部跳下去之后，他们把我们载到一个码头，我们的船就拉开，我们就集中在码头那边。我们还以为可能是马来西亚政府会给我们进入，但是想不到我们到码头的时候，他们又将我们那个船拉到码头，叫我们上船去，也不讲什么，但是我们知道我们若上船，他们就准备要赶走我们，所以我们坚持不肯上船。可能那时候正好是联合国人员来啊，联合国难民署，所以马来西亚警察才让我们留在马来西亚那边。

我在马来西亚待了六个月，应该算是很快。那时候我们在这个比东岛Pulau Bidong那边呢，那里的难民已经是五六万人了。比东岛是马来西亚一个荒岛，后来因为看到我们越南逃来的难民太多了，就把那个荒岛作为一个难民营。难民营应该说已经生活是稳定的、安定的，粮食啊，各方面都是由联合国那边来救助，所以说是没问题，有一个问题就是卫生问题，因为荒岛人太多，所以卫生成了很大的问题。

能来加拿大是碰巧的，刚好加拿大有一个计划收难民，要接受六千人，叫六千人计划。刚好那时候我就碰到这个情况，知道他们一定要收够六千人，所以我们报这个加拿大，加拿大政府就收留我们。

从渥太华到多伦多

我同家人逃到马来西亚比东岛难民营六个月后，靠加拿大政府的人道收容，在加拿大定居下来。刚来加拿大时，我是在渥太华那边待了将近一年，因为起先是政府帮助我们的生活，家庭每个人一个礼拜有四块钱，其他如房子租金，家里面的日常用品、家具全部负责，负责一年的时间，然后你要自己找工作了。渥太华的工作比较难找，所以我才搬来多伦多。刚好我有个朋友说这边的工作比较容易找，我找到工作以后，才将我的家人接到多伦多。

我的家庭四口人，我同我的太太，还有两个孩子。那时候两个孩子还小，一个是3岁，一个是4岁。我应该算是中年，四十多岁。我起先来的时候，就抱着有什么工作都做的心态。起先做包装工人，几个月后，有朋友介绍到的家私厂，大概做了三年的时间，然后到汽车零件厂那边做，一直做到退休。我来加拿大后从来没有失业过，没有领过失业金。

之前在越南做老师，来加拿大做工人，有反差。刚从越棉寮过来应该说，来到这边还比较适应。就是说，因为我们在越南那边觉得已经没有办法立足了，所以我们只有一条路，就是来这里，所以应该讲我们来这里，我们就抱着一定要适应这里的生活，经过这几年的确已经适应了。现在如果要叫我们回到我们的越南那里住，我们也不习惯。我们就是说只有这条路而已，那么为了培养孩子啊，这样子，所以我们慢慢地适应了。收入不多，辛苦，但是我们觉得好像很值得，我刚来加拿大的时候，我的一个连襟兄弟，我太太的大姐夫碰到我，说你只懂得拿一支笔，在加拿大你一定找不到工作了。我就心里面想，我是一个踏实的人，我碰到什么工作我都会做。一开始做学徒不适应，但是，这里的工作很简单，多数是机械化，我是在这个汽车零用厂做焊工，那焊工全部都是控制的，不难。

加拿大对我们的歧视不严重，比其他地方好，有感受到一些但是不大。我们的工厂有印度人，有黑人，白人最多是领导层，工厂规模也不大。我这个公司好像后来都有去中国投资，我们工厂专门做汽车座椅，只做一样，比较简单。

应该说这个生活环境都很生疏，但是我们都很刻苦地就在加拿大生活。我是在一个汽车零件厂那边工作，一直做了到2004年，就提早退休，一般的生活情况就是这样。

家庭与退休生活

我住在士嘉堡那边，多伦多东南区，那边白人不多，多数还是南美洲人。我的小孩没有在当地华人学校读书，是到当地学校读书，受当地影响很大，但是他们不会忘记自己的根。我们在家里讲潮州话，他们不会有反感。来加拿大的时候，我礼拜六就带他们来唐人街，顺便去读中文。儿子那时候对读中文没有兴趣，他好像带一点被父母逼着要去读的样子。他读了两年，礼拜六读而已，两年后他基本上读到第七、第八班，就不肯去读。这边的华文学校是华人办的。到他要上大学的时候，他反而想读中文了，但是他没有读。我女儿曾经去过北京夏令营，那时候她准备上大学，那时候很可惜，去读夏令营的还是不普遍，所以变成主办的人不是做得很好，而且人也不多。她去了觉得不是很好，对她影响还是很大。所以我很可惜就是我的女儿碰到那个时候。如果是这时候呢，这几年是一年年好了。虽然当时学中文她不懂，那时候还小，等到大的时候要想读没有时间了，现在最多是她能写她自己的名。

现在两个孩子，一男一女，都有家庭了。儿子在一个安全顾问公司工作，女儿就在这个省的交通部工作，属于公务员，女婿呢教中学的，媳妇也教书，都是华人。我的女婿应该是第三代的华人，是台山人，不懂中国话。我的儿子还可以讲潮州话，普通话不行。我的孙最大的七岁，最小的三岁，两个外孙，一个内孙。我们觉得安慰的是，虽然我的儿子或者媳妇或者女婿都是吃西餐大的，但还是认为自己是中国人，没有忘记自己的根。我的媳妇也是越南来，也是小的时候来这里，她懂得潮州话、广东话，就普通话懂得不多。我的那个内孙呢，三岁，倒是懂得讲潮州话，因为他的爸爸妈妈在家里讲潮州话。我女儿，因为我的女婿是台山人，第三代台山人，他台山话也不懂，只懂英文，所以那两个外孙只讲英文。不过我的那个女婿他也认为自己是中国人，所以现在两个外孙去这里的少林寺学习。孩子结婚后都在别处买房，每个礼拜六就会带孩子到我们那边，我们就替他看，五六个小时这样。我们替他看有一个好处，就是孙子会接近我们，如果没有这样子，有时几个月才见到他们一次。孩子们大了，回家就少了。

我家里就拜神，我本身没有宗教。那时候在越南，第二次世界大战以后，祖国一些进步人士来越南教书，培养了一批左派，一向来是心向祖国。我在读小学就是受左派老师的影响，对共产主义的向往啊，心向祖国啊，我在小学的时候因为受这个影响很大的，所以我自己本身来讲没有什么宗教，是无神论者，但我又不是共产党员。我的女婿他就是信基督教，我的媳妇她在家庭拜神信佛。

东南亚华人信基督教应该说还是不多，还是拜神信佛这样。这几年，我们多伦多的佛教发展很快，不信教的应该说在我们的这辈朋友也不少，但是他们有一个习惯，在家里面拜什么，照旧会去拜。我那一代的朋友，受左的思想影响多一点。我上中学的时候，应该说受南方左派势力的影响。他们多数逃到金边去，金边端华学校后来都是左派控制的，在那个时代，由于柬埔寨和我们中国的关系很好，所以我们那一代应该比较受左的影响多。

我的业余兴趣就是写作，写了一些诗歌，有关于印支难民的诗歌。退休后参加社团工作，在潮州会馆和越棉寮协会做义工，一直到现在。平时我们这里就礼拜日有活动，我们在这里整一天，跳跳舞啊，唱歌啊这样子。这里买的，五六万，不大，很可惜，我们会的经济不是很宽裕。我们没有登记过会员，组织方面也不是很健全。我们不论你是来自越棉寮也好，来自其他族裔的人也好，想来参加活动我们都欢迎。我们多数是做义工的。每一年这里开一次会，联欢啊，顺便筹备经费，收会员费很难做到。这里的潮州会馆有个老人会，有固定会员，我们这里就没有。蒙特利尔那边的越棉寮会好像做得比较好点。现在一般来讲我们一年筹备的经费都不够用，去年和今年我们都申请到政府的补助，每年申请一次，所以现在我们会的经费比较充裕一点，补贴是联邦的。不过，你要有一些服务，有一些符合他的要求，服务社区等，才可以申请。

我第一次回中国的时候是1969年，那时我在金边教书，刚好"文化大革命"。后来我回去了三四次。潮州那边我还有一个哥哥，现在还在，还有叔叔，前年才去世。我的叔叔以前当过兵，他的子女属于干部，公务员，他们倒想移民过来，但是我没有这个条件，没有能力担保。去年我都有回去。

张惟容

口 述 历 史

时　　间：2013 年 10 月 22 日
地　　点：加拿大多伦多戴斯酒店
受 访 者：张惟容，加拿大安省越棉寮华人协会理事
采 访 者：袁　丁
录音整理：乔志华

《广东华侨史》调研团访问安省越棉寮华人协会，张惟容（女，第二排左二）

解放前

我父亲在广州出生，后来在解放前打仗的时候去了越南，我妈妈从香港过去越南，他们再也没回国，也没回过香港。我父母一共六个孩子，三个男，三个女。我们在住越南西贡，西贡可以说是我们第二个香港。我爸爸做生意，做那个印刷设计，请了两个工人。我爸爸就是第一代了，现在我们这是第二代，我有个弟弟，我爸爸把手艺传授给他，所以他在这里开了一家设计公司，但是不做印刷设计，是做电脑设计，请了八个工人。我们越南的传统呢，不像西方十八岁就搬出去，而是你结婚了也住在一起，因为越南那个屋子很大嘛，家人全部住在一起，我们六姐妹跟父亲母亲都住在一起。我是家里最大的，下面有三个弟弟，两个妹妹，第二个妹妹在欧洲，另外一个妹妹在这里，三个弟弟都在这里。

我在越南高中毕业，就是越秀（原穗城）中文学校，我是越秀校友会的会长。我们中文学校上课全部都用广东话，后来一段时间呢，女学生拨去女校，男生全部是去男生的学校，女生学校全部用国语教课。我们以前不用读越文的，大概是1960年开始，南越就要求我们整个西贡所有的学生，从我们中学第一班开始全部读越文，越文是主要，然后可以选国语、广东话、英文、法文。所以我们在越南，什么话都可以讲。1960年我读中学，中学我们在穗城读的，后来要分男女，老师要我们搬过去。我妹妹弟弟，他们全部都是分开了，分开男女。潮州人要去义安，分开了。我弟弟的学校全部是福建人，我们越秀就全部是广东人。那个时候读书不需要交学费，免费的，而且不规定读书年龄，我们那里你8岁、9岁读书都没问题，没有限制。那个时候的课本是台湾出的，我几位老师都是从中国湖南湖北过来的，老师用国语教学。我们母语就是广东话，国语就是因为去学校读的时候就是国语。后来我在越南教书教的是国语。我读的大学是越南陈兴道大学，上大学不需要交学费。毕业后我读了两年日语。如果越南没有统一的话，我们不会出来的。那时候我们越南南方多美金，很多香港、台湾人来越南南方生活，那时候没有一个人想出国。西贡就是第二个香港，香港有的西贡第二天就有了，所以越南南方很发达，就是资本主义国家。

我们越南华侨，广东话、国语都懂。读书的时候，小学不用学越南语，中学被强迫学越南语，如果你不懂越南话就不能够毕业。当时越南同学很多，关系很好。我们邻居全部都是华侨，平常生活上很少跟越南本地人一起。华侨很有钱，做大生意，看不起越南人。当时家里请了两个工人，就是看小孩子、打扫卫生、做饭，但是我们都是请华侨，因为我爸爸妈妈不懂越南话，那些老人家他全部不懂越南话的。我们不想读越南语，但是政府强迫我们读。当时越南政府对我们华侨是很好的，因为越南政府要靠我们华侨，我小时候并没去过中国或其他地方。

在越南生活跟我们在西方不同，在西方你手停口就要停，但是我们在越南呢，不需要工作的。我签一个合同，讲一句话，钱就自动来了。我们签合同不是在白天，每个晚上我们都去喝酒，去酒楼，大家生意人在一起，然后谈好了签合同。我们很少在办公室那里，所以早上很少人去工作，夜生活比较多，跟香港一样。

我们越南华侨很不喜欢美国人，因为他们不同我们的传统文化。当时我是在美国学校里面训练，训练做那个美国中校的英文翻译员，我是特别的。其他的人一看到美国人就不喜欢，越南男孩子也不喜欢美国人。越南女孩子就喜欢美军，很喜欢我们华侨。华侨有很多娶了越南的女孩子，因为越南的女孩子比较穷，所以不需要什么，我们华侨需要的聘礼很大，越南人就不需要。很多越南女孩子嫁给华侨不是正式太太，而是姨太太、三太太、四太太，在我们越南这是没问题，政府不管。我们越南华侨如果没有孩子呢，人家看不起你，所以每个人呢最少也要一个两个，我对面那个有十三个孩子。当时越南华侨里面潮州人比较多，潮州人、福建人多，因为在越南，潮州人、福建人有钱，比我们广东人有钱，他们做生意的多。

1973年我开了一家医务所，我们越南呢，医务所和那个药房合在一起的，医生开单，我给药，我帮医生做助手，我们开刀不需要去医院的，在医务所里面可以开刀。1975年解放后就不能开了，我那位医生是越南人，是全越南有名的脑科医生，政府给了他几所大房子，那时很多医生想要出来，但所有医生都不能出国。我那位医生呢，他很聪明，他自己把脚打断，变成了瘸子，那么要出国留医，去法国。所以他就没了一只脚，得到了自由去法国。所以出国不是这么容易，用了很大心血。

我们广东人做生意比较老实，潮州人都是做那个进出口商，我小时候就做那个零售商、批发商，后来做进口商，跟人家做工。最后我投资一家做进口的大公司，我是股东之一。我们卖日本的钢琴，建伍音响，很多日本人来我们这里。我们在西贡第一间进口那个金边粉（一种米制的食物，类似米粉），那时候柬埔寨人过来，我们就跟他们合股。他们过来没有钱，我们出钱，早上卖金边粉，晚上我们做餐馆、西餐。我们是第一家西餐馆。1975年5月1日解放，我有一个大货仓，进口那些灯管有一万四千多，还有那个做面包的面粉，差不多有两三万罐，全部是欧洲进口的。越南在1975年到1977年不可以做生意的，当时我的餐馆还能够做，大概是1980年关门了。

开垦农场

解放前与越共没有往来，不知道谁是越共，但是呢，解放那天我很惊讶，我的老板是大越共；我的老师，他因为常常要来我家，那时候常常要我学一些知识，解放那天他才暴露他的身份。他在"华运"里面是第二把交椅，所以就变成了我就要立刻改变身份，因为我们是资本家嘛，我跟那个华运合作，我做那个财政，不然我就要去那个经济区。他们并未提前告诉过我他们是越共，我最好的老板，认我做妹妹的，我也不知道他是谁，也是华运里面第三把交椅。我周围的人都是越共的，他们加入越共很秘密，我也什么都不知道。他们是大老板，做大生意，解放那天才暴露出来。后来我的大老板去了美国，一个在加拿大死了，一个去了法国，三年前过来加拿大，七八十岁了，两夫妇过来。

解放以后，越军抓会计不抓大老板，他说一间公司的经济掌握在会计手上。我几个朋友都是会计，都被抓进牢了。我也是几个公司的会计长，因为那时候我变成了华运，变成华运后我很多朋友都不跟我来往了。没办法，我本身是资本家，也是会计长，跟华运合作。开始解放，大资本家都要抓进去那个经济区，很多人被抓进去经济区都不知道去向了。后来华运跟我举办了一个投资，就是找在西贡六十位最有钱的大企业家。我跟我老板他另外一个朋友，全部都是华运，他们全部都是大商业家，解放以后才暴露身份是华运。所以变成我跟华运在另一个市开辟一个新的农场，之后我召集六十个大有钱人，每个人我忘记是6万还是60万越币，投资开一个农场（经济区），但是呢，不请人，所以大老板的儿子、女儿全部要上去工作、劳动。那时候我们要踩单车一个多小时才去到那个农场，那个农场没有路，什么都没有，一个空地，还有蛇之类的。那个就是我们大商业家让儿子女儿上去开发，那个时候我弟弟他们都有去，全部去，老人家不去。因为我跟几个老板举办，所以变成了我们不需要去那个经济区，六十个大企业家和我们几个老板已经投资了这个经济区，所以变成我们开农场。

那时候是最辛苦，吃的碗和筷子都没有，就用竹子做成了筷子，那些大企业家的孩子哭，那没办法，因为是解放了嘛。所以我说，现在才刚开始。在农场附近那里，那些越南人是种农田的，我们就请他们过来，人工很便宜的，跟我们开荒。差不多半年以后，已经种菜出来。因为没有电，我们出粮的时候啊，用手搞那个机器，总共320个工人，我们点蜡烛，300多个人要在一个礼拜内要把粮食全部收完，所以每天我们做到天光。

1975年解放，1976年我们就建了这个农场，1976年开始农场里有收获。还有，我们当时还有换钱，因为很多有钱人他们还可以买肉啊，买菜。后来政府在解放区就一天之内，全个越南换钱（更改货币），200块一个家庭，没有钱也是200块一个家庭，都是一类人，不分你有钱我有钱，只有两百块。如果你有美元、有黄金，那么你就是反共，要坐牢。讲英文都不可以，家里有英文书就要找出来烧掉。也不能讲法文，全部讲越南话。国语还可以，但是所有外国语言英文、法文、日文都不可以讲，如果你讲这些就是反共。越共那时候就是慢慢洗脑你们这些年轻人，因为以前我们越南南方很繁荣，个个穿得都很漂亮，所以那时候呢，他们要我们全部穿淡布的衣服，不能够穿花衣服，不能够电头发，不能够穿高跟鞋。全部都是他们干部的衣服和干部的鞋子，跟他们一模一样，就是不能说你是有钱人穿得很漂亮，没有的。因为换了钱了，200块。

那时候我们在农场，晚上我们所有的60个大股东，把以前的钱全烧掉，晚上也烧，烧了两天，48小时，全农场都是火。原来的钱废止了嘛，你看我们有多少钱。家里的美元、黄金全部要充公，我们越南有保险箱，我家里也有保险箱，我对面那家报馆很有钱的，那天我妈妈跟我们对面那条街那几个人熟，一开始以为他们让我们过去存保险箱，后来发现不是。我妈妈去了回来之后跟我们说对面的几个老板都是点好黄金和钻石，说他们装了三大桶钻石。越共去抄附近几个商人的家，就确认好收了多少黄金、钻石，让他们签名，说现在这些东西我们政府帮你保管，你就拿一个欠单回去。那些钻石我妈妈说真大。大概九年前，越南他们有寄一封信给我，因为我还有一些亲戚没有来，还在越南，所以寄信我，要我们回去开那个保险箱。我有几个朋友回来说，不要去，什么都没有，已经拿完了。去了你还要飞机票，亏本呢。

偷渡出海

我们1978年开始就有偷渡，但是一直失败。我和越共一个很有名气的干部合作，在另一个省用黄金定了一只船，他定这只船，要靠我们华侨来把那些有钱人叫过去，才有这么多的黄金定这只船。所以我们当时在另外一个省找到了八位最有钱的有钱人，拿那些黄金出来定船。定好了差不多要一年的时间才好，但是因为我晕船，所以我就让我弟弟去偷渡。我弟弟坐那只船是1979年在越南湛尾出去的最后一只政务船。

上船的情形只有经历过的才知道，全部人上船前都要验黄金，一个人三十两黄金才能上船。以前的黄金都埋在地里面，那些越南人来查的时候都藏起来了。但是从1975年开始，就有船偷渡了，个个都有很多黄金，30两一个人上船，有的收50两，其实很多黄金是假的，我们越南最有名就是做那个假黄金，所以上船的时候船主要验那个黄金。本来我那只船可以坐300个人，但是只坐了150个人，上船的时候大家都带很多黄金，是金砖，个个都捧着砖头上船，因为最有钱的坐那个船。出海的时候，有四艘船是政府的，头尾一共四艘保护着我们中间的偷渡船出公海。名义上偷渡，其实呢，那些船完全都是政府组织做的，外面的人看不到。我看到我弟弟他们上船。

但是一个礼拜以后，人家告知我们这艘船沉了，结果呢，我弟弟就写信回来，我说不是船沉了人都死了吗？我弟弟写信回来说，因为我们这只船全是黄金做的，打不倒，从海浪当中走出来，我弟弟他们这只船全部都是年轻人，没死。真的，这个情景就是说九死一生。结果船漂去到印尼，印尼不收，说：不收不收，走走走！那么船长，就是这个大干部，他觉得如果不走就死在印尼了。他叫年轻人留在船里，叫那些老人家上到那个岛上面，然后年轻人打破这只船，所有的黄金都没有了。印尼从人道上就派人来救，后来我弟弟就在印尼。

那时候我在外国没有亲戚，我的姨妈在香港，不能担保我弟弟在印尼找工作，所以经常去那个岛上看望我弟弟。我弟弟没有人担保，去香港也不可以。我弟弟本身就是画画，设计嘛，所以那天在派人视察的时候，我弟弟就在那个沙滩写了一幅图画，刚好加拿大代表团三位代表从我弟弟身边走过，他看到这个图画立刻问我弟弟："你要不要去加拿大？"那时候没有人去加拿大的，个个都说加拿大是大雪柜，去到那边就冻死了。人家都不去，那么我弟弟想，我姨妈在香港不能够担保，外国没有人，大雪也行，我弟弟就说："好，我去我去。"留在印尼一个多月，批准他去加拿大，因为一张画，加拿大代表团看中了他。我弟弟那条船有几个年轻人，他们都是有技术的，有厨师，都是人才，所以加拿大全部把他们接过去，都要这些20多岁的年轻人。

我弟弟来加拿大以后就想办法把我们从越南弄过来。变成了我是搞那个偷渡，结果我是没有出去，我要搭飞机，很多人死在那个海里面，我很多亲戚都死在海里面，这是真实的。

加拿大的辛酸苦辣

我们当时在越南拜菩萨和观音。我们拜很多很多的神，因为我们要出国，我们去很高很高的山去求符，可以保你出国。越南最高的山我们也去了，那里有佛，还有地洞，哪一个佛有名我们都去，因为我们不需要工作嘛，一天到晚都是求神拜佛出国。为了一张出国纸，就搞了十年的时间，所有的年轻人、老人各个都拜出国，就这样，十年过去了。

1986年我们全家上飞机，总共7个人，包括我在内的五个兄弟，那个大弟弟1979年的时候已经出去了，他是我们的担保人。需要他一年的薪水，四万块，才可以担保一家人全部出去。那时候我不愿意走，但是如果我不走，我家全部都不能来，少了一个人，OK，从头再申请。我那个妹妹没跟我们一起走，他们从越南先搭火车到中国，然后再去香港，全部都是他们干部联络的，我们不懂，她平安到了香港难民营我们才知道。我妹妹单独一个走，我妹夫也单独一个走，也是这种方式，从中国那条路出去。

那个时候呢，谁想离开越南，可以，衣服你可以带，剩下什么都不能带，一块美金都不能带，只能带二钱的金子，这就是人家为什么叫我们越南人"二钱金"。1986年那时候我们出国是要搜身的，当时我带了五块美金，我爸爸也带了五块美金，放在口袋里面。被搜到了，然后呢，飞机延迟起飞20分钟，因为搜到我的那五块美金了，我腰里携带那样一张纸，证明我充公了五块钱美金，我带这张纸去加拿大做个留念。我爸爸那张呢就没有搜到，所以我爸爸很高兴。

我们一架飞机200个人，全部都是我们越南难民去加拿大，第一站就是去泰国，在泰国我们逗留了八小时，那时候我们个个要带一个牌子，就是难民喽，我们200个人的飞机可以装到300个人，100个人是有钱人，他们坐飞机的前面，我们200个人呢，在后面。吃东西呢，他们个个吃大餐，我们一顿一个饭盒，这是在泰国。然后停留在那个德国，德国的机场很漂亮，去到德国飞机场五个钟，我们在越南很少吃那个苹果，一年都没有吃到苹果，我爸爸看到那个苹果之后，他拿了一张5美金出来买了一个苹果。因为德国很贵，一个苹果五块钱，个个都流口水。我们全部飞机200个人都没有把美金带出来，然后我们就把那个苹果分给了我们的朋友，一人就一小小块，分来吃，一个苹果分了几十份。

我和弟弟我们全都学过英语的，所以我弟弟来到加拿大后一直都是做设计。我们来的时候在这里没有工作，那时候我们在街上卖画，卖了一天只有三块钱。我们很后悔来这边，原来这里这么辛苦。我们很多人来加拿大，原来的有钱人都不适应。我有一个朋友，原来在越南叫塑胶大王，现在在工厂里面做那个重工，一小时五块钱。1980年代那些人个个都很辛苦，我们这些越南华侨能够做大生意发达，很少很少。我们这些难民在这里没有钱，做不了大生意。不过我也很幸运，我来了这里以后去了一个首饰厂，做饰品。

应该是1986、1987年，我们跟中国海南岛联系了，我们那时有很多股东，我们召集股东投资在多伦多做海南展销会。当时我是总经理，就是跟海南合作的，200万美金运过来那些象牙、红木，总数差不多有五六百样，仅仅一个象牙已经值二三十万了，本来合作好的话我过去签合同，但是1989年的时候因为一些众所周知的问题，我们那些东西没有人买，刚卖了一半，碰到这个时候，立刻没有生意了，所以我们就亏本了。我们做展销会的会场，可以摆下一百部汽车这么大的，一个月要付3万块租金。我们立刻跟海南岛那边联系，海南岛那边也说不行，拖了差不多一年多的时间，最后生意全部失败。因为这次个个都亏本，所以大家后来都不做展销会了。

后来我就考进去多伦多教育部里面，做那个学生申请学费的批准工作。在多伦多只有三个人坐这个位置，我是西区、东区和中区，我负责150间学校的学生，总共做了五年。教育部一年要给三四百万给学生，你家里收入少，你要符合所有的要求，如果你有工资，然后我要在电脑里面查你的户头，是不是超过多少我才付。我一签了名，立刻学校这个学生一年就有700多块，每月就有60块了，那是1989年的时候。那时候我的位置是"黄金位置"，很多学生都来申请，只要我批准他们就可以拿了。五年以后政府没有钱下发到教育部，我们三个人就没工作。教育部说你们就来教课吧，教国语、广东话和越南语，还有做翻译。

后来我就考进去那个verizon电信公司，是美国通信公司，它在我们多伦多开了一个呼叫中心（Call-center）。有1000个工人，我们考进去，收我们华侨，就是我们八种语言的人，收了差不多80个，我是其中一个。工资一个小时30块美金，差不多40块加币，但与这家美国公司合作的加拿大公司，招聘我们后只发给我们15块美金，吃掉我们15块。呼叫中心有五层大楼，1000个人，全部是电脑，美国派过来的，当时我们的顾客不是加拿大，所有的顾客都是美国，所以我们全部都是跟美国联络。那时候应该是1996年。后来1000个人减到500个人，再减到300个人，一直减到100个人，我们这边减到50个人，五层楼减到一层，然后到半层。我们一天做8个小时、10个小时，全部都有录音的。我们一天一定要买到十个，不买到十个呢，你明天就不用来。公司请的人全部大学毕业、硕士毕业，有一个是博士，你给人家十几块，做一两个月就走了，后来变成自己做了，不用我们了，然后就搬回美国。

我现在是加拿大参政同盟的副会长，每一次三级政府选举我都很忙，帮他们找帮手。如果我英文很好的话，十年前我就做了市议员、省议员，就是我英文不大好。现在那些移民过来，我就跟他们说不管你有多少的技术，一定要用英文。所有的移民过来我先叫他们学英文，不要学那些什么技术，没有用的，你有很好的技术，但是人家讲英文你听不懂。你要做那个市议员、省议员，你最少要拿到我们加拿大那个Master，但是你想拿的话很不容易，因为我们过来做工，没有钱，拿个大学的文凭已经很高兴了。我在这里没有读大学，但是我在这里拿了三张文凭，就是College，要付钱的，一年要付一万块。一个会计，一个金融，还有一个就是旅行社，但是没用啊。我们拿了文凭的人，最少10块钱一个小时，但是那些雇主还是给你6块钱一个小时。所以就变成拿了文凭找不到工作。加拿大也要靠人事，没有人事你很难打进去。哪一个国家都是一样。

怀念越南

我觉得出国有一点后悔。因为我在越南做生意有很多朋友，他们都不错，都是赚大钱。越南以前一个大房子5两黄金，现在呢要5000两，如果以前你有几个房子，现在你手里有多少钱？一两千万是最少。所以他们有谁会来，投资也不来加拿大。如果我不来这里在越南发展很好。现在越南没有干部，全部是企业家，干部有钱了嘛，做生意。很多有钱的去了加拿大的人回去投资，回去都赚钱的，因为现在所有干部做生意。以前呢，去了越南给越南人1块、5块、10块加币，他就很高兴。现在你给他100块，他都看不起你，因为他们个个都发大财。如果我回去，我们这里只是做工，怎样回去，哪里知道这里这么辛苦。

相比之下，我更喜欢以前的越南南方，因为以前的越南南方它的经济是第二个香港，经济很进步。我们以前在越南啊，不需要自己有车，像这里大老板都自己驾车。我们都请司机的，司机有华侨有越南人，随便你请，因为工资便宜嘛。来到这里全部都要驾车，我们越南南方全部都有司机，哪里需要驾车！所以我们越南南方的生活跟这里——西方全部不同。但是现在越南呢，也不是很好，那些干部都是洗钱，黑钱哪。我现在有亲戚在越南做很大的生意。

现在越南的人要过来，没问题。但是现在在越南呢，我的朋友很多人已经有那个担保纸了，但是担保纸寄过去就被撕掉了，他们说来这里干什么？现在这么大年纪还到中学去做工？我们在越南，赚到的可以开飞机场了，你们又来越南投资，我们还来干什么。所以世界风水轮流转，20多年前，1975年到1977我们死了200多万人在海里，都是为了出国，为了一张出国纸。

我一直没有回过越南，回去要花很多钱。中国人都以为加拿大很

容易赚钱，现在你知道我们这里的薪水？在唐人街做点心那些，一小时四五块，六块钱。还有老师，好像我们语言老师，42块一个钟。这里有钱越有钱，穷的人越穷。现在什么都在起价，薪水呢没有起。以前我们过来，1986年的时候给我们四五块一个钟，现在呢，还是五六块一个钟，20多年了。但是那个物价起了多少？我们以前买那个公共车月票，15块一个月票，现在呢，160块一个月票。什么都起价，我们今年起了两次电力，下个月又该起了。所以加拿大做工的人、劳动的人很辛苦。公司以前就是做5天一个礼拜，现在没有工，有两三天的你就做。加拿大没有保障，我们越南不同，如果要辞退你啊，先提前通知两个月，然后补给你三个月工资。这里不同，早上跟你喝茶，中午呢就有可能辞退你。这个机制不同，没有保障。上次美国经济危机，我们都很怕，这里的汽车都是美国公司的，现在呢，10个人有5个人是做汽车厂，如果美国没有订单过来，我们这里就是死市，没有人花钱，没有人去吃东西了。我们有很多生意在美国，很多生意都是从美国过来的。

我没有结婚，我是单身，没有孩子。我弟弟在美国做一个有72间公司的大老板，主要业务是汽车零件。我有三个弟弟两个妹妹，一个弟弟做生意、做设计，两个弟弟做汽车厂，一个妹妹在这里，另一个妹妹在欧洲。在越南

我家里吃中餐，因为我爸爸和妈妈不懂越南话，所以我们全都吃中餐。但是我们也有做那个越南餐，也有唱越南歌，也去看越南的电影。越南最新的DVD我们这里都有了，一块钱一张或两张。我平常看中文、英文电视，但是我比较喜欢英文，那个新闻比较快一点，中文喜欢CCTV11，十二套我看不到。我看中文报，西文报也看。我最近几年并没有去中国转转，但是我妈妈和我妹妹有去。

中国可能十年以后或者15年后，更加富强。这是我们中国人的荣誉、光荣。你在加拿大住得久你就知道不容易，除非你很有钱，替人家打工就没办法。如果你没有钱，没有地位，西人都不会看你一眼。以前我来的时候听我弟弟说，那些西人啊，看不起我们，他叫我们越南人"二钱金"。所以我不说我是越南过来的。我不说越南来的，如果你说越南来，香港人呢也说你"二钱金"，看不起越南人。但是呢，1997年香港回归了，还不是跟我们越南一样！哈哈！我弟弟过来的时候，掏了一些律师费，把我们改成香港来的，不是越南来的。跟我弟弟过来的那批人把家都改成了香港，全部都是香港。

张伟文

口 述 历 史

张伟文

时　　间：2013 年 10 月 14 日

地　　点：加拿大蒙特利尔魁省潮州会馆

受 访 者：张伟文，加拿大魁省潮州会馆副会长

采 访 者：吴金平

录音整理：乔志华

赶出金边

　　本人张伟文，出生于中国潮汕，出生两个月后就跟随父母移民到柬埔寨，在那里生活了二十多年。一直到红色高棉打到首都金边，他们把城市里的人民都赶到了乡下劳动生产。在红色高棉的统治下，我们在那里度过了四年凄凉、很难想象的日子。

　　红色高棉占领之后，我当时二十多岁，我们被从首都赶到乡下，在乡下住了四年，逃走的时候就三十多岁了。从首都出来之后财产什么的就都没有了，他们打进柬埔寨首都之后，第一个小时我们很欢迎他，但是第二个小时就看到这一群黑脸的、没有表情的人，感觉不对头，第三个小时他们就用扩音机广播了，所有的人都要立刻撤退，因为美国立刻就要来轰炸了。后来越南解放柬埔寨之后我们的财产也都要不回来了，因为原来的屋子已经被人家住了，很多东西都不在了。

我们被赶到农村之后，有的人第二天就开始生病了，开始死亡，因为很多人都没有带东西出来，就算带了米之类的出来，什么都没有你怎么起火呢。屋子都没有屋顶的，太阳出来后一直被晒着，人怎么能顶得住啊。那么你要起火做饭呢，火柴都没有，你还要收拾木材。有的人就放三个钻头，然后就拿木材来点火，之后才可以烧。所以如果你不想办法你就饿死了，没有谁会顾到你的，大家都只顾自己了，有钱也买不到东西。第三天就躺在路边睡，醒来的时候身边就有可能是具尸体。我们一批几十个人出去，回来后剩下不到三分之一。后来我们憋不住了就跑出去看，一看外面都是军队，衣服上有五星。起初我们是不敢接触他们的，因为我们怕，但后来跟他们一接触，觉得他们真是好。后来波尔布特跑到山里之后就对我们没有影响了。但是有一批不够运气的，当他走的时候呢，他强迫把你一并带走，给他当挑夫，那些人去了之后大部分都死了。我们就很幸运，那些人直接走了，不理我们的。出来之后我们看到这些越南军之后就问他们我们应该怎么办呢，他们说你们自由了，想去哪里就去哪里，想回以前的家就回去，回去的路上看到什么就吃什么，有牛就杀，有鸡什么的都可以吃。过了几天呢，大家基本上都可以生存下来了，吃了两天基本上就恢复体力了，营养好了一点，否则的话一个个都像是从地狱里面上来的。里面的人大部分都出来了，有一部分回到金边的，如果他们回去之后没有受到第二次迫害的话，就会在那边定居下来，重新开始。现在他们在那边生活得也很好，比我们赚的钱多，但也有一部分人生活很辛苦。

我也是在到加拿大之前成家的，孩子也是在那边出生的。我被赶出来之后我已经有了两个儿子一个女儿，有一个孩子出生一个星期后就生病了，没有药，没办法医治，最后就去世了。女儿在那四年里过的就不是人的生活，吃了很多苦头。我们走去越南，在越南就生了我的儿子，之后我们全家七八个人经过越南到了泰国，有老有小，还有女孩子，所以真的很危险，因为碰到一些山贼有可能会被强奸的。我的弟弟也是同时跟我去越南的。越南的排华对我们的影响不是那么大，主要是内部的，没有那么残酷，他们排华还是有政策的，很多人还来得及准备，他们是慢慢来的。如果精明的话就可以逃出去。柬埔寨是让立刻走，有的人觉得我有钱就不怕，走了三条街就没有用了，全部都拿去作废，全不能用了，那是彻底的充公了。越南那边是很多人把金钱埋在地下，还保留着，但是柬埔寨这边就是你出去了就没有了。

后来我们回去的时候，第二政权歧视我们华侨，所以我回去之后住了不到三个月又要去逃难，逃到越南。在越南住了一年半，当时的越南虽然也在排华，但是是有步骤的，有程序的，不是乱排。他政策执行得很好，我们柬埔寨难民逃出去呢，优待我们，又因为政策问题，他们要把我们集中到一个集中区，很多人不想去，被逼逃往各处。我就逃到了泰国两次，第二次就转到了第三个国家。第一次没成功，被送回来了，送回来的路上真的好危险。第二次逃过去的时候，由于有另外一派打进来，我们才有机会逃走，我们是从越南过柬埔寨，再从柬埔寨边境逃到泰国，那儿有一个收留难民的难民营，那是初级的难民营，走过边境之后就去了那里。在泰国的难民营住了大概一年半的时间。

在难民营教书

比我们先过去的难民已经开始在那边做管理了，那边有一个潮州会馆，我们去那里报名，报名之后第二天就分食物之类的东西，等着看哪个国家会收留我们。一般像美国、法国、新西兰、澳大利亚这些国家都会有一些政策，如果在几个月或者半年之内他们的预算好的话，就会让他们的移民局去难民营收五千或者几万个难民过来，他们就派代表过来让我们报名，然后再对我们进行问话，合格的话就会接纳我们去他们国家。难民去往最多的是哪个国家倒是没有确切的统计，就是碰巧有加拿大来收，大家就去报名，会很容易，不会太刁难你，就把你的全家人收过来；如果他没有派人来收，而是你自己主动去申请，他就会刁难你，问这个问那个，就算你不及格了。所以大部分都是有哪个国家来收，我们就走，不可以在那边停留了，万一泰国和国际红十字会那边不和，我们可能又要被赶回去了，到了第三个国家你才算安全呢。

我当时在国际难民营的生活很好啊，我在那边又有钱花，人家又尊敬我，因为我教书，帮人家写那个申请书申请去别的国家。因为我们都是没有国籍的难民，柬埔寨不要我们了。在那里大部分的难民都开始学习英语和法语，以便以后移民到第三个国家，像美国、英国、法国、澳大利亚、新西兰这些国家，所以大家就在难民营里面学这些语言和文字。我就在难民营教一两百个学生学习英文和法文，这些人中有的移民到了澳大利亚，有的跟我一起移民到了加拿大。

在难民营的一年半里也没有不劳动，他们每天分给你粮食，但是如果你懂得去外面做点事情的话，生活得会更好一点。有的人在外面的亲戚也会寄钱给他们，也生活得不错。我在那边生活得也还好，看他们谁有需要学习英文或者法文的，我就

北京国际书店寄给我的四本词典

去教他们。我在柬埔寨那边读到中学就毕业了，没有读大学，英文和法文是在外面另外报班读的，我上的学校只是教中文的。我去难民营的时候什么都

难民营里的学生

没有，我要教书的时候我就立刻去买书，我以前在柬埔寨向北京的国际书店买了一本字典，非常好，又很便宜，我就写信给他们。但是没有地址了，就写了"北京国际书店"，我说：这里什么都没有了，我需要四本字典来教难民学习英文，你们可以寄过来吗？等我去到第三国赚到钱就给还你们。不久就给我寄过来了，到现在那四本书我还放在家里。

在泰国难民营生活是有保障的，可以供应你吃，但是最怕的就是泰国政府整天跟国际红十字会讨价还价，说要多少钱才能养活这些难民。我们最怕有一天他们跟国际红十字会讲不通或者吵架的时候，就把我们赶回去。我已经被赶了一次了，第一次回来的时候就是红色高棉统治了四年之后；第二次就是被从山上赶回山下，都是经过地雷阵的，走了两三个月才走回柬埔寨首都。回到柬埔寨之后红色高棉已经撤走了，是另外一批越南支持的人接手。他们比红色高棉有人性、讲理。

缝纫机生意

1982年，加拿大政府从泰国的难民营把我们一家人运送到了加拿大蒙特利尔，这样就定居了下来。加拿大政府对我们也很仁慈慷慨，很懂得我们的需要，我们在这里就不会有什么难题，很快就适应了这里的生活。政府帮我们找工作，对于一些不通英语的难民，还给他们机会去学习。我们这些难民来到加拿大之后觉得是最幸福的，我们很感激加拿大。

我们起初是人生地不熟，就只有从打工开始。在加拿大打工，跟在亚洲打工是完全不一样的，在亚洲那边打工是要穷一辈子的，但是在加拿大打工，就算是做最基本的工作，薪水如果用得恰当的话，几年之后也有能力买一所房子和一部汽车，因为汽车在加拿大是必需品，所以每家都有一部汽车。对于我们这些难民来讲，汽车和屋子是不敢想象的能够享受得到的东西，但是来到加拿大之后才知道这些是生活必需品，谁都有权拥有，这就是这些先进国家的好处。

我在这里就打工一两年之后，慢慢地就自己做一些生意，我是非常的适应，那个时期刚好是难民潮来，每个星期、每个月、每年都有难民从柬埔寨、越南、寮国来到这里，有时一个星期就会来几百个人。这些人来到这里之后就给自己创造了一个很好的经济环境，那个时候是制衣业的黄金时期，每个家庭就买两部机器在工厂缝，在家里也缝。我就看准这个时机，开始卖缝纫机，还有缝纫机的零件给这些难民。所以说每个难民来到这里我就卖两部给他们，两部要几千块，难民都没有钱的，我就先卖给他们让他们用，然后他们一边缝一边把钱分期付给我，一般六个月他们就能把机器的钱付清了。我不敢讲说我对他们的帮助有多大，但的确是这样，大家都要互相帮助。他们来的时候我供给他们一个家庭两部机器，我的生意能做得很好，他们来到这里也可以赚到钱。过了几个月之后，那些缝衣的人就精明了，就开始开缝衣厂，这个时候我就供应他们整套设备，也是不用一开始就付全款的，而是缝衣厂开张之后每个月分期付给我，有的六个月，有的一年。所以那个时候就创造了一两百间小型的制衣厂。

我现在是制衣厂的供应商，供应诸如线、布料和缝纫机这些东西，这些线和布料都是从中国大陆运过来的，以前是日本、台湾，现在是大陆了。1988年到2002年这十几年间制衣业的发展是最好的，那时候满地都是制衣厂，家家都是缝衣的，现在就没有了。现在大部分都是去亚洲那边生产了，数量不太多的就在这里生产。孩子现在接手的事业也是供应商，供应给制衣厂。现在的制衣厂大部分都是西人的，少部分是华人的，所以现在就让孩子们去做一些西人的生意，如果只是靠华人的话就不行了，因为基本上都没有人做了。加拿大制衣厂产品的质量跟别的地方是不能比的，别的地方生产的都是一些高档的、数量少的产品。华人最初都是依靠制衣厂、洗衣店和餐馆这些行业来积累最初的本钱，是一个积累的阶段。中国人在这边的餐馆情况还是不错的。像我这一辈人年龄都比较大了，都基本上要退休了，现在的年轻人基本上都会去读某个专业，比如医生、律师、金融、财经这些，做这些专业比较好，不用太辛苦和承受那么大的压力，而且做生意要经营得法才能赚很多钱，所以我们也不希望他们来接手我们的生意。

在柬埔寨的收入和现在相比，现在是没法比了，你要跟同一个阶级的人来比呢，当然是这里好了，但是现在在亚洲赚钱是阶梯式地跳跃上去的，就像以前在柬埔寨，在城市的郊区一样，你是耕田的，是种植水果的，有很多的地，但是你很穷，这十多二十年来，这个地就涨价，突然间就升值了，升到你想象不到，一个个就成为几百万、几千万的富翁，所以我们来这里就跟他们没得比了。因为我爸爸在中国是织布的，所以我们在柬埔寨那边就开了纺织厂。在那边开厂做小生意，想买个电视机就要辛苦一年才买得到。我们来这里之后缝衣一个星期就能买到一台电视机了，如果是这样比的话当然是这里好啦。如果我们在那边打工是要穷一辈子的，有的时候薪水都不够自己用，更不用说拿去养家了，但是这里打工的薪水呢，你除了养家外还可以买屋子和汽车，所以说不能相比了，如果拿一个同样的打工来比较呢，这里是最好的，打工的天堂。

来到这边之后也有人回去的，我们的名誉会长方乔生他没过几年就回去了，去那边做生意，现在是柬埔寨那边的首富，赚了很多钱，在柬埔寨开了加华银行，我跟他在难民营的时候就住在一起了。当时红色高棉是存心想把我们弄死的，晚上我们肚子饿，又冷，跟我们说让我们晚上去守那个堤，因为有敌人要破坏，所以我跟他就背靠背在那上边过夜守堤。那时候真是太惨了。当时我们在金边，下雨的时候吃菜果，那时候肚子饿，口水直流。我是1982年来，他是1981年来的，但是1990年就回去了。因为他是有背景的，他有一位亲戚是西哈努克亲王的顾问，在那边开了很多间银行，什么行业都在做。在柬埔寨那边做生意得有点关系，不然的话你是做不大的，他们随时都可以来拿你的财产的。比如你有钱，开了一间，忽然间有人过来跟你说，你这间店很好啊。你就知道他什么意思了，如果你算得来的话就说，好啊，送给你。如果你的手段够的话呢，可以把这间店送给他，只要他喜欢，送给他的话你的回报就不止这个价了。如果你不是那么精明，也没有什么手段，不送给他对你是不利的。精明的生意人他不计较这个，喜欢就送给你。在马来西亚、泰国、印尼这些地方有很多华人都做大官，只是他们都不说自己是华人后裔。柬埔寨政府跟中国联系有时会通过这位方先生，柬埔寨上层中也有很多潮州人，比如做将军、部长之类的，但他们都不说自己是中国人。做了大官，就用平常心对待就可以了，不要刻意地去做一些损害同胞利益的事情，做一些能够促进大家融合的事情。但是有很多人做了官之后就不讲法，就想把你吞掉，这样就不好。财富太多了也不好，你得来无愧于心呢就可以得，如果是通过欺诈、欺骗、强拿这种强抢过来的就不好。现在我们做人处事，就应该对大家好一点，不可以把它当作目的，对所有人都一样，不要整天想着从别人身上找出点利益来，这样不好。

蒙特利尔华人

我住的那边华人很少，现在大家都是分开住的，没有集中住了。有的地方可能住的人多一点，但是没有那种大型的聚集区。都住在一起也不好，因为不能把所有的同胞都框在一个圈子里面，所以住在唐人街里面的人都不多了，而且那边屋子也不好住，现在建的都是高楼大厦。这边我有一个空楼，也租给中国人住。邻居建了一些公楼，也有一些中国人住，但是我们基本上都是分散的，没有集中住在一起。住在唐人街的就我知道的有一二十家我们的柬埔寨华侨，都是原来一起来的，2000年之后柬埔寨华侨就没有来了，现在都是从中国来的。唐人街的公楼住得比较方便，我们这一辈人都不做工了，都退休了。而且你住那些新的公楼也很不错啊，就是那种公寓式的，基本上都是自己买的。你在唐人街买一个房间要二十多万，两个房间要三十多万，还是挺贵的，所以说现在买就难了。那个时候我们来是打基本工的，一个小时五六块，那时候我们可以买屋子，那时候屋子七八万、十多万都有，现在年轻一辈出来打工，七八万是买不起屋子的，我们来的时候做工一年不到一万，但是我们有能力买屋子，现在的七八万顶多是买一个公楼。

我们的会长许展雄算是新一辈了，他是做律师的，他父亲在柬埔寨的时候就被红色高棉迫害死了，他是跟着妈妈一起逃难来的，他的堂兄弟很多。现在在蒙特利尔的社团中只有会长最年轻，最有资格，经济实力最好，这是我们潮州人感觉很自豪的。很多会都很羡慕我们，说你们去哪里找到这么个年轻的人当会长，不容易啊。别的会里年轻人都不去的，现在他在这里，慢慢地就把那些年轻人吸引过来了。我们有一个青年组，之前那些年轻人来了之后跟我们也不能沟通，他们来一两次就不来了。现在把那些年轻人都拉来，我们长一辈就靠边站，把那些年轻人带来，举行一些青年人的活动。

张伟文（左）与张盛典，2013年。

　　我在难民营的时候，对英语也是略懂皮毛，只是教那些完全不懂英语的人还可以，再深奥一点的就不可以了，来到这里之后跟西人的联系不算多，也不太参加西人的活动。选举的时候就跟着别人去，看着哪个好就填一个名。因为选举的时候，你要跟候选人交谈，看一下他的政纲，支持的话就选他，但是我们第一代移民不会这么做的。所以说我平常觉得哪位先生还不错，投票的时候就进去画一两个。我们去投票的时候，那些人就说你进去画第几个圈，然后就照做，谁是谁也不知道。我们中国人对政治不是那么热衷的，所以候选人大多数时候也不把我们当回事。华人选区是跟其他选区一起的，没有分开。比如要选市长或者市议员的时候，他们就会寄选票，就在我们住的地方投选票，你年满十八周岁并且入籍的话就有选举权，你不去的话他们也不理你。现在有选举的话，中国人就鼓励你去，你选谁或者选没选不重要，因为我跟你讲了他们的政纲你也不一定懂，但是我们去了之后给他们画圈，他们看到了就会说华人有来，以后他们做什么事情就会重视我们一点。如果每次投票都不去的话，他们就会觉得反正华人也不来，不用理他们。

　　温哥华那边有一些香港移民，专业人才很多，很年轻。我们这边新来的中国移民很少，这里的潮州会馆从中国来的潮州人很少，温哥华那边不知道会不会吸收非潮州籍的中国移民。那边的人是多一点，从中国来的人多一点。从中国大陆来这边的人很少，基本上也没有从柬埔寨来的华人了。其实离乡背井只是在非常无奈的情况下才作出的决定，不是所有人都喜欢这样的。现在从中国来这里的人有两种，一种是觉得在中国打工不如在这里打工的，另一种是在中国钱太多了怕有问题，所以来了这里。一般做生意的人不想来这里，因为在这里做生意是不容易的。在这边做进出口生意一般都是跟中国做，没有跟柬埔寨做生意。柬埔寨现在也没有什么小商品生产，以前我们在柬埔寨有一些土产，比如谷和豆这些，卖出去，现在都很少了。柬埔寨现在就有一些加工工业，一个厂子就有几千个工人了，给那些名牌衣服做加工。

国内很多人都认为出去海外的人都生活得很好，移民出去外面都会生活得很好。其实个人里面的苦痛别人是看不到的，家家都有本难念的经。有钱人也好，穷人也好，都有他们自己的一些问题。不是有钱就会快乐的，心里不平衡也是不好的，大家都穷的时候好像没有什么事，现在有些富起来，有些还是原来的样子，发现之后肯定会有些不平衡的。这个状态是不可避免的，有一句话是这样说的，你不要比谁的屋子大，而要看谁的屋子里笑声多，这样才好。

这边华人子女结婚有找西人的，但不是很多。因为说实话，他们西人也是有他们的思想，儿女结婚最好还是找自己人，我们中国人找对象有可能的话会找同一个地区来的，是最理想的，而且我们觉得最好是找从柬埔寨来的，那样的话大家生活习惯差不多，会好一点。不过如果你的儿子或者女儿喜欢黑人，你也没有办法。西人我们都不太接受，黑人就更不用说了。虽然说我们不歧视黑人，但是最好还是不要找黑人。一般跟外国人通婚的话，离婚率很高，尤其是男孩娶他们的人，离婚率更高。女孩子嫁给他们的人，离婚率会稍微低一些。这里的西人女孩子，他们的思想都比较开放，我们中国人讲七年之痒，她们比我们的七年之痒更厉害，一句我讨厌你，之后就走人了。所以呢，儿子娶他们的人不是好事。如果你知道他跟西人女孩子谈恋爱，你就要想办法把他们拆开，但是也不可以强拆。我儿子也交过西人女朋友，我就说你最好去多伦多工作啊。其实那个女孩也挺好的，只是说你的心里不想他们在一起。现在的香港儿媳妇是来这边读书的，都在多伦多那边。她的爸爸妈妈都在多伦多，一年他们也会回来几次来看我们。

柬埔寨华侨大部分都信佛教，没有信天主教的，信基督教的就有一些。这边本地的人主要是信仰天主教，蒙特利尔还是以天主教为主导。基督教的教堂比较小，但是天主教的教堂就特别的雄伟。现在西人信教的都少了，年轻人都很少去了。我在难民营的时候我朋友叫我去教堂去做，感觉真的很枯燥。我的妹夫是做牧师，在那边讲道，每天听到的都是那些东西，换来换去。信道教或者佛教的呢，你有空你就去朝拜，没有空就放在一边。他们让我信基督教，我一听到说每个星期都要去做礼拜，我就不感兴趣。我儿媳妇不知道信不信基督教，就算信的话也没有特别虔诚。

在柬埔寨信的是道教，但是不会很入迷，只是到了节日的时候才会拜一下，没有节日的时候就不会了。来到这里之后还是信这个宗教，子女没有真正的宗教信仰。我的子女都不参加社团活动的，我儿子是一定不会参加的，我女儿还可以。这一代人现在很忙，做生意，现在他们对儿女的教育真的是付出了很多时间。

退休生活

我现在也没有做什么投资了，没那么大的雄心，已经退休了，钱也够用了，就不想再做了。现在退休了，政府还是会给退休金了，这是我们平时工作的时候纳的税，是欠我们的，要一直给到我们过世才没有的。自己平常也有一些积蓄的。退休金是按照你纳税的多少来发放的，你打工的时候工资高一点，退休金就会多一些。很多老年人来这边也不工作，没有财产，什么都没有，到65岁的时候还是会拿到福利金。如果你是一个单身的老人，女士一个月能拿到1200到1300之间，没有入籍的也可以拿。我们刚来这边的时候有的人没有工作，政府就会给他们福利金，一个月600多，等到65岁之后就拿退休金，变成一千多了，我的岳母就是这样。我做工的时候如果报的薪水没有那么高，到时候拿到的老年金就比较少。现在有的移民的父母过来，超过65岁的就会给他们福利。现在你住在这里，要担保老人家来，这十年你要自己赡养老人，政府不管，但是有医疗保险，看病不要钱。所以说现在政策是收紧了一点。

我有一儿一女，我的女儿已经四十多岁了，我把生意交给女儿和女婿了，儿子三十多岁，读完大学之后就在多伦多的高盛分公司担任副经理，现在已经基本上都融入了主流社会。我的儿子去中国一年半了，肯定有学汉语的，现在他在多伦多做工，因为他会法语，很看重他，一年差不多会出差去中国几次，懂的汉语会比较多，对工作还是有好处的。我说让他可以学习一点西班牙语，懂得英语、法语、汉语和西班牙语四种语言就可以走遍天下。

我现在住在蒙特利尔南面一个城市，坐地铁很方便。我那个屋子住了八个人，跟亲家母住在一起。女婿也是柬埔寨华人，亲家母是海南人。女婿也是很小的时候就过来了，我女儿来这边的时候有五六岁，来了之后就读法文，一直到大学毕业，女婿也是。他们还是愿意接手我的生意，我们中国人的传统就说，如果你的孩子愿意继承你的事业就说明你的运气好啊，所以就给他们，不是卖的。我就计划好自己的退休，把生意留给他们做了。我儿子在那边公司薪水很高，就不想做这个了，儿媳妇是香港人。其实男孩子还是不如女孩子。你跟女儿和女婿住比较方便一点，跟儿子儿媳住就不是那么方便。我们男人最好还是跟女儿女婿住比较好，你跟女婿如果不大合得来就讲话少一点，如果你跟媳妇相处就没有女婿那么方便。西人他们的两代人一般是不住在一起的。意大利人也是有我们这种思想的，他们有很多也是像我们这样是两代同堂的，那些本地人肯定不会这样的。

我的太太也很精明能干，跟我一起做生意，还要理家务，她是双倍的付出，内外兼顾。像我太太这样的女人，在新一辈里面是找不到的。现在新一辈的，你不给他们洗碗、做家务他们是要赶你出去的。现在我去中国，看到男人做饭洗衣服，太太都不做了，时代变了。以前男人是有一些方面不对，大男子主义思想太严重了。

现在小孩子都已经脱离唐人街了，跟主流社会的人一样生活、做生意。我现在跟女儿住在一起，买了一个大房子，两代人住在一起，我住一边，他们住一边，互相有个照应。在家里外孙跟我讲潮州话。我的外孙大女儿已经十三四岁了，儿子十一二岁，读到初中了，小女儿八九岁，他们的潮州话、中文和数学都是我教的，我就负责送他们去读书，接他们回来，教他们心算。他们会写汉字，但是不会默写。因为跟法文比较起来中文比较难学一点，可能在中文学校读书效果也不会太理想。

我们新中国创造了简体字，本来是想让大家写字比较方便，但是恰恰相反，更加麻烦了。因为现在就是逼着那些人要学习两种写法。我们柬埔寨华人要比其他地方的华人好一点，读中文、写简体字和繁体字我们都可以。我1986年第一次回国的时候，我就拿着报纸看，我的堂兄弟们都说：你可以看懂我的报纸吗？我很奇怪，我是中国人怎么会看不懂中国的报纸呢。他说台湾那些人有的都不懂得看的，我就不太相信这是真的。后来碰巧遇到一个台湾人，他真的不懂得看，他们是竖着看的，所以看不大懂。但我们柬埔寨华侨竖着写，从左边写过来，从右边写过去，简体字、繁体字，还有广东的土文字我们都会看都会写。现在香港有些报纸是用广东话写的，我们也是可以看的。我们柬埔寨华侨多灾多难，四处漂流，是个弱势群体，所以我们就被逼学习很多的东西、很多的语言，所以你在这里看到我们柬埔寨华侨会讲英语、法语、越南语、柬埔寨语、潮州话、广东话、国语，这是我们的优势。越南华侨不像我们会讲这么多话，他们比较稳定，不是那么漂泊，所以他们大部分也只是懂得讲广东话，有的人连国语也不是讲得那么通。

越南的中文学校没有那么发达，但是越南人很精明，现在那边的经济环境是很不错的。来到这里的柬埔寨华侨和越南华侨的经济状况比起来呢，近几年柬埔寨的华侨做出的成绩还是很不错的，就是这几年的地产涨价了。以前你在那边做生意需要很大的场地，等你做了几年之后土地突然涨价了，你就赚钱了，这几年地产涨价，他们赚了很多钱。如果照生意来讲来赚钱呢，就没有那么暴利了。

我跟外孙说潮州话，也一定会让他们用潮州话来回答的。但我发现，他们几个人坐在一起的时候，你越是这样规定，他们就不讲了，然后沉默。我就想算了，小孩子你不可以不跟他们讲话的，要跟他们多讲话。我跟他们讲潮州话，他们就用英语或者法语来说，他们讲潮州话就讲得很少了，这不好。讲潮州话你可以延续原来这个语言，你家里有祖父、祖母这些老人家，他们是一定会跟你讲潮州话的。他们跟自己的爸妈讲话，法语就通，讲到哪个地方不会了可以用法语，之后干脆就都用法语了，但是跟祖父祖母说的话他们又不懂，所以我就说你们一定要跟我讲潮州话。

我有一个外孙2008年的时候跟他的妈妈回到中国去过，他们感觉很有兴趣，还穿了古代将军的装束照了相，以后有机会我还是要带他们回去家乡的。

教他们讲汉语的时候都是一些比较简单的日常用语，深奥的他们就不懂了。现在他们在华文学校学的东西一点都不简单。我找的一个从北京来的老师来教他们，我看那些书和那些文字，我都很同情那些小孩子，觉得很难。以前他们读中文，上面只有拼音，我就说不行，拼音拿掉，因为不拿掉的话他是看拼音不看汉字的，读了也没用，所以需要强记。还有呢，我就教导我的小孙女说，你写中文的时候，如果是个体字的话就写得四四方方，如果一个字是左右凑在一起的，你就写长一点、瘦一点，如果是上下的，你就写的大一点、扁一点，这样才能看成一个字一个字的。这个是很重要的，你不跟他们讲，他们就会把偏旁分开来，就写错了。

小孩在学校让老师教了之后，我回家还会给他们温习才有印象。很多华人家庭都是这样，如果你的父母或者祖父母没有监督他们学中文，肯定是不成功的，因为你不辅导他呢，他读中文就会敷衍。小孩子生活的圈子还是白人居多，就算同学是中国人还是越南人，他们都还是讲法语的。学校里各族人都有，他们之间相处得都还可以，不管是中东人、越南人还是其他的，我们相处得都很融洽。不管是越南人、柬埔寨人还是我们，上一代人受的苦都是一样的，红色高棉不止是针对我们华侨，而是针对城市里的人。他们对城市里的人有一种偏见和仇恨，尤其是文化界的，比如你是医生或者律师，他们一查到你就会把你拖出去打死的。来这里的柬埔寨人很多，纯粹的柬埔寨人是不讲法语的，难民营也有很多这样的人。在难民营，柬埔寨人和华人是分开的，都有自己的一块区域。但是大家都是从虎口里逃出来的，不会有什么隔膜或者想法，只是想着能找到第三个国家，立刻出去那边定居。来到这里大家也没有什么利益冲突，就不用互相找麻烦了。

我以前在柬埔寨上的就是中文学校，我在柬埔寨生活了二十九年，现在想起来我们柬埔寨华侨在那边住了那么久的时间，我们也是有很大的错误，我们住在柬埔寨，金边那里几乎全是中国人，做生意的人都懂得中文，所以

张伟文一家，2012年于加拿大

去了几十年不懂当地的话。有的人还不想接受柬埔寨话，不会讲、听不懂当
地的话，还要骂他们，说他们说的是什么话。那个时候中国人还不明白你住
在哪个地方就应该懂得当地的文化，跟他们融为一体。我们基本上不跟柬埔
寨人打交道，当时跟中国人做生意都已经够了，柬埔寨人是不做生意的，都
是中国人在做生意。到了加拿大就不一样了，你不融入他们的主流群体你的
生活范围和接触范围就会越来越小，你的生意就小，收入也少。